上越教育大学附属幼稚園

遊び込む子どもを支える幼稚園カリキュラム

―未来の幼児教育・保育のために―

杉浦 英樹

● 編著 ●

学文社

まえがき

　学校の授業では，学ぶべき教科内容があります。それはだれもが習得を求められる国民共通のものです。ただし，子どもたちに受け身的な学習をさせるのは望ましくありません。そこで教師は，教材や教具や学習形態や指導行為のあれこれを工夫して指導を行います。今後ICTがフル活用され教室の様子が一変しても，授業時間においては自発的な学習態度の育成とならんで，基本的な知識・技能の習得が目指され続けることでしょう。

　一方，園には教科がありません。保育者は学力の呪縛から解放されているかにみえます。しかしここで誤解が生まれます。「園の先生は子どもをただ遊ばせていればよいのだ」と。この誤解は，子どもは充実した遊びや活動を通してこそ学び，それがその後の学びの大きな基盤となるということが理解されなかったり，その質を高めるために保育者は何もしていないと思い込まれたりすることから生まれます。

　園の教育と就学後のそれとで決定的に違うのは，保育者が一人ひとりの子どもを前に「この子はこうあってほしい」という思いを，教科学習の場を経ずにまっすぐ思い描けることです。それは教育の原点ともいえるものでしょう。「こうあってほしい」という理念型はしばしば「姿」と呼ばれます。保育者はさまざまな遊びや活動を通して，一人ひとりがこの「姿」に近づいてほしいと願いながら，環境を整え，援助します。

　幼児教育・保育においてはこの「姿」が目標になります。そして各年齢・期におけるこの目標の一連の系列に向けて取り組まれる，園生活における子どもと教師の経験の総体がカリキュラムです。

　その内容を実践に根ざしながら洗練させるのはたいへんな作業です。就学後の学校教育とは別の意味において膨大な時間と労力，そしてそれを支える条件が必要になります。「幼児の自発的な活動としての遊びを通した総合的な指導」―これは幼児教育・保育の基本中の基本ですが―もし，子ども一人ひとりの遊ぶ姿を真ん中にすえ，しっかりとみつめ，その姿から彼らの学びや育ちを支える取り組みを，保育者たちが毎日，徹底的に話し合い，考え合いながら進め続けてみたら…いったいどのようなカリキュラムが生まれるでしょうか。

　上越教育大学附属幼稚園はこの国で最も若い国立大学附属園です。大学キャンパスの敷地内に立地し自然環境には恵まれています。しかし幸か不幸か，地方の小さな街の外れにあります。学力試験に該当する入園選考はなく，附属の名につきまとうエリート校の雰囲気はありません。それはたまたまそうなったというしかありません。附属園でありながらさまざまな子どもたちが集まり，あたりまえの園生活をあたりまえに過ごすことのできる環境にあったといえます。そんななかでここではこれまで，真意ある真面目な教職員によって，幼児教育・保育の基本が愚直なくらい忠実に守られ，その理念型が純粋に追求されてきました。本書では，「遊び込む子ども」をキーワードに，現在の当園のカリキュラムの全体像をありのままに示しました。

難しいところは飛ばしてかまいません。「園のカリキュラムってこういうふうに作るんだ」「これならうちの園でもできそうだ」「小学校とはずいぶん違うものだ」等々の発見があれば，幸いです。また，現場の実践と理論を架橋する研究者とのコラボレーションの在り方について，感じとっていただければなおありがたく思います。そして何よりも，子どもたちの「遊び込む」姿に出会うために園生活をどのように再構成したらよいかについての今後の思索と取り組みの参考の一つになれば，これ以上の喜びはありません。

2019（令和元）年 7 月 23 日

編者　杉浦　英樹

未来の幼児教育・保育はここから始まる！

　長年にわたる保育実践と学び合いの軌跡が，このように1冊の本にまとめられたことは，保育実践に携わるものとして何よりの喜びである。本著では「遊び込む」をキーワードに，子どもの自発的な活動としての遊びを通した総合的な指導を支えるカリキュラムについて，具体的な提案がなされている。文部科学省研究開発学校指定を2度にわたって受け，幼小連携や幼小接続の研究に通算6年間にわたって取り組まれたことを土台とし，さらに実践を重ねられたことにより，深まりと広がりのある内容が提案されている。

幼小をつなぐ人・実践・カリキュラム

　本著は，「カリキュラムの概要」「カリキュラムの実際」「カリキュラム・マネジメント」「カリキュラムの諸相」の4本柱から構成され，担任保育者・歴代園長，副園長・研究者・元職員等の方々が執筆されている。実践者と研究者がしっかりとスクラムを組み実践と研究を創り上げてきた，という園の在り方が伝わってくる。

　担任保育者や副園長の多くは，公立小学校を経験している。一時期，保育実践にあたり，小学校へと戻っていく，私はこのことに大きな意味を感じている。小学校教育の経験者が幼児教育に携わることで，幼小の教育内容の新しい接続の提案が可能になると思うのである。

　ページをめくっていくと，元教諭の方々が書いたコラムに出会う。そこには，慣れない幼児教育に携わった戸惑いがありのままに記されている。戸惑いから始まり経験を重ねる中で見えてくる気付きや学びがある。率直に記されたそれらの気付きや学びに触れられることは，本著の大きな魅力であり可能性だと考える。

雨の園庭で：子どもから始まる保育

　私と上越教育大学附属幼稚園のつながりは，平成28年度の幼児教育研究会の講師をさせていただいたことから始まる。幼児教育研究会は秋の開催だったが，その前に一度様子を見たいとお願いし7月に訪問した。実際に園に足を踏み入れたのは，この時が初めてだった。

　その日は雨だった。少し肌寒く感じる日で，室内では積み木を組み立てて大きな場を作ったり，思い思いに製作に取り組んだりする子どもたちの姿があった。

　園庭を見ると，小雨が降る中に3歳児クラスの子どもたちがいた。担任の先生もしっかり長靴にカッパを着て外に出ている。見ると子どもを背負っていた。状況を詳しく知っていたわけではないが，先生の姿から

子どもの気持ちに寄り添っている，という姿勢が感じられた。

　雨の中，傘ではなくカッパを着て外に出ると，身体全体で雨を感じられるように思う。外で過ごすどの子どもの上にも，雨は同じように落ちてくる。分け隔てなく誰の上にも同じように降り注ぐ雨，それはまるで愛情のようだ。雨の保育が深く心に残った。

遊びの痕跡発見：「遊び込む」が随所に

　4歳児クラスの保育室内の棚の上を見ると，かわいいごちそうが並んでいた。紙粘土に色が練り込まれている。色付けをした粘土を丸めたり型で抜いたりして，おいしそうなごちそうができていた。アルミカップの中のごちそうを見ると，熱心に作っている子どもたちの息遣いが聞こえてくるような気がした。

　「遊び込む」保育を大切にしている園では，様々な遊びの痕跡が随所に残っている。痕跡は，目に見える物の場合もあれば，漂う雰囲気のような目に見えないこともある。いずれにしても，場の記憶のようにしてその場に刻まれる遊びの痕跡。それが，遊び込みを支え，深めていく。「遊び込む」は，このようにして循環し広がり深まっていく。

語り合いから挑戦へ：いつも子どもを真ん中において

　子どもたちの遊びについて語り合う先生方と出会い，私もその語り合いの中に加えていただきながら，園を訪れる日々を重ねた。

　秋に開催された幼児教育研究会では，栗を拾ったりバッタを見つけたり，秋の自然に触れて遊ぶ子どもたちと出会った。5歳児クラスの帰りの集まりでは，おやつ作りの相談の場面を見た。「あきにおいしい食べ物なに？」という話に始まり，「園にあるものは？」（園内の実のなる木について話す）という経験を数日かけて重ね，この日は「どんなおやつが食べたい？」と話し合っていた。子どもたちは，よく考え自分の意見を言っていた。一人ひとりの発言を落ち着いて聞き「どうして，それを作りたいの？」と問いを返す保育者の姿が印象的だった。保育の中で，子どもが育つ。それは，生活のあらゆる場面で見られると感じた。

　地域の幼稚園や保育園，認定こども園，さらに，小学校や中学校等との連携を進め，自園の実践や研究成果を発信していくこと，それが国立大学附属幼稚園の果たすべき大きな役割である。今後も「共に語り，共に学ぶ」姿勢を貫き，地域の拠点として力を発揮されていくことに大きな期待を寄せている。未来の幼児教育・保育はここに始まる！　と確信している。

お茶の水女子大学教授・文京区立お茶の水女子大学こども園園長　宮里　暁美

目　次

まえがき　3

未来の幼児教育・保育はここから始まる！　5

Ⅰ　幼稚園カリキュラムの概要

第1章　上越教育大学附属幼稚園の設立とカリキュラム開発　12

　第1節　当園設立の経緯と組織の概要　12

　第2節　カリキュラム開発の経緯　13

第2章　園の一日と子どもたちの遊び　27

　第1節　一日の教育時間　27

　第2節　園の環境づくり　34

　第3節　週案・日案と実践の展開——援助の見通しをどのように立てているか——　44

Ⅱ　幼稚園カリキュラムの実際

第3章　園生活全体の経験としてのカリキュラム　50

　第1節　幼稚園カリキュラムと全体の構成　50

　第2節　教育課程および年間指導計画について　50

第4章　年少児の遊び込む姿を支える——「雨どい遊び」の展開——　57

　第1節　3歳クラスの遊びと保育　57

　第2節　「雨どい遊び」（第Ⅲ期10月）　58

　第3節　「雨どい遊び」を振り返って　64

　3歳クラス・年間指導計画（第Ⅰ〜Ⅳ期）　66

第5章　年中児の製作遊びをみつめる——「車づくり」の1ヵ月——　75

　第1節　4歳クラスの遊びと保育　75

　第2節　「車づくり」（第Ⅷ期1月〜2月）　76

　第3節　「車づくり」を振り返って　82

　4歳クラス・年間指導計画（第Ⅴ〜Ⅷ期）　84

第6章　年長児の協同遊びを支える——みんなの「クリスマスパーティー」——　93

　第1節　5歳クラスの遊びと保育　93

　第2節　「クリスマスパーティーを開こう」（第Ⅺ期11月〜12月）　94

　第3節　「クリスマスパーティーを開こう」を振り返って　98

　5歳クラス・年間指導計画（第Ⅸ〜Ⅻ期）　100

　接続期（5歳クラス9月〜小学校1年生5月上旬）の接続プラグラム全体計画　108

7

第 7 章　養護のカリキュラム　111

　第 1 節　子どもの心と体の健康を支える保育　111
　第 2 節　年間指導計画　112
　第 3 節　具体的活動と事例　113
　第 4 節　おわりに　122

Ⅲ　カリキュラム・マネジメント

第 8 章　研究を支える環境づくり——隠れたカリキュラムを中心に——　126

　第 1 節　はじめに　126
　第 2 節　生活科発祥の地の「子ども観」　126
　第 3 節　附属幼稚園に勤めるからには　127
　第 4 節　赴任 1 年目の「幼少の円滑な接続を促す幼児教育の推進」の研究について　127
　第 5 節　なぜ 2013 (平成 25) 年度から「遊び込む子ども」を研究テーマにしたのか　128
　第 6 節　「遊び込む子ども」の研究をどのように進めていくのか　129
　第 7 節　副園長の視点で行った環境整備　129
　第 8 節　その他の研究にかかわる環境づくり　130
　第 9 節　笑顔で子どもの良さを語る職員　132
　第 10 節　おわりに　133

第 9 章　変革期における国立大学附属園の環境整備　135

　第 1 節　はじめに　135
　第 2 節　教育・研究活動を守り，支えるための環境整備　136
　第 3 節　おわりに　139

第 10 章　カリキュラム・マネジメントの展開——「遊び込む子ども」の研究を支える——　143

　第 1 節　はじめに　143
　第 2 節　カリキュラム・マネジメントの実際　144
　第 3 節　おわりに　150

Ⅳ　「遊び込む」子どもを支える幼稚園カリキュラムの諸相

第 11 章　「遊び込む」姿の魅力　152

　第 1 節　「遊び込む」とは：定義から姿の描写へ　152
　第 2 節　「遊び込み」を支えるもの　156
　第 3 節　「遊び込み」の意義　158
　第 4 節　おわりに　163

第 12 章　幼稚園カリキュラムにおける「あそび」の意義
　　　　　——子どもの主体的な遊びを促す教師の援助に着目して——　165

　第 1 節　はじめに　165
　第 2 節　4 歳児クラス (やま組) における製作遊びの事例　166
　第 3 節　子どもの製作遊びが豊かに発展していくための配慮と援助について〜事例に基づく考察〜　170
　第 4 節　おわりに　175

第13章　幼稚園カリキュラムにおける「みんな」の特質
　　　　──「遊びの三角形」による事例分析を通して──　179

　第1節　はじめに　179
　第2節　設定保育・一斉保育と自由保育とは　179
　第3節　「みんな」と「一斉保育・設定保育」との異同　181
　第4節　「みんな」の活動は「保育の質」を高めているのか　183
　第5節　保育の質をどのように評価するか　184
　第6節　子どもの遊びを評価する視点としての「遊びの三角形」　185
　第7節　今後の保育・教育への示唆　192

第14章　「遊び込む」子どもの育ちに「せいかつ」は何ができるか　195
　第1節　はじめに―「せいかつ」とは　195
　第2節　変わっていく「せいかつ」の力点　197
　第3節　「せいかつ」における「片付け」の意味　200
　第4節　「せいかつ」は「あそび」「みんな」とどうかかわっているのか―「食べる」ことに注目して―　202
　第5節　おわりに　208

第15章　「遊び込む」子どもの姿を支える保護者──ヒアリング調査結果にみる連携の意義──　211
　第1節　はじめに―上越教育大学附属幼稚園における保護者との連携の特色　211
　第2節　教師および保護者へのヒアリング調査　212
　第3節　おわりに―遊び込む子どもを支えるための保護者との連携　219

あとがき　222

【コラム】
「遊び込む」という言葉に魅かれて　26
「遊び込む」子どもを感じた時　48
子どもたちの姿をみつめて　124
学びの基盤を保障する幼稚園カリキュラム研究　141

I
幼稚園カリキュラムの概要

この園も，砂場から始まりました。
ずっと前から，そしてこれからも，
子どもたちといっしょにかたちづくる毎日のくらし。

第1章　上越教育大学附属幼稚園の設立と
カリキュラム開発

杉浦　英樹

第1節　当園設立の経緯と組織の概要

　上越教育大学附属幼稚園は，学校教育法の規定を受け「幼児を保育し，適当な環境を与えて，その心身の発達を助長する」こと，また同大学における「幼児の保育に関する研究に協力」するとともに「学生の教育実習の実施に当たること」を目的に，1992（平成4）年に設立された。幼児の保育と実習に加え，大学附属園として保育研究の進展に寄与することが当園のミッションである。

　設立に至るまでには紆余曲折があった。上越教育大学は初等教員養成課程をもつ単科大学として1978（昭和53）年に開学し，教育実習が重層的に体系づけられたが，そのうち最初の1年次における1週間の教育実地研究I（実態見学）と，2年次における2週間の教育実地研究II（観察・参加）の実習先には小学校と幼稚園が含まれ，学校教育学部の全学生200名（2000（平成12）年度以降は160名）の必修とされた。また幼児教育専修の学生は，さらに4年次における2週間の幼稚園専修教育実習が必修であった。開学当初より相当数の実習生の受入れ先を必要としていたが，当面はその場を学内に求め得ず，市内の公私立幼稚園の厚意と協力を得て実施させてもらうことになったのである。そして1987（昭和62）年から上越市立高田幼稚園に特別代用附属幼稚園として実習の一部と研究のフィールドの役割を委託しながら，設立の準備が行われた。用地選定や近隣他園との調整を重ね5年を経て後，ようやく認可を得て学校教育学部附属幼稚園として開園に至っている。

　1992（平成4）年4月16日，キャンパス内の教室を保育室とし3歳児1学級14名の園児を迎え，第1回入園式を挙行して保育が開始された。仮園舎での保育については「借りた教室横の廊下や階段を取り巻くホールなどが遊戯室に早変わりしたが，吹き抜けで落ち着かず，園庭は駐車場の一部を流用したため狭くて利用しずらく，不自由な環境の中で保育がスタートした」（B, 1994, p.1）とされている。翌1993（平成5）年には園舎竣工の運びとなり，同園における教育実習が同年10月から開始された。

　上越教育大学には，学校教育学部幼児教育専修と大学院学校教育学研究科幼児教育専攻からなる幼児教育講座（2019（平成31）年度以降はそれぞれ「幼年教育コース」「発達支援教育コース幼年教育領域」）が設置されており，開園とともに，同講座教員・学生を中心に研究協力も開始された。同大学は開学当時より現職教育を特色に発足した新構想の大学院大学の一つとして，教育研究における理論と実践の融合を理念に掲げ，「教育実践場面分析演習」等の臨床的研究を可能にする専攻科目をカリキュ

ラムに配し，各講座・教科ごとに教育現場におけるデータ収集と分析や，実践の提案と改善に向けた諸学校との協同的探究の取り組みを進めていた。開園以来，附属幼稚園は幼児教育講座をはじめとして，関連分野の研究に関心を寄せる大学教員や学生にフィールドを提供することによって，教育研究や学習の展開に寄与している。また学内ボランティアによる保育への参与や，学外関係者の研修・視察等の受入れを通して，幼児や教育活動への理解に資する機会の提供も行っている。

　ミッションの核心部分である当園における幼児の保育について本書において詳説することになるが，「元気な子ども」「やさしい子ども」「考える子ども」（2003（平成15）年度以前は「元気な子」「やさしい子」「考えぬく子」）という設立時以来の3つの教育目標の趣旨は，現在も変わっていない。調和的発達の理念に導かれながら，幼稚園教育要領の趣旨として示されたわが国における幼稚園教育の基本である，幼児の自発的な活動としての遊びを通した総合的な指導の方針に基づいた教育と研究を，当園では一貫して進めてきている。

　園児の定員は，開設時は90名（3歳児20名，4・5歳児各35名）であったが，2012（平成24）年度より80名（3歳児20名，4・5歳児各30名）に改め，さらに2018（平成30）年度より72名（各クラス24名）に変更して現在，移行期にある。クラス名は設立直後に定められ，3歳児「そら組」，4歳児「やま組」，5歳児「うみ組」である。教職員については，開設時に園長・副園長のほか3歳クラスの教諭（担任）と非常勤講師（副担任），担当事務員各1名のみで出発した後，学年進行に伴い教員補充を行い，1997（平成9）年度からは養護教諭1名も配置され，しばらく9〜10名体制で推移した。そして2012（平成24）年度に事務補佐員1名，さらに預かり保育を開始した2016（平成28）年度以降には保育支援員3名を加え，現在は園長・副園長各1名，教諭3名，養護教諭1名，非常勤講師3名，教育補佐員1名，事務系職員2名と合わせて計15名で構成されている。

　なお，園における保育と生活を支えるために，日常的，自主的に行われている当園の保護者によるPTA活動は大きな役割を果たしている。また外部委嘱の6名の学校評議員からも適宜指導・助言を得ている。教職員の努力のみならず，「地域に開かれた学校」の一つとして園内外の各方面の連携協力に支えられながら，当園の教育活動は成り立っている。

第2節　カリキュラム開発の経緯

　1993（平成5）年より教育研究を開始した。これまでの研究主題・副題は表1-1の通りである。以下，当園におけるカリキュラム開発に焦点をあててその経緯について略述する。

(1) 1992（平成4）〜 1994（平成6）年度

　上述のように設立直後は大学校舎の間借状況であり，子どもたちの活動を限られた条件で工夫する必要に迫られた。また3歳児の単独入園から始まり全学年が完成するまでの移行期間中は，それを学年相互の交流や教師の適切な援助の観点から保障する必要もあった。さらに竣工後の新園舎内外の整備はまだこれからの状況であった。そうしたなか，まず「幼児の自発活動を深め，広げるための環境構成のあり方」が検討された（B, 1994, pp.6-12）。

表 1-1　上越教育大学附属幼稚園における研究主題・副題一覧（～ 2018（平成 30）年度）

■ **1993（平成 5）～ 1999（平成 11）年度：「幼児の自発活動を支える指導の在り方」**

○ 1993（平成 5）～ 1994（平成 6）年度
　領域「人間関係」の側面から ―友達とのかかわり―
○ 1995（平成 7）～ 1996（平成 8）年度
　領域「表現」の側面から ―幼児の思いの表れ―
○ 1997（平成 9）～ 1998（平成 10）年度
　領域「環境」の側面から ―身近な環境へのかかわり―
○ 1999（平成 11）年度
　附属幼稚園の生活から

■ **2000（平成 12）～ 2002（平成 14）年度　文部省研究開発学校指定**

：「幼児期・児童期の発達の連続性を踏まえた幼小連携における教育課程・指導法の開発」
○ 2000（平成 12）年度
　幼児期から児童期へ子どもの健やかな育ちを支える教育の在り方
○ 2001（平成 13）年度
　自発性・協同性を育む環境構成と教師の意図ある指導の在り方
○ 2002（平成 14）年度
　学びを支える環境構成と教師のかかわり

■ **2003（平成 15）年度：「幼児期・児童期の発達の連続性を踏まえた教育課程の創造」**

○遊びを中核とする園生活における生活行動と集団的な活動の在り方

■ **2004（平成 16）～ 2009（平成 21）年度：「幼児の生活と仲間関係」**

○ 2004（平成 16）年度
　個の育ち合いをみつめる
○ 2005（平成 17）～ 2006（平成 18）年度
　個の育ち合いを支える
○ 2007（平成 19）年度
　異年齢相互の育ち合いをみつめる
○ 2008（平成 20）年度
　連続した個の育ちをみつめる
○ 2009（平成 21）年度
　仲間とかかわる力をはぐくむ教育課程の提案

■ **2010（平成 22）～ 2012（平成 24）年度　文部省研究開発学校指定**

：「幼小の円滑な接続を促す幼児教育の推進」
○ 2010（平成 22）年度
　接続プログラムと指導方法の開発に焦点付けて
○ 2011（平成 23）年度
　接続プログラムの検証・改善と 3 年間の保育の充実
○ 2012（平成 24）年度
　幼小をつなぐカリキュラムと指導方法の提案

■ **2013（平成 25）～ 2015（平成 27）年度：「遊び込む子ども―学びの基盤に着目して―」**

○ 2013（平成 25）年度
　遊び込む姿を明らかにする
○ 2014（平成 26）年度
　遊び込む姿を支える教師の援助・環境構成を見出す

○ 2015（平成 27）年度
　遊び込むことにより幼児に何が身に付くのかを探る

■ 2016（平成 28）〜 2018（平成 30）年度：「遊び込む子ども―教育課程の創造―」
○ 2016（平成 28）年度
　教育課程および年間指導計画の素案の作成
○ 2017（平成 29）年度
　「みんな」「せいかつ」に着目して
○ 2018（平成 30）年度
　新しい教育課程および年間指導計画の提案

　初年度は独立の園舎自体がないなかで 3 歳児の環境構成が工夫された。仮園舎（現在の大学低層棟付近）の内外で，彼らの自発活動を保障する試みがなされている。教室の固い床の上にじゅうたんが，廊下やコンクリート敷きの屋外にはゴムマットが置かれ，トイレの鍵の位置を低く付け替えたり鏡を幼児の顔の映る位置にずらしたりなどの整備がなされた。また入園直後は保育時間を短くとり，ぬいぐるみや怪獣の玩具など家庭で見慣れている物を用意するほか，遊びかけの状態をそのままにしておいたり，自分で遊びを見付けられない幼児のために降園前に手遊びや歌，紙芝居の一斉活動を取り入れたりするなどの配慮もなされている。少しずつ保育時間を伸ばしていき，5 月中旬頃からは園で十分に活動するため週 1 〜 2 回の弁当の日とそれ以外の日のおやつの時間が組み込まれた。多様な遊びができるように見慣れた玩具は片付けられ他の玩具を精選して置き，ホールにはタイヤブランコや竹ブランコ，小動物の飼育場所などを設け，また天気のよい日には屋外でも色水づくりやままごとなどの多様な遊びが可能なように新たな設定がなされている。

　こうして次第に子どもたちの遊びの種類や工夫が増し生活も安定してきたので，1 月以降は弁当の日が週 3 回，降園時刻が 13 時とされた。2 つの保育室の 1 室には広々とした空間が，もう 1 室には遊びの多様さを保つためにペープサート，楽器，パズル・こま，ままごと，絵本，折り紙・製作の遊びコーナーが，彼らと共に考えながら設置された。子どもどうしの関係が広がりをみせてきたのを受けて「教師だけが環境を作るのではなく，幼児と一緒になって環境を作りあげていくよう心がけ…友達のやり方をきっかけに遊びが発展することがあるので，幼児の関心をできるだけ丁寧に拾い，全体の場で紹介したり，みんなで一緒にやってみたり」し，さらに「絵画や土粘土のように全員に共通して経験させたい活動は，ある期間連続して設定し，幼児の参加状況をチェックしながら徐々に広げていった」（B, 1994, p.9）とされている。

　仮園舎におけるこの模索の一年を経て翌年度から現在の新園舎に移り，3・4 歳クラス児を対象に実践と研究が本格的になされるようになる。敷地と施設は提供されたものの，園舎内外の設備等を適切に配置し充実した園環境をどのように確保するかが切実な時期にあって，実践の主眼はやはりその整備にあった。変わらず「幼児一人一人の自発活動の実態を把握し，発達や特性に応じた環境構成のあり方を探る」ことが追求されたが，研究主題としては，幼稚園教育の基本をふまえてより包括的に「幼児の自発活動を支える指導の在り方」が提出された。また自発活動が幼児相互の力によって広がり深まることや，学年進行で彼らを迎え入れる時期でもあったことから，1993（平成 5）〜 1994（平成 6）年度においては「領域『人間関係』の側面から」が副題とされている。

第 1 章　上越教育大学附属幼稚園の設立とカリキュラム開発　　15

新園舎では，研究体制の組織化が図られた。園舎内用・全体（園舎と園庭全部）の平面図を記した2種類の記録用紙が用意され，子どもの遊びの様子に応じていずれかまたは両方を使用し，保育後にクラス担任が子どもの遊びを振り返って記入し，他の教師にも気付いたことを尋ねて加筆する作業が毎日行われた。また2週に1回程度の検討会と月1回の研究保育が開始され，集積した記録をもとに子ども一人ひとりの遊びの様子とその子の発達や特性との関係について共同で考察する機会がもたれている。そこでは子どもの遊びの流れの様子を時間的経過とともに図示し，会話記録や遊び写真，ビデオ記録とも関連づけながら，遊びそのものの流れや複数の遊びの間の関係，交友関係などをめぐって，遊びの深まりや広がりの様子を読み取る作業がなされている。この時期は子どもの遊びを「自発活動」「活動」等と呼び，特に「『人間関係』の側面から」の副題を受けて幼児相互の関係性の分析と検討をソシオグラムを用いて進めているのが特徴的である。

　指導計画はさしあたり短期指導計画の作成から始められた。週案は「ねらい」「行事予定」に続き「幼児の実態と教師の配慮」をめぐる文章を詳細に記し，次に「交友関係」の図と園舎内外の平面図に「環境構成」の内容を示すフォーマットで作成された。ねらいや予想される遊び，環境構成の適時性が検討され，新たな内容や方法を計画に組み入れ補正する作業が進められている。

　3・4・5歳クラス児をそろえた1994（平成6）年10月14日には，最初の公開研究会である第1回幼児教育研究会が開催された。以降，研究指導者を招聘し年一回の研究公開を行い，これに向けて教員間で研究主題に対する共通理解と検討を深め，集約し，次の研究課題を明らかにしていく年間のサイクルが定まっていく。

(2) 1995（平成7）～ 1999（平成11）年度

　「幼児の自発活動を支える指導の在り方」の研究主題が継続して掲げられる。副題は保育5領域を念頭に1995（平成7）～ 1996（平成8）年度は「領域『表現』の側面から」，1997（平成9）～ 1998（平成10）年度は「領域『環境』の側面から」とされ，1999（平成11）年度にまとめを行っている。

　この時期には，まず「人間関係」「表現」の側面に視点をおいて綴り続けてきたそれまでの短期指導計画の内容をもとに，長期指導計画作成への模索がなされた。園全体のカリキュラムの枠組が最初に示されたのは，1996（平成8）年10月25日に開催された第3回幼児教育研究会においてである。そこでは各年齢において「目指す子ども像」とともに3歳児6期，4歳児5期，5歳児4期で構成されたカリキュラムと，各期の指導計画が表で示されている。

　前者は，「各期の特徴」と，「幼児の姿」・心情・意欲・態度をめぐる「ねらい」・表現領域ならびにそれ以外の領域の「内容」をクロスしたものとなっている。また後者は，前者の心情・意欲・態度をめぐる「ねらい」がそのまま各期の「ねらい」とされ，それを受ける形で「予想される幼児の活動」「環境構成及び指導上の留意点」と，「指導の実際」をクロスした内容をさらに整理したものとなっている。

　期の設定はその後改訂されるが，園生活の全体を通した「発達の過程」を探究して示された各期を特徴付ける次の定義（B, 1996, pp.51-72）は，現在のそれの出発点となっている。

＜3歳児＞

　Ⅰ　教師に依存しながら，安定していく時期（4月中旬～5月上旬）

Ⅱ　好きなことをしながら身近か（ママ）な環境に親しむ時期（5月中旬〜6月中旬）

Ⅲ　自分から好きなことをしたり，環境にはたらきかけたりする時期（6月下旬〜7月）

Ⅳ　周囲に目を向けながら，2〜3人の友達と好きな遊びを楽しむ時期（9月〜10月）

Ⅴ　気の合う友達と好きな遊びを楽しむ時期（11月〜12月）

Ⅵ　周囲とかかわりながら，自分の遊びを広げていく時期（1月〜3月）

＜4歳児＞

Ⅰ　新しい環境になじんでいく時期（4月〜5月中旬）

Ⅱ　先生や友達と一緒に好きな遊びをする時期（5月中旬ママ〜7月）

Ⅲ　気の合う友達といろいろな遊びをする時期（9月〜10月中旬）

Ⅳ　友達と思いを伝え合って遊ぶ時期（10月下旬〜12月）

Ⅴ　友達とかかわりを深めながら遊ぶ時期（1月〜3月）

＜5歳児＞

Ⅰ　年長組になった喜びを感じながら生活していく時期（4月〜5月中旬）

Ⅱ　教師や友達とのかかわりを楽しんでいく時期（5月中旬〜7月）

Ⅲ　友達関係を深めながら遊びを充実させていく時期（9月〜12月）

Ⅳ　グループや学級の友達と共通の目的をもって活動し，共に生活していく楽しさを味わう時期（1月〜3月）

　ゼロからのカリキュラム編成は時間と労力を要する。この時点で各クラスの年間・期・月の指導計画の枠組が出そろったが，「実際のところは，多少詳しい内容をもつものとして作成されている月間指導計画を，期ごとにまとめたものが期間指導計画であったり，年ごとにまとめたものが年間指導計画であったりするような体裁のものが作成されています」（B, 1996, p.50）とされ，長期指導計画の内容の検討はそれ以降も課題となり続けた。

　短期指導計画についてはそれまでのものが改訂され，同年度から現在の週案・日案のフォーマットの原型があらわれてきている。仮園舎であった開設年度に活用され，さらに1993（平成5）年度の新園舎への移転後も採用されてきた園舎内外の平面図による記録と見通しづくりのアイデアが，ここでも「環境構成および指導上の留意点」の欄にいかされた。研究会等で示された当時の「保育指導案」は，「ねらい」「幼児の実態」「教師の願いと配慮」（1998（平成10）年以降は「幼児の実態：全体的な特徴・自発活動について＜主な遊びから＞，ねらい，大事にしたいこと」の4つの欄で構成される）について網羅的に記すページと，園舎・園庭全体の平面図のなかに展開が予想される個々の遊びをめぐって詳細に記す「環境構成および指導上の留意点」（1997（平成9）年以降はそれに「前日の主な遊び」の欄が追加される）のページの，現在のような二枚仕立てのものとなっている。

　日々の保育記録や短期指導計画の検討からより長期の見通しづくりを志向していたことからもうかがわれるように，子どもたちの遊びの姿とその展開，適時性のある援助のための追求と検討を重ねながら保育の実際に即してボトムアップで指導計画をつくり上げていく当園のスタンスは，当時から一貫したものであったといえる。この時期にはその要件となる幼児理解と情報共有のためのツールや研修体制にも工夫がなされた。子どもたちの遊びの変容過程や援助について具体的に振り返るために写

第1章　上越教育大学附属幼稚園の設立とカリキュラム開発　　17

真やビデオ記録は変わらず用いられていたが，個々の子どもに即して保育の記録ができるように，1995（平成7）年度からクラス担任によるカルテづくりが導入される。担任だけでなくクラス担任以外の担任・副担任，学内教員，実習生等も記入できる「活動カード」が発案され，日々の記録と合わせ月末に整理作成する「カルテファイル」が保存活用されるようになった。また，毎週水曜を園内研修日とし，金曜には随時，学内教員等のゲストも招いて子どもたちの遊びの記録を全教職員が共同で検討する「幼児を語る会」が実施されるとともに，園外研修も奨励されている。

(3) 2000（平成12）～2003（平成15）年度

　2000（平成12）年度からは文部科学省から研究開発学校指定を受け，附属小学校・上越市立高志小学校とともに，幼児期・児童期の発達の連続性をふまえたカリキュラムと指導法の検討が進められた。そのなかで当園では，「遊びの履歴」と実践レポートの記述を通して事例を集積し，小学校・保護者との共有連携を図るなどの試みを通して，従来の保育5領域の区分を前提としたカリキュラムの見直しが行われている。

　初年度の段階では，3校園の「喜んで登校園し，生き生きと学ぶ子供の具現」という共通テーマに沿った子どもたちの「学びの姿」をめぐる事例記録の集積と，幼保小連携に関する情報収集等の模索がなされ，新たなカリキュラムとしては「健康」をベースに，「ひと・ものとかかわる力」に基づいた「自発性の学び」「言葉・文字・数の学び」「協同性の学び」の枠組みによる構成を想定していた（B,2001-1, p.69）。しかし翌2001（平成13）年度までには幼稚園教育の独自性を発信するスタンスに転じ，「幼児の自発活動を支える指導の在り方」を主題とするかつての研究の路線に立ち還って「自発性・協同性を育む環境構成と教師の意図ある指導の在り方」を副題としている。ここで自発性は「幼児が自ら目的意識をもって，ひとやものにかかわる主体的な力」であり，また協同性は「幼児が他の幼児とかかわり合って，遊びや生活を追求する力」で自発性と不可分のものとされた（B, 2001-2, p.2）。そしてこの自発性・協同性の発達を中心に位置付けたカリキュラム編成に向けて，子ども一人ひとりや各クラスの幼児の「遊びの履歴」が徹底的に追跡された。

　このうち特に各クラスの子どもたちの「遊びの履歴」については，年間にわたって，全ての「遊び」の内容とそれをめぐる教師の「意図ある指導や環境構成」をフローチャート仕様で記録に落とすことが目指された。その作成と検討にあたっては各クラス内の情報共有のみでは限界があるため，「幼児を語る会」における情報交換に加え，4歳児と5歳児の担任・副担任の「入替保育」や3歳児担任・副担任による週1回の4・5歳児への保育参加といった新たな試みもなされた。このようにして，他クラスの子どもの様子を理解するとともに，各年齢段階の子どもたちの育ちや保育実践を系統的に捉えながら，園全体として「遊びの履歴」のなかに幼児の学びの姿を見出そうとする作業が進められ，同年の秋までにはすでにカリキュラムの骨格があらわれてきている。

　その後さらに検討が加えられ，2002（平成14）年10月11日に開催された第10回幼児教育研究会において，幼稚園教育要領に示されるねらい及び内容を5領域ごとにではなく子どもの学びの姿で表し，総合的・関連的に捉え直した新たなカリキュラムの全体像が示された（図1-1）。そこでは従来の3歳児6期，4歳児5期，5歳児4期の区分が，「幼児の姿を見つめていく中で，個々の育ちの違いが多岐にわ

たっていること，夏休みや冬休みなどの長期休業の間にも成長（自立）の姿が見られることなどから，これまで以上に長期的な展望から幼児の育ちを受け止める事が望ましい」(B, 2003, p.5) という考えのもとに，各年齢の学びを「なれる」「たくわえる」「たかまる」と包括的に特徴付け，それぞれ4期（4～5月中旬，5月下旬～7月，9月～12月，1月～3月）で3年12期の区分へと改訂されている。この時点で示された次の定義は，各期の「発達の過程」を指し示すものとして現在も用いられている。

＜3歳児＞
Ⅰ　共通の目的に向かって活動し，共に生活する楽しさを味わう時期
Ⅱ　友達関係を深めながら遊びを充実させていく時期
Ⅲ　教師や友達とのかかわりを楽しむ時期
Ⅳ　周囲に目を向けながら，2～3人の友達と好きな遊びを楽しむ時期

＜4歳児＞
Ⅴ　新しい環境になじむ時期
Ⅵ　教師や友達と一緒に遊びや生活をつくる時期
Ⅶ　友達と思いを伝え合う時期
Ⅷ　友達とかかわりを深める時期

＜5歳児＞
Ⅸ　5歳児になった喜びを感じる時期
Ⅹ　教師や友達とのかかわりを楽しむ時期
Ⅺ　友達関係を深めながら遊びを充実させていく時期
Ⅻ　共通の目的に向かって活動し，共に生活する楽しさを味わう時期

　また，子ども自身の「ひと・ものとかかわる姿」を反映させた「あそび」「生活行動」「集団的な活動」の3つの視点からカリキュラムの再編成がなされている。この保育の3つの視点は当園独自のものであり，名称を変えながら現在まで引き継がれている。
　翌2003（平成15）年度になると，3つの視点のうち，それまでの「あそび」の検討に引き続いて「生

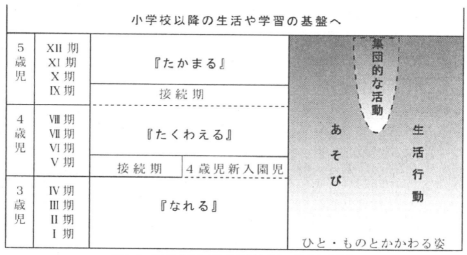

図1-1　2002（平成14）年度版カリキュラムの全体像
出所）上越教育大学学校教育学部附属幼稚園「教育課程」(2002) p.2

活行動」「集団的な活動」の在り方に焦点化し,「からだ (保健)」「たべる (食の指導)」「おとうばん (当番活動)」「みんなでいっしょに (課題活動)」「おでかけ (園外保育)」「なかよし活動 (異年齢交流活動)」「園行事」の各活動における指導と子どもの学びの事例が検討され,主要な活動を配した年間指導計画が示された。

　カリキュラムの改訂に伴い,それまでの「保育指導案」のフォーマットも変更された。改訂作業中に作成された 2001 (平成 13) 年の「保育指導案」は,現在の幼児の遊びの「全体的な特徴」「期のねらい」「保育のねらい」「主な遊び」を網羅的に記すページと,日案としての「本日の予想される遊び」のページとの間に,さらに 4 月以降の膨大な「遊びの履歴」をはさみ込んで当日の保育を見通す体裁のものであったが,2002 (平成 14) 年には「前週の幼児の姿」「週のねらい」,その週の日々の行事等を記す「日」ならびに「環境構成及び指導上の留意点」,各日の「振り返り」の各欄からなる週案と,その日の「ねらい」と平面図を用いて描かれた「保育の見通し」を記載する保育日案とで構成される,現在のものに近似した簡易な「指導案」となっている。

　なお,この時期においては 3 校園間の実践レポート等を通した研修と情報共有や保小との交流活動等の取り組みがなされたものの,幼小接続 (移行) 期のカリキュラムの具体的な提示までには至っていない。

(4) 2004 (平成 16) 〜 2009 (平成 21) 年度

　こうして開設以来 12 年を経て園全体のカリキュラムが一応の整備をみた後は,子どもたちの「自発活動」としての遊びを軸に,さらにそれに実質を与える指導計画の内容をどのように深化させていくかの方向で研究主題が設定されていく。2004 (平成 16) 年度には,前年度まで「個の育ちと集団を構成していくための仲間関係の発達の過程を教師が捉えたり,そのような発達を支える教師の援助などの保育のあり方を検討したりするための十分な時間を確保できませんでした」(B, 2005, p.8) という反省や,子どもどうしの関係形成が自分の思いを表出し充実した園生活を送るための積極的な条件になるというそれまでの園としての考えをふまえて,保育の 3 つの視点のうち「集団的な活動」の視点に着目し,「幼児の生活と仲間関係」を以降 6 年間の研究主題としている。

　初年度から導入実施されたのが日々の実践からの「エピソード収集」である。研究紀要の刊行時期をそれまでの幼児教育研究会の開催日から年度末に延長するとともに,各年齢の子どもが育ち合う姿を捉え直す視点から,得られた事例の検討が始められた。エピソードは「あそび」「集団的な活動」「生活行動」の全体にわたり,子どもの育ちや仲間関係が質的に変化した局面に着目しながら収集され,毎週の「保育を語る会」(「幼児を語る会」の名称を同年に変更) 等における共同検討を通して,年齢別に「仲間関係の育ちにつながる主な活動」の履歴と「幼児の経験内容」が整理されていった。その過程で,帰りの集まりや栽培活動,諸行事とその準備やゲームなど新たに取り組みつつあった「集団的な活動」の位置付けが課題となった。こうした集団で行う設定場面をどのように捉え,特に年長児の協同性を高めるためにそれをどのように意味付けていくかが模索されたこの時期,「集団的な活動」は初年度に「課題活動」,翌 2005 (平成 17) 年度には「みんなでかかわる活動」と名称を変えている。

　また,年間指導計画をふまえて仲間関係を視点に週レベルからねらいと内容を再検討するために,

表 1-2 「仲間関係」の育ちのプロセス（2009（平成 21）年度）

各年齢・各期における仲間関係を育む経験内容

	期	仲間関係をはぐくむ経験内容
3歳児	Ⅰ	教師との信頼関係を築きながら，周りの友達の存在を知る
	Ⅱ	同年齢の友達の存在を知り，仲間入りのきっかけを知る
	Ⅲ	友達とかかわりながら，教師のことばかけにより，相手の思いを知る
	Ⅳ	友達と思いを共有しながら遊ぶ
4歳児	Ⅴ	新たな友達と遊び，思いを伝え合う
	Ⅵ	友達とのトラブルを通して，仲間の思いに気付く
	Ⅶ	葛藤経験を積み重ね，仲間とイメージを共有しながら遊びを広げる
	Ⅷ	他児のよさに気付き，認め合いながら遊ぶ
5歳児	Ⅸ	お互いの経験を共有し，仲間意識をもつ
	Ⅹ	仲間との競い合いを通して，互いを認め合う
	Ⅺ	思いを伝え合いながら，ルールをつくり出す
	Ⅻ	力を合わせて活動しながら，達成感を味わう

各年齢・各期における異年齢児相互の仲間関係が育まれていく様相

	期	異年齢児相互の仲間関係がはぐくまれていく様相
3歳児	Ⅰ	年上の遊びにかかわりながら，同年齢児との遊びを楽しみ始める
	Ⅱ	年上の遊びを楽しみ，遊びのイメージを知る
	Ⅲ	年上から優しくされ，相手の思いを知る
	Ⅳ	年上の遊びを真似，大勢の仲間との遊びの楽しさを知る
4歳児	Ⅴ	年上の幼児と遊びを楽しみながら，思いを伝え合う
	Ⅵ	異年齢児とのトラブルを通して，相手の思いに気付く
	Ⅶ	異年齢児とのかかわりを通して，仲間と遊びを広げる楽しさを知る
	Ⅷ	年上の遊びを手本にし，教え合いながら遊ぶ
5歳児	Ⅸ	気持ちの折り合いを付けて，年下の幼児と遊ぶ
	Ⅹ	遊びをつくり，年下の幼児と楽しむ
	Ⅺ	年下の幼児に合わせたルールを考え，遊びをつくる
	Ⅻ	年下の幼児が楽しむ遊びを心を合わせて考える

出所）（B, 2009, p.9, 11）

週案の「振り返り」の欄が手狭であったのを 2005（平成 17）年 10 月 19 日に開催された第 13 回幼児教育研究会から拡大し，従来の週案の裏面に教師が主としてかかわった活動や気になる子どもの様子を記入する新たな欄を設けるなどの改善が行われ，現在のものとほぼ同じフォーマットとなった。その記述作業はエピソード収集の作業ともリンクし，履歴の作成に役立てられた。

そして蓄積された「仲間関係の育ちにつながる主な活動」の履歴に基づいて，2005（平成 17）年度には「各年齢児における仲間関係を育む幼児の経験内容」（B, 2006, pp.84-86）が，2007（平成 19）年度には「各年齢・各期における異年齢児童相互の仲間関係をはぐくまれていく幼児の様相」（B, 2008, pp.85-88）がそれぞれ提案され，見直しを重ねたうえで，2009（平成 21）年度にこれらの最終的な成果（表 1-2）が示された。

また，それを反映した各期の「仲間関係をはぐくむ活動」の一つひとつが「遊び」「みんなでかかわる活動」「生活行動」の 3 つの系列にわたり，図や写真を含み込みながら詳細に報告された。この時点で「遊び」は「園生活の中心であり，主体的な活動」，「みんなでかかわる活動」は「幼児の育ちをと

らえ，必要と思われる経験を教師が意図的に与えていこうとするもの」，「生活行動」は「園生活を営む
ために必要な行動」と定義づけられている（B, 2009, p.18）。

　この時期においては，一連の履歴の作成にあたって，当初は子どもの活動と教師の援助を渾然と記
入していたのを2006（平成18）年度から峻別するようになり，共有の便宜を図るようになった。また合
わせて2002（平成14）年度版のカリキュラムについても同様に，「遊び」「生活行動」の双方の視点を念
頭に「幼児の姿」「環境構成と教師のかかわり」に分けて，少しずつ年間指導計画に加筆・修正がなさ
れた。そして2010（平成22）年2月には，「遊び」「生活行動」に新たに「みんなでかかわる活動」も含
めた園全体の「年間指導計画」が示されている。

(5) 2010（平成22）〜 2012（平成24）年度

　2010（平成22）年度からは文部科学省から再び研究開発学校指定を受け，リテラシーの基盤形成の視
点から幼小接続カリキュラムの開発がなされる。「小学校への円滑な接続を図るためには，接続期のみ
ならず，3年間を見通した保育が大切である…接続期に至るまでの3歳クラスからの3年間の保育を
充実させることが，接続期の学びを支えていく」（「平成22年度研究開発実施報告書（第1年次研究）」2011,
p.25）という考えに立って，カリキュラムにさらに検討が加えられた。

　初年度には，7項目の「小学校からの学びの基盤となる力」が抽出され，エピソード・履歴等の蓄積
と整理を通して5歳児9月から修了時までの「接続期の接続プログラム全体計画」の原型が作成され
た。それは5歳児のXI期「友達関係を深めながら遊びを充実させていく時期」とXII期「共通の目的に
向かって活動し，共に生活する楽しさを味わう時期」における「遊びの履歴」の内容を「遊び」「生活
行動」「みんなでかかわる活動」の視点から再整理したものと，小学校1年生との交流活動，保護者向
けの活動の3つのセットで構成されている。合わせて，各クラスの標準的な一日の生活時程について
も確認と検討がなされた。当園における一日の生活の流れは，2004（平成16）年度に降園時刻を13時
30分から14時とした以外は設立時より基本的には変わりのないものであったが，クラスごとにその
流れをあらためて確かめ意味付け直すとともに，就学後の生活を念頭に5歳クラスの接続期における
生活時程が新たに加えられた。

　翌2011（平成23）年には，就学後の修了児，小学校の1年生担任，保護者を対象とした追跡調査が
実施され，初年度の接続プログラムの検証と分析がなされた。そして同年度からは「小学校からの学
びの基盤となる力」に加え，教科学習につながるリテラシーの基盤形成を意識した保育についての検
討が進められた。ここで「リテラシーの基盤」とは「遊びや生活行動を通しての身近な環境への関心・
感覚や気付き」（B, 2012, p.4）であり，検討は特に「言葉や文字への関心・感覚や気付き」としての「言
語リテラシー」，「数や量，図形への関心・感覚や気付き」としての「数量リテラシー」，そして「自然
事象への関心・感覚や気付き」としての「科学リテラシー」の3つに着目して行われている（図1-2）。

　エピソード・履歴等の蓄積と実践を通して2012（平成24）年には「リテラシーの基盤形成にかかわる
発達の姿」が，さらに「話す・聞く」「伝え合う」「読む」「書く」（言語），「数」「量」「時間」「かたち」
（数量），「気付く・見付ける」「試す」（科学）の各視点から各クラスで描き出され，幼小接続期に該当
するXI・XII期のそれも詳細に明らかにされた。そのうえで，この時期における「遊び」「みんなでかか

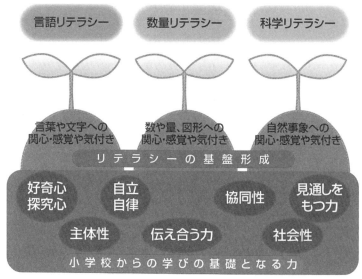

図 1-2 「小学校からの学びの基盤となる力」と「リテラシーの基盤」(2011（平成 23）年度)
出所）B, 2012, p. 4

わる活動」「生活行動」のそれぞれの最終的なねらい・活動例（「遊び」については「例年この時期によくみられる遊び」）・環境構成と教師のかかわりが，2 カ月スパンで事例とともに示されている。

(6) 2013（平成 25）〜 2018（平成 30）年度

　以上 20 年余の研究の蓄積のうえに，2013（平成 25）年度からは，子どもたちの「自発活動」としての遊びとその姿に改めて着目し，「遊び込む」をキーワードに「学びの基盤」づくりの条件や遊びを通した育ちや学びの実際はどのようなものかをめぐる根本的な追究と，カリキュラムのさらなる見直しと再編成がなされる。この 6 年間における研究内容やカリキュラム・マネジメントについては後述されるので，詳細はその記述に委ね，ここでは概要のみを記す。

　初年度には，子どもの「遊び込んでいる姿」をどのように捉えるかの検討が行われた。「遊び込み度グラフ」を用いながら日々の遊びが振り返られ，「没頭」「試行錯誤」「協同」という 3 つの様相が抽出されている。また翌 2013（平成 25）年度には，そうした子どもの「遊び込んでいる姿」を支える教師の援助や環境構成について追究がなされる。どのような遊びが「遊び込み」やすいか，当園の保育の場合，何を特徴としているのかが検討されるとともに，遊び込んでいる子どもの内面では「安心感」を基盤に「自信・達成感」「意欲の持続」「気付き・思考の深まり」が，4 歳児くらいからは「仲間とかかわりあう心地よさ」が生まれており，遊びが停滞している場合はこれらを生み出すような援助や環境構成が必要であるとされた。そして 2014（平成 26）年度には，遊び込んでいる子どもが包まれている雰囲気を「遊び込みの空気」と名付け，この空気に包まれて変化することを積み重ねた子どもには，「がんばる力」「かんがえる力」「よりよくかかわる力」「ことばの力」が総合的に育まれることが提唱されている（→この時期における研究の経緯の詳細については第 11 章，角谷論文を参照）。

　こうした子どもの「遊び込んでいる姿」をめぐる当園独自の整理をふまえ，2015（平成 27）年度以降は，それまでの子どもの「遊び込んだ」事例の再検討と，新たな「遊び込んだ」事例の整理の作業を

通して，それまでの年間指導計画における期のねらいや，教師の援助と環境構成の見直しがなされる。各年齢4期で3年12期の期の区分はそのまま踏襲されたが，蓄積した子どもの姿の事例に基づいて，各期について「この時期の幼児は」「こんなふうに育ってほしい」「だから教師は」の3つのカテゴリー別に，教師の主な援助や環境構成の内容を改訂する作業が進められている。

　一つめの「この時期の幼児は」の欄においては，2002（平成14）年度に示された各期の定義が「発達の過程」として，また2009（平成21）年度の成果である「各年齢児における仲間関係を育む幼児の経験内容」と「各年齢・各期における異年齢児童相互の仲間関係をはぐくまれていく幼児の様相」が「仲間関係の様相」として再び冒頭に採用され，内容が検討されている。合わせてねらいに該当する二つめの「こんなふうに育ってほしい」の欄の内容が，初年度は「がんばる力」「かんがえる力」「よりよくかかわる力」「ことばの力」との関連において整理され，実際の援助や環境構成を示す三つめの「だから教師は」の欄の内容とともに見直された。また各期の具体的な保育内容については，さらに詳細に「幼児は」「教師は」のそれぞれの系列に分け，「遊び」「生活行動」「みんなでかかわる活動」の3つの視点とクロスしながら見直しが始められ，同年度には特に「遊び」をめぐるねらいや内容が検討された。

　この3つの視点は翌2017（平成29）年度に入って幼児の一日の園生活全体から吟味され，名称が「あそび」「せいかつ」「みんな」となった（→当園の「みんな」の活動をめぐるとらえについては第13章，白神論文を参照）。そして前年度の「遊び」に続き「せいかつ」「みんな」をめぐるねらいや内容が検討され，「あそび」のそれと合わせて，上位の期のねらいとしての「こんなふうに育ってほしい」の欄における一つひとつの記述との対応関係が個別に示された。このようにして改訂を重ねてきたカリキュラムの全体に，さらに加筆と修正をほどこし，2012（平成24）年度までに作成した「接続期の接続プログラム全体計画」を加え，2018（平成30）年度末に「子どもの育ちを支える～教育課程と年間指導計画～」がまとめられている。本書第Ⅱ部はその具体像を伝えるものである。

　以上のように，当園では一貫して子どもの自発的な活動としての遊びを通した総合的な指導のあるべき姿を日常的，自主的に追求し，刻々とカリキュラムに反映させてきた。開設以来，2018（平成30）年度までに研究活動に関与した教員数は77名（教育補佐員も含む）になる。本書で紹介するカリキュラムは27年余にわたる研究の，現時点における成果である。

引用・参考文献
上越教育大学記念誌編集小委員会作成委員会編（1988）『上越教育大学十周年記念誌』第一法規
上越教育大学20周年記念誌作成委員会（1998）「上越教育大学創立20周年記念誌」
上越教育大学学校教育学部附属幼稚園・小学校・中学校（2002）『開園十周年・開校二十周年記念誌』
上越教育大学記念誌編集委員会編（2008）『上越教育大学三十周年記念誌』
上越教育大学附属幼稚園・小学校・中学校（2012）『開園20周年・開校30周年記念誌』

　カリキュラム研究に関する記述内容は，1993（平成5）年度以降，研究課題を付して毎年度刊行されてきた

計 26 冊の園の研究紀要ならびに研究会等で配布された「教育課程」「指導案」等の内容に依拠している。

研究紀要からの引用箇所は「B，刊行年，ページ」として記した（以下，本書において本文中で引用された文章については基本的に同様に付している）。

研究紀要等のほか，本園による主要な刊行物・冊子には以下のものがある。これらも参照した。

上越教育大学学校教育学部附属幼稚園（1997）「幼児の自発活動を支える指導の在り方―理論編」

―（2000）「ゆたかなもりにかこまれて」

―（2002）「教育課程」

上越教育大学学校教育学部附属幼稚園・上越教育大学附属小学校・上越市立高志小学校

―（2001）「平成 12 年度研究開発実施報告書（第 1 年次研究）」

―（2002）「平成 13 年度研究開発実施報告書（第 2 年次研究）」

―（2003）「平成 14 年度研究開発実施報告書（第 3 年次研究）」

　「幼児期・児童期の発達の連続性を踏まえた幼小連携における教育課程・指導法の開発」（2 巻）

　上越教育大学附属幼稚園（2010）「年間指導計画（平成 22 年 2 月作成）」

―（2011）「平成 22 年度研究開発実施報告書（第 1 年次研究）」

―（2012）「平成 23 年度研究開発実施報告書（第 2 年次研究）」

―（2013）「平成 24 年度研究開発実施報告書（第 3 年次研究）」

　「幼小の円滑な接続を促す幼児教育の推進」

―（2019）「子どもの育ちを支える～教育課程と年間指導計画～」

「遊び込む」という言葉に魅かれて

梅川 智子 (当園元教諭)

　この園には公立小学校を経験した教師も赴任する。そして初めて保育を経験する。園には教科書も指導書もない。遊びはどのようにつくるのだろう？　環境構成って？　どんなものをどの程度準備したらよいのだろう？　子どもたちにどんな言葉がけをしたらいいの？　…と戸惑うことになる。赴任したばかりのときの私もそうであった。

　そんなとき目の当たりにしたのが，3歳児クラスの子どもたちが砂場でびしょ濡れになりながら夢中で雨どい遊びを続ける姿であった。砂と水が混ざり合う感覚を全身で感じとりながら，どっぷりと遊びに浸る子どもたち。楽しそうな歓声をあげ，それぞれの思いを言葉で伝え合いながら，試行錯誤を繰り返していくその姿。それは，心から「いいなあ」と感じるとても尊い姿であった。

　「こんな保育をしたい」…先輩の保育に憧れ，そして幼児教育の場に身を置いて初めて耳にした「遊び込む」という言葉に魅かれた私は，6年前の新研究を立ち上げるとき，「遊び込む」をテーマにしようと考えた。

　「遊び込む」姿とは何かを明らかにした1年目。「遊び込む」姿を支える教師の援助・環境構成を見出していった2年目。そして，「遊び込む」子どもたちの育ちを探った3年目。「子ども」と「遊び」をみつめた3年間は，新たな発見に満ちた，充実した日々の連続であった。大学の先生方をはじめとする数多くの研究協力者の先生方からご指導ご協力をいただきながら，「子ども観」「遊び観」をつくりあげていくことができた。

　私が憧れた先輩が，いま副園長としてこの園に戻ってこられている。「遊び込む子ども」の研究を締めくくってくださったことに，偶然ではない縁を感じる。「遊び込む子ども」の研究は，幼児教育の経験が浅かった私たちの，幼稚園教師としての歩みそのものであった。

第２章　園の一日と子どもたちの遊び

渡邉 典子・杉浦 英樹

　では，いま当園の一日の生活の流れや「遊び込む」子どもの姿を支える園環境はどのようなものか。また日々の援助の見通しはどのように立てられ，振り返られ，実践されているのか。実際の様子について園としてのとらえ方をはさみこみながら綴ってみたい。

第1節　一日の教育時間

　一日の教育時間は，図2-1のようになる。

　子どもたちの育ちを園生活全体からとらえる「あそび」「みんな」「せいかつ」の3つの視点から，この流れをみていく。

(1)「あそび」の時間

◆すぐに始まる「あそび」　9時までの登園とともに「あそび」の時間が始まる。保護者と別れた子どもたちはカバンをロッカーに入れて着衣を整え，手洗いやうがいをすますとすぐに思い思いの場所に

登園　8:40～9:00	**「あそび」の時間** (砂遊び、ごっこ遊び、生き物探し、木の実採り、製作遊びなど 屋内でも屋外でも好きな場所でしたい遊びをして過ごす)
11:00頃　片付け	**「みんな」の時間** (散歩、おやつ活動、ルールのある遊び、栽培、異年齢活動など)
※水曜日はおやつを食べて 12:00降園	**食べる時間** (お弁当、給食)
	「あそび」の時間
降園　14:00	**「みんな」の時間** (遊びの振り返り、読み聞かせ、歌など)

図2-1　一日の教育時間

向かい，そこで好きな遊びを始める。保育室の机の周りでは昨日までお店屋さんごっこのためにこしらえていたお菓子やジュースをつくり足したり，料理づくりをしたりの遊びが，遊戯室では大型積木に廃品を組み合わせた装置でビー玉を転がすコロコロコースの実験が，また園舎のすぐ脇の砂場では長い樋をいくつもつなげ水を流してダムづくりが…。朝の集まりは当園にはない。子どもたちはおのおの呼吸をするように自分の遊びのなかに入っていく。

当園では子どもたちに寄り添った生活を主とし，一日の生活リズムは自由な活動としての「あそび」を中心にゆったりと流れるように配慮される。「あそび」に細切れの時間割はなじまない。この展開には十分な子ども自身の時間が必要である。後述するように，当園でも教師が活動内容を決め，クラス全体や異年齢グループに提案する「みんな」の時間はあるが，一日の大半は登園以降の11時頃までと昼食後の数十分ほどがこの「あそび」の時間にあてられている。「あそび」は当園の教育活動の中核をなす重要な活動である。

途中入園の場合，年少で月齢の低い場合など，最初は自由な雰囲気に戸惑いの様子をみせる子どももいる。しかし個人差はあれ，どの子どももだんだんと自ら動き，遊べるようになっていく。

◆園舎内の「あそび」 「あそび」の内容は，自由に一人ひとりによって選びとられる。子どもたちは園内を自由に動き回ることができ，思い思いに遊ぶ。

園舎内をみる。どの保育室でも，何人かが集まって机を囲み，何かを描いたりつくったりの遊びをしていることが多い。できたものをどう使うかについて，イメージをふくらませながら遊びの内容も広がっていく。ケーキ屋，寿司屋，レストラン，ホテル，美容院といった多種多様なお店屋さんで店員や客を演じたり，色とりどりの衣装やメガネをつけてファッションショーをしたり，マントをまとい剣を振ってヒーローになりきったり，保育室だけでなく園舎中央にある遊戯室や保育室の脇の廊下など，それらの遊びがあちこちで展開する。展開するほどに新たな「もの」が必要になり，製作活動との往還がなされる。拠点づくりには，もとから設けてあるままごとコーナーや部屋の隅の空間が，また大型積木やカラーブロック，布のパーティションなどが活用される。家づくり，忍者屋敷づくり，お店づくりなどはもちろん，お化け屋敷づくりも毎年試みられる。遊戯室では広い空間で体全体を動かす遊びも盛んに行われる。肋木からのジャンプ，縄跳び，オニごっこや忍者ごっこなどがなされ，特に冬になると年長の子どもを中心に一輪車，竹馬乗り，フラフープ遊びなども始まる。

出会いの広場は遊戯室と園庭の間に位置する開放的な空間である。そこにある木製の雲梯にぶら下がったり滑り台を降りたりして遊ぶ。大型遊具の下の空間では年齢を問わず何人かの子どもたちが並んでおしゃべりなどをしていることが多い。文字通り出会いの場となっている。

◆園舎内外の季節にかかわる「あそび」 園舎外に目を向けてみる。晴れれば子どもたちは広い園庭にとび出していく。雨上がりの日などは湿った砂をシャベルでバケツの中に繰り返し入れる子どもがい

る。水たまりの中を泥だらけになりながら自転車で走り回る子どももいる。ブランコをこぐ姿が遠くにみえる。はるか向こうのちびっこ砦や築山は子どもたちの格好の基地である。

当園は敷地全体が里山の縁にある。園舎内外をまたいで毎日の「あそび」の多くが，周囲の豊かな自然環境とのかかわりのなかで推移していく。上越地方ならではの，四季おりおりに変化する自然からの恵みが子どもたちの「あそび」を支え，盛り立ててくれる。

雪どけの時期を迎えると，あちこちでツクシやフキノトウが芽を出す。園舎の背後の森の緑が色を深めるにつれ園庭のサクラ，フジ，アジサイがかわるがわる咲き，花壇のベゴニア，マリーゴールドや保育室前に置かれたプランターの花々も色づき始める。シロツメクサ，オオバコなどの野草もあたり一面に生い茂ってくる。春から夏に向かうこの時期，子どもたちは花びらや葉，枝，実などをとってきて色水遊び，料理づくりやアクセサリー，リースづくりなどをし「これ，きれい？」と持ってくるようになる。やがて夏が過ぎ，フウセンカズラの蔓がネットを昇るころになると，森の樹々の色彩が一気に鮮やかになっていく。そして間もなく子どもたちは，おびただしい数の落ち葉やドングリの実に恵まれる。園舎脇の木からイガグリが次々と落ち，斜面

を一面に覆い尽くす。木の実とりや落ち葉集めが始まり，保育室に持ち帰ってコマづくり，人形づくりなどをして遊ぶ。

小動物にも事欠かない。春は園庭でチョウやカナヘビを追い回し，池ではメダカとりが始まる。オタマジャクシもぐんぐん育ち，子どもたちは「足が出た」「もうカエルだ」と喜ぶ。夏休み明けにはカブトムシやクワガタが持ち寄られ，生き物コーナーは生き物たちでいっぱいになる。オニヤンマが保育室の天井を徘徊する情景も珍しくはないが，それをみても子どもたちは少しはしゃぐ程度である。秋はバッタ，コオロギ，カマキリなど，人気のある昆虫が登場する。それまで昆虫が苦手だったり触れなかったりする子どももこの時期に克服する子が多

第2章 園の一日と子どもたちの遊び　29

い。一つの飼育ケースにコオロギとカマキリがいっしょになっていて,「あー！ コオロギが食べられてる…」ということもある。

また例年,降雪量が1メートルほどになるこの地方で冬は特別な時期となる。雪は砂や土と同じように型抜きをするなど,ままごと遊びの材料になるが,水と混ぜて固くなる砂や土と違い,雪は単体でぎゅっと締まる。そのため,かまくらや雪だるまなど大きなものをつくることが可能である。溶けて水になることに不思議さを感じたり,絵の具で色を付けて楽しんだりすることもできる。

このように子どもたちはこの地方,季節ならではの「遊び」を存分に楽しむが,実にさまざまな自然のモノや生き物が保育室に持ち込まれる。教師にはあらかじめ予想できないものも少なくない。そこでどうやって遊ぶかについては,その場でいっしょに考えることにしている。

この時間には,通年数えきれないほどさまざまな「遊び」が展開する。年齢によって,また季節や行事,天候,仲間などによって,展開する「遊び」の内容や様相は異なってくる。年間指導計画は,蓄積された履歴をもとに,このことをふまえたうえで作成されている。

◆片付けの時間　そして11時頃。どこからともなく「○○ぐみさん,おかたづけ,おかたづけ♬」というリズミカルな声—それが次第に園舎内外に拡散し,クラスごとに自発的に片付けが始まる。その日の遊びの進み具合や雰囲気などによって異なるが,そら組（3歳児）は30分ほど,やま組（4歳児）とうみ組（5歳児）は15〜20分ほど続く。参観などで当園に来る他園の多くの方がこの様子をみて驚き,尋ねる。「どうしてこんなに片付けの時間が長いのですか…」。

これは実は当園の伝統である。新任の教師にはその意味がわからず「子どもが自分たちで片付けようとすると,これくらいの時間になる」などと答えたりするかもしれない。しかしこの時間は,子どもが自分で自分の遊びに区切りを付けたり,これからの自分の遊びや活動をどうすべきかを考えるための時間であることが次第にみえてくる。

いまこの瞬間を生きていて「明日」の見通しももち難い年少クラスの子どもが,「なんでやめなくちゃならないの？」「もっとしたい」と感じるのは当然である。「おやつ食べようか」「おうちの人が迎えに来るよ」と教師が声をかけても,砂場から戻って来るはずがない。逆にすぐ切り上げられることができるようなら,その遊びへの集中度もその程度なことが推しはかられる。ただしなかなかやめられな

い，やめたくないと思うくらいに遊びに集中していたら，教師は腹をくくる。「じゃあ，お腹がすいたら戻っておいで」と声をかけ，その場から引き上げる。

再び尋ねられそうである。「そうしていたら生活が成り立たなくなるのでは…」と。しかしそれは次に控えている一斉にしなくてはならない活動が気になるからだろう。それを気にしているかぎり，教師自身が—どんなに誘導が巧みであれ—遊びをさえぎり，むりやり保育室に戻すことになる。またそれは，子ども自身が自分の遊びを区切る力，次に自分がどうすべきかに気付く力を削ぐことにもなる。実際にはこらえて腹をくくり続けていれば，ほとんどの子は，いずれ他の子どもの動きに目が向くようになり「みんながいないから戻ろうかな」と感じたり，「明日もここで遊ぶことができるんだ」と理解したりできるようになっていく。1年も経てば，「ここまでつくったら止めて片付ける」「これは，あとで続きをしたいからとっておく」などと，続けたいという気持ちに自分で折り合いをつけ，遊びを切り上げられるようになってくるのである。

「あそび」の時間においては，遊び始めも，遊びの内容や進め方も，いずれも基本的に子どもに委ねるのが当園の方針である。そして遊びの終わり方についても，子ども自身で担えるようになってほしい。育てたいのは，教師の言う通りにする力ではなく，自分で決めて行動することができる力である。片付けが適切にできるようになることは，「遊び込む」ことと矛盾しない。片付けの時間の長さについてもまた，子ども自身にそうした力が育つことを期待して柔軟にとらえている（→「片付け」の活動のさらなる意味付けについては第14章，吉澤論文を参照）。

(2)「みんな」の時間

「あそび」の時間の後に位置付けているのが「みんな」の時間である。「みんな」は，子どもたちの育ちや，自然や他者との関係から必要と思われるさまざまな体験を積み重ねるために，また個々の子どもの姿をふまえてより「あそび」の内容が豊かになることを期待して，教師が活動内容を決め，クラス全員または異年齢グループに提案して行う活動である。各クラスで活動するときはクラスの名前を付けて「そらの時間」「やまの時間」「うみの時間」，異年齢活動は「なかよし活動」と呼んでいる。修了式への準備や附属小学校との交流活動など，5歳クラスのみで行う活動もある。主な活動としては次のようなものがある。

第2章　園の一日と子どもたちの遊び　31

◆緑の小道散歩　キャンパス内の森を巡る「緑の小道」の入口が園に直結し，少し行くと小規模ながらアスレチックの整備された「遊びの広場」がある。春と秋に設けた「緑の小道週間」に，天候をみながらこの道を通って軽い遠足に出かけ，身近な里山の自然とふれあう機会をつくっている。冬にも可能ならば出かけ，いつもと違ったルートを通ったり生き物の足跡を発見したりして楽しむ。

◆おやつ活動　水曜日に設けている。季節を感じるために園内で収穫した野菜や果物を利用したり，行事に関係あるものを選んだりするようにしている。5歳クラスでは均等に分けたり選択したりする必要のあるおやつを与えるなどして，仲間と話し合ったり数量を意識させたりする機会も含めている。畑で採れた野菜を切って浅漬けにしたりサラダにしたり，簡単な調理を行うこともある。単なる「おやつ」ではなく「おやつ活動」としたのも，「あそび」で採った木の実を食べたり「みんな」の時間に育てた野菜を食べたりすることが多いからである。3歳クラスでは補食や園生活に慣れるための意味合いが色濃いため，どちらかというと「せいかつ」の内容に近いものになっている。

◆ルールのある遊び　3歳児には鬼ごっこやあぶくたったなど比較的わかりやすい遊びを，4歳児にはフルーツバスケット，椅子取りゲームなどルールを意識できる遊びを，5歳児にはリレー遊びやしっぽ取りゲームなどより集団を意識する遊びを行う。ルール変更について話し合ったり，ルールにしたがって自発的に協力する動きや言葉かけができるような人数を単位とした集団遊びを行う。一般的なゲームだけでなく伝承遊びも取り入れている。

◆栽培活動　園庭の畑やプランターの菜園で，種まき，苗植え，水やり，草とり，収穫，簡単な調理，会食までを可能な範囲で行う。年度によって異なるがこれまで栽培されたのはミニトマト，キュウリ，キャベツ，ジャガイモ，サツマイモなどである。園庭にはビワ，グミ，キウイフルーツやカキの木がありその採取も行う。これらの実は「あそび」の時間に自由にとることもできる。最近になってブルーベリー，ラズベリー，サクランボ，ザクロの樹も植えられた。

◆製作活動　「あそび」の時間に行う製作遊びではなく，クラスで取り組む製作活動のことである。季節を感じたり伝統的な行事を体験したりすることを目的としている。七夕飾りづくり，運動会の旗づくり，オニのお面や帽子づくり，ひな人形づくりなどがある。必要に応じて思い出を描くお絵かきなどの活動もある。

◆プール遊び　設置式のプールで水の感触や心地よさを味わい，また体全体を動かして，水を使ったさまざまな遊びを楽しむ。水鉄砲やフラフープ，ボールなどを準備する。

◆異年齢活動　「あそび」の時間で行われている異年齢交流ではなく，組織された活動である。縦割りの異年齢グループを編成して「なかよしグループ」と称し，各グループに5歳児からリーダーと副リーダーを配する。遠足のグループとなるほか，野菜の苗植えやおやつ活動の一部などで行動を共にする。また5歳クラス児は小学校との交流活動にも参加する。

◆「みんな」の時間のとらえ方　当園では，従来から「集団的な遊び」「課題活動」「みんなでかかわる活動」などの名称で「みんな」の視点をふまえた実践がなされてきた。子どもたちの道徳性や社会性の育ちを促すために役割やルールを伴う集団で行う遊びや活動の意義は大きく，当園でもそれを肯定的に捉えてきている。ただしこの時間を「あそび」の時間と別々に捉えることなく，「みんな」の活動をきっかけにその内容が豊かになることを期待しながら取り組むようにしている。

　当園の教育活動の中核は「あそび」の時間にあるからである。上述のように，毎日展開される一つひとつの遊びの流れを教師側からさえぎることはなるべく避けている。時間が来てもなお遊び続けたいと思う子どもはいる。子どもが遊びに集中し思考をめぐらせている姿，友達とやりとりしながら遊びを広げ深めている姿を大切にするために，基本的には遊びがおのおのの必然性をもって流れる時間をマキシマムに確保する。そして「あそび」「みんな」「せいかつ」の3つの視点をそのまま時間割にはせず，子どもたち一人ひとりの遊ぶ姿そのものからそれらの要素を見出し，活かしながら，園生活の全体にわたり総合的に指導を進めるスタンスで実践している。

◆帰りの集まり　帰りの集まりは，4歳クラス児と5歳クラス児にとっては「みんな」の時間に該当する。ただし3歳クラス児にとっては園生活のリズムを整えるという意味で，後述する「せいかつ」の色合いが強い。ここでは主に季節や行事，遊びの内容に即して絵本や紙芝居で読み聞かせをしたり歌ったりする。一般的なお帰りの時間といえるだろう。また，今日の遊びの振り返りもこの時間に行う。4歳クラス児と5歳クラス児の子どもたちは交代で，あ

るいは当番の子どもが手製のマイクを持って一日で印象深かった経験を発表する。つくったものや発見したものを紹介したりする。教師は友達の前でうまく話せない子どもの言葉を補い，自信をもって発表ができるようにする。また友達の話に質問する時間を設ける。そしてそれをめぐって楽しく会話を交わしながらその日の遊びの内容を共有し，次の日の遊びが期待できるようにする。

(3)「せいかつ」について

　当園では一日の基本的な流れのなかに「せいかつ」の時間を特別に入れ込むことはしていない。しかし「あそび」「みんな」とならんで「せいかつ」は園生活全体において子どもたちの育ちをみていくために欠かせない視点である。

　「せいかつ」は，教師が幼児に，自分自身にかかわる生活習慣や，クラスや園内におけるさまざまな役割を身に付けてほしいと期待して，意図的に促す行動や活動である。たとえば，食事やマナー，排泄，着替え，片付け，クラスの当番活動や動植物の世話などであり，これらは「あそび」や「みんな」などの教育時間にかかわらず，一日を通して行われる。

　3歳クラスでは，衣食住をめぐるさまざまな生活場面について細やかな指導が必要になるため，年間

指導計画の内容も4・5歳クラスのそれよりも計画全体に占める割合が大きくなっている。また基本的な生活習慣を獲得する時期について3歳児は個人差が大きいので、一人ひとりに応じた配慮が必要になる。養護教諭の協力も得てそれを進める。

園生活に慣れ一日の生活の流れがわかってから、4歳児クラスでは基本的な生活習慣を確立するとともに、集団のなかで健康で安全な生活を送ることができるようにするため、さまざまな役割を身に付けるための活動を少しずつ行う。たとえば食事の時間には、テーブルクロスを配ったりテーブルを拭いたりする仕事を4～5名ずつで編成した生活グループごとに行い、順番に経験し励みになるようにする。また5歳クラスでは一日の見通しをもってみずから判断したり、遊びや活動を振り返って子どもたち自身で話し合いながら主体的に遊んだり生活したりできる姿が目指される。

◆環境構成と教師の援助　以上の一日の流れを支えているのが、日々の環境構成と教師の援助である。「幼稚園ではただ子どもを遊ばせているだけ」という誤解は現在も根強い。しかし教師はただ傍観しているわけではない。子ども一人ひとりの遊びの流れが失われないように絶えず見守り、はたらきかけ、その流れのなかにその子ならではの学びを生み出すために、場やモノの総体としての環境を整えている。またあちこちでさまざまに展開する個々の遊びをどのように援助すべきかについて、それまでの遊びの流れをふまえて事前に見通しながら、そしてその時その場で臨機応変に判断を加えながら、子どもたちに接している（→子どもの主体的な遊びを促す援助の内容については第12章、山口論文を参照）。

子どもの自発的な活動としての「遊びを通した総合的な指導」。それは就学後の一斉授業とは別の意味におけるより深い子ども理解、技量と精緻さが求められる指導である。園環境をどのように構成しているか、また援助の見通しをどのように立て実践しているかについて、次にみる。

第2節　園の環境づくり

(1) 物的環境 ― 場やモノをどのように構成し、活かしているか ―

1) 園舎内外の環境

36ページ以降の図2-2と図2-3が、現在の園環境の全体像である。

基本的にはすでにある環境を十分に活かしつつ、さらに子どもたちの遊びを充実させ園生活をより豊かなものにするための環境づくりが必要だと捉えている。固定遊具や砂場など簡単には改変できない設備がある。それらについてはそこに置かれた意図を考えたり、子どもたちの遊びにどのような影響を与え得るかを予想したりして、教職員間で共通理解を図ることにしている。またそれらの点検整備を定期的に行いながら、日常的に子どもたちが「遊び込む」ことができるように、吟味を重ねながら環境づくりを進めている。

2) 保育室・教材庫にみる環境づくりの基本的なスタンス

保育室と教材庫にあるさまざまなモノ。そしてそれらを活用しながら子どもたちに接する教師。まずこの双方に着目して，当園の環境づくりに対する基本的なスタンスをみる。

保育室には，3歳クラスには独自にままごと道具やソフト積木，ウレタン製のブロックを置くなど年齢によって違いはあるが，折り紙，コピー用紙，新聞紙などの紙類，廃材，セロハンテープ，布ガムテープ，スズランテープ，紙テープなどのテープ類は常に置いてある。また，えんぴつ，ペン，ハサミ，のり，ホチキスなどの道具もいつでも使え

るようにしておく。とりあえずは製作中心の設定で，基本的に子どもたちは保育室にあるものをいつでも自由に使ってよい。ただし，ハサミは3歳児の7月頃から使えるようにする。

教材庫は3歳クラスに一つ，4・5歳クラスの間に大きめのものが一つある。そこには年齢ごとに扱うと予想される材料を保管する。保育室に常置するものや補充分のほかに，色画用紙，割り箸，楊枝，モール，カラービニール袋，紙粘土など。年齢が上がるにつれて遊びが複雑になるため，用意する材料の量も多くなる。また段ボールカッター，工具などの道具も出せるようにしてある。特徴といえば廃材の豊富さだろう。保護者にも協力してもらい，牛乳パック，ティッシュ箱，トイレットペーパーの芯，菓子箱程度の小さめの箱，蓋付きの箱，ペットボトル，デザートカップ，寿司の折詰めの容器などが，種類や大きさ・形ごとに分類して集めてある。これらは遊戯室の傍にある遊具庫にも保管しておく。3歳クラスでは廃材は7月頃から保育室に用意する。4月から折り紙やA4コピー用紙，新聞紙程度のものを置くが，その頃には園生活に慣れ，年上の子どもたちの遊びにも目が向き始めて，同じものをつくりたいと思うようになるからである。3歳児にも扱いやすい牛乳パックやティッシュ箱，小さめの箱を集めて棚に整理して入れておき，またロッカーの上に一人ひとりのかごを置いて，できたものが

図 2-2　園舎外の環境（「子どもの育ちを支える～教育課

36　Ⅰ　幼稚園カリキュラムの概要

第2章 園の一日と子どもたちの遊び　37

園舎の中は、こんな様子です

(教育課程 p.6参照)

●期によって変える保育室環境
※内容は各年齢クラスの年間指導計画に記述

●教材庫の整備（地図：★印）
各保育室に教材庫があります。物置としての機能だけでなく、廃材の量を調整し、保管する役目もあります。また、遊具庫の2階は共通の保管庫として利用しています。

●図書スペースがある廊下
遊戯室から3歳クラスへと続く廊下には、図書スペースがあります。幼児が本を自由に読むことができるように、本棚を幼児の目線に合わせ、側に長椅子を置いています。

図 2-3　園舎内の環境（「子どもの育ちを支える～教育課

第 2 章　園の一日と子どもたちの遊び　39

入れることができるようにもしておく。ただし年齢を問わず気候のよいときには外遊びを存分に楽しみ，動植物とふれあってほしいという教師の一方の意図もあるので，この時期に保育室に材料や廃材を多く出すことはあまりしない。

　4・5歳クラスも含めて教材庫の材料は，遊びに応じて子どもが自由に保育室に出して用いたり，一人ひとりのリクエストに応じながら教師が出したりできるようにしている。ただし当園では「遊びに必要なものは自分でつくる」ことが基本である。リクエストされても材料をすぐに渡すことは少ない。たとえば，4歳児くらいならば「先生，ジュースやさんしたいんだけど，ストローある？」と言われたとき，教材庫にストローがあっても「そうだなあ…今日はないんだよね。用意しておくね」と答えることも多い。すると子どもは「そうか…。じゃあ，つくればいいか」と折り紙をくるくると細く丸め「先生，ストローできた」と得意気にみせたりする。そこで教師は「素敵なストローができたね。紙のストローのほうが固くなくて，そら組さんが使ったときに危なくないね」と返すなどして応じる。

　実は子どもがこのようなやりとりができるようになるには，3歳クラスの時からの積み重ねが必要である。それなしには，なかなか「遊びに必要なものは自分でつくる」姿にはならないだろう。始めは「ストローないからさ，いっしょにつくろうよ。どうすればいいかな」と教師が共に考える。そして上記のように子どもがつくったものをほめ，価値付ける。そのようなやりとりをくり返しながら，子どもは自分自身で考え，つくり出すことのよさや面白さ，遊びでそれを用いることの楽しさを感じとることができるようになっていく。

　しかし，当然のことながら，遊びの流れや子どものこれまでの経験や育ちに応じて，教師から材料を提案するなどの援助も行う。たとえば，友達とかかわって遊ぶことの少なかった子が，寿司をつくって教師に見せてくれたことがあった。ティッシュペーパーを寿司飯に見立て，その上に画用紙でつくった卵焼きやマグロ，気泡入りの緩衝材を赤く塗ってつくったイクラなどが乗せてあった。教師は「おいし

そうだね」とその子に言い，しばらく二人で食べる真似をして楽しんでいた。そして，この遊びがさらに発展するためにはお寿司屋さんごっこになるといいのになと考えていた。いつもならば子どもから「先生，お寿司屋さんしたいんだけど」と言い出すまで待つのだろうが，この時は，教材庫から寿司の折詰パックを出し「ここにそのお寿司を並べたら，お寿司屋さんみたいだね」と言葉をかけた。援助としては，少し出過ぎたかもしれない。このときは，

その子の自然な成長を待つのではなく,「遊びを通して友達とのかかわりを増やしたい」という教師の願いの方が強く出てしまったのだろう。しかし,たまたまその子の意に反することではなかったらしい。教師の言葉を聞いて,その子は「いいね！ ぼく,お寿司屋さんする」と言い,張り切って準備を始めた。そして,お寿司屋さんは行列ができるほどに繁盛した。その子はみんなから「大将」と呼ばれ,お客さんの行列に対応すべく寿司を大量につくったりメニューを考えたりし,忙しくも楽しそうに過ごしていた。この事例の援助がその子の育ちにとって正解だったかどうか分からない。どんな材料をどんなタイミングで,提案すべきか見守るべきか,迷うことばかりである。

　教材庫をめぐる環境づくりの一端をみてきた。もちろん日常生活をよりよく送るための壁面構成,空間設定のほか飼育や栽培,製作以外に行う遊びやゲームなどに用いる器具や道具などの準備や使用についても工夫を加えているが,このように当園では何よりも子どもの自発性を中心に,「遊び込む」姿に向けてさまざまな材料や道具を,彼らが自分自身の遊具へと転化できるようにはたらきかけるスタンスを基本にしている。

3) 子どもが「遊び込む」ための環境づくり

　そして次のような環境づくりを目指している。ポイントを示す。

◆**遊びの展開を支える環境**　「あそび」の時間で用いる材料や道具は,子どもがつくりたい,使いたいと思ったときにすぐアクセスできる場,子どもの目線や視野に収まる場にあるにこしたことはない。またそれは,子どもの思考から産出されるさまざまなアイデアをその時その場で用いることができるような,多様さを含むものであってほしい。条件次第で遊びの内容は刻々と変化する。子どもの取捨選択や教師の臨機応変な対応を可能にするような

保管と配置の仕方も必要になってくる。遊びの展開に応じて適切に取り出せるように,上記のように当園ではさまざまな材料,廃材を分類,整理しておく。テープやハサミなどは移動できるワゴンに入れておくこともある。また,絵本コーナーに季節に応じた絵本や図鑑などを出したり,文字に興味が生まれる時期に文字スタンプを置き書けない子どもも安心して遊べるようにしたりするなどの,あれこれの工夫をしている。

　ただし材料や道具が豊富なことが,子どもたちの学びや育ちにとって必ずしもよいことばかりであるともいえない。逆に不足していることが「遊びに必要なものは自分でつくる」ことにつながったり,限られたモノを友達と順番に使う経験を生み出したりする場合もあるからである。

　スペースについても同様である。広いフリースペースを残しておくと,友達の姿を模倣しながら遊びが広がっていくことがある。遊びをとっておくこともできる。3歳クラスの保育室では,製作用の机を1組のみ置く。すると友達の様子を遠くからみるスペースができる。一方,大人数で遊べるようになっ

てきた5歳クラスの保育室では，みんなで遊べるように常設の机の数を増やして対応する。このように環境づくりにあたっては，まず日々の遊びの展開に寄り添いながら，「遊び込む」ための条件について子どもの視点からモノや場の量と質の双方を検討し，柔軟に改善していくスタンスが大切である。

◆遊びを持続できる環境　「遊び込む」姿を支えた環境をゼロに戻すのは惜しいことである。上記のように当園では，意図的にそれまで展開していた遊びを維持できるスペースを設けたり，用いたモノをなるべくそのままにしておいたりしている。これが子どもたちの次の遊びへの意欲を保つことにつながる。園舎外には，泥団子や，草花や木の実でつくった色水などを残しておける棚が置かれる。園舎内には，保育室はもちろん遊戯室にも，積木でつくられたお店屋さんごっこのスペースや段ボールでつくられた大きな迷路やロボット，廃材をつなげて長くなったコロコロコースなどが残される。「こわさないでね」と書いた紙を貼っておけば，再開できる安心感は大きい。片付けの時間には子どもなりに考えて，無秩序にではなく残しておきたいものを部屋の隅の方に置き直したりもする。彼ら自身がそうした配慮もできるようになっていく。

◆挑戦と思考を可能にする環境　年齢が進むほどに遊びのなかでじっと立ち止まって考えたり，友達と話し合いながら試行錯誤したりする場面がみられる。安全に配慮しながら適度に挑戦しがいのある環境を用意することが，「遊び込む」ことにつながる。たとえば，砂場に長さや太さや形の異なる雨どいや接合部品，板などそれを促すモノを準備し，水道栓からぎりぎり水を引くことができるようにしておく。手の届かないところになる，キウイフルー

ツやカキなどの木の実。「どうすればとれるんだろう」と子どもたちは思考をめぐらせる。昆虫やカナヘビなどの生き物のすみかとなるから，特に園庭やグラウンドの雑草はある程度残しておく。見えないけれど子どもたちは探し始める。雨どいも木の実も生き物も，「先生とって」と言われても，とってあげることはない。「頑張って」「ほんとうに流れるかなあ」「どうするととれるのかなあ」とひたすら励まし，実は遠くにビール箱を準備しておいて方法を一緒に考える教師もまた，大きな環境の一つである。

◆教師の意図を超えて与えられる環境　以上に加え，教師が意図して構成する環境だけでなく，偶然に与えられた環境も刻々と意味付け直していきたい。以前からあった傾斜が，子どもたちには格好のソリ滑りのゲレンデになったりする。園舎内が暗くなり冬には落雪も案じられるので木を切り倒したら，その切り株をテーブルにして子どもたちがレストランごっこを始めたりする。4歳クラスの保育室のテラスがワゴン販売やドライブスルーのような感覚でお店屋さんごっこの店先になることもあった。このテラスでのお店屋さんごっこはいまや「園文化」になりつつある。「4歳になればあの場所でお店屋さんができる」と3歳クラスの子どもたちのあこがれの場所になっている。子どもたちに何がみえ，聴こえ，感じられているかの方から既存の環境を見直してみると，それが教師の意図を超えて「遊び

込む」ために新たに意味付けることのできる場合がある。
　場だけでない。材料の使い方はさらに教師の意図を超えている。新聞紙は、細く丸めればたたかいごっこの剣に、広げて体に巻けばアイドルの衣装に、くしゃくしゃと丸めて布ガムテープで成形すればぬいぐるみのような柔らかさになる。子どもたちのアイデアは大人以上に柔軟である。その一つひとつを活かし、毎日の遊びのなかへと反映できるような環境づくりが大切である。

(2) 人的環境 ── 園生活はどのような人によって担われているか ──

　I-1でみたようにスタッフは15名いるが、加配のシステムがなく、また当園では「あそび」の時間を中心に保育を行っている。そのため、特に各クラスを横断し個別対応を行いながら園全体の保育の進行を下支えする教育補助員の役割は大きい。また事務系職員は本学と緊密に連携して種々の書類作成を行うほか、園内の物的な環境整備で教員が手の回らない作業を引き受けるなど用務員と同様の重要な役割もこなしている。
　またPTA活動が活発である。例年独自に主催する諸行事をリードするとともに、園生活・行事の各種支援についても自発的、組織的に運営し、保育の充実にとって欠かせない存在となっている。多くの保護者が頻繁に園に足を運び、和気あいあいと活動を進めている。拠点となる多目的室が狭隘にすぎ、園長室も使用され園長が入れないことさえある。こうして同じ園のなかで自分の親が積極的に活動し、また遊戯室や保育室で友人や教師とともに傍らで自分の遊びをまなざしてくれることが子どもたちに安心感を与え、日々の遊びへの意欲を促していることもうかがわれる（→保護者との遊びの様子の共有をめぐる意義については第15章、金山論文を参照）。
　教職員や保護者だけではない。大学附属園の特性を活かし学生たちにも登録制のボランティアや非常勤の学生スタッフとして保育参加の機会を開いている。幼児教育を学ぶ学生たちの教育実習では子どもたちは別の「先生」に出会う。また、園での宿泊保育の夜や終業式の後などには、学内サークルの学生メンバーに歌唱や器楽の演奏を、地域で活躍する読み聞かせ団体の方々に大型絵本を用いて共同

で読み語るお話を，また県警の方々には軽快な交通安全ソングで一緒に楽しむダンスを披露してもらうなど，外部の人々との交流とふれあいの機会も意図的に設けている。

　このように物的要件以外にも，スタッフとの密接なかかわりを基盤に，園生活の進行を多方面から担うさまざまな人々との多重的なつながりを含み込みながら，当園の環境は構成されている。

第3節　週案・日案と実践の展開 ― 援助の見通しをどのように立てているか ―

　では日々の援助の見通しはどのように立てられ，振り返られているのか。次章で各クラスの年間指導計画と実践事例を扱うが，ここでは具体的に当園の週案・日案を紹介する。

(1) 週案

　週案は，図2-4のように記される。

　週案は表裏2面からなる。表の面では，「本園の教育期」「期のねらい」「週のねらい」「前週の様子から」「予定」の欄で構成される。「本園の教育期」は既述のように3年間を12期に区分したものであり，「期のねらい」については後述する。「予定」は各日の予定であり，「予想される遊びの内容及び活動・予想される幼児の姿・環境構成と教師のかかわり」は「あそび」と「みんな・せいかつ」の領域に区分して示される。領域や記載のフォーマットは当園のオリジナルであるが，長期（期か月）のねらいを週のねらいに反映させ，翌週の遊びを予想して環境構成・援助の見通しを立てていく書き方は一般的なものである。

　当園で特に力を入れているのは，裏の面の記述である。2005（平成17）年以来，「振り返り」の欄が手狭であったためにこの部分が加えられたことは，既述の通りである。ここには毎日，遊びの記録が記される。充実した遊びを展開するためには，いうまでもなく子どもたちが安心感をもって園生活を送ることが第一である。特に3歳クラス児や入園後まもない子どもたちについては，教師との安定した信頼関係を結ぶことを念頭に，一人ひとりの様子が記述される。そしていくつかのまとまりをつくって遊ぶようになってから，遊びごとの記述へと徐々に移行していく。

　4・5歳クラスの子どもたちについては，遊びのまとまりごとに，だれがどの遊びに参加し，どのような言動がきっかけでその遊びが盛り上がったかを時系列的に記すのを基本としている。そのとき教師はどのような援助をしていたか，またそれは有効であったか，なども合わせて記述される。「あそびの時間」に一つのクラスの子どもたちが園内のあちこちで展開する遊びの総量は膨大で，教師の視野から外れていることも多い。いくつもの遊びの様子の一端を記すに止まらざるを得ないが，そのかわり，特に扱うその日の遊びの流れが他の教師や園の訪問者にもわかるように，一人ひとりがだれか想定できるほどにできるだけ具体的に記録されるべきことが暗黙に了解され，それが毎日なされている。

　この作業を通して，教師は遊びの経緯やみずからの援助の在り方を振り返るだけでなく，その遊びをどう持続させるか，またさらに充実させるために最もよい手立てが何かを毎日考え，翌日・翌週に備えることになる。個々の子どもの様子や子どもどうしの関係などをふまえて，持続しそうな遊び，これから奥行きをもちそうな遊びを見極めるのもこのときである。遊びの行方を少しずつ見定めながら，援助

44　Ⅰ　幼稚園カリキュラムの概要

【表の面】

やま組　　平成 30 年 10 月 8 日～10 月 12 日の週案　　　　　　　　　　　　　　　　　　　　　　　　担任　　渡辺　典子

本園の教育期	＜Ⅶ期＞　発達の過程　　教師や友達とのかかわりを楽しむ時期 　　　　　仲間関係の様相　　同年齢：葛藤経験を積み重ね、仲間とイメージを共有しながら遊びを広げる 　　　　　　　　　　　　異年齢：異年齢児とのかかわりを通して、仲間と遊びを広げる楽しさを知る
期のねらい	○自分の目的をもって、したい遊びに挑戦しようとする。　（あ） ○したい遊びに向かって新しい工夫を加えながら、遊びを継続させる。　（あ） ○感じたことや考えたことを話す中で、新しい問題に気付く。　（あ） ○共通のイメージをもち、友達の考えを受け入れながら自分が考えたことを試し、一緒に遊びを進める。　（み） ○季節感を味わったり身近な環境に親しんだりする楽しさが分かり、遊びや生活に取り入れようとする。　（み） ○異年齢グループでの活動を楽しみながら、年下の幼児ともかかわりを広げる。　（み） ○片付けや着替えなどを自分から行い、友達と力を合わせながら当番活動に取り組む。　（せ）
週のねらい	○自分のしたい遊びやなりたい役割を友達に伝えたり思いを受け入れたりしながら、同じイメージの中で遊びを楽しむ。 ○友達と一緒に遊びに必要なものを用意したりつくったりして遊ぶ。 ○生き物や植物などの秋の自然物に関心をもち、それらに触れたり遊びに使ったりする。
前週の様子から	三連休が三週続き週の始めは落ち着かない様子が見られたが、週の後半はケーキづくりや宝探しなどの遊びに夢中になり、「あそび」以外の場面でも落ち着いて活動する様子が見られた。「あそび」の充実が重要であることを改めて感じた。秋のさわやかな天候を感じながら遊んでほしいと願い、「みんな」の時間はできるだけ屋外で遊べるよう計画した。鬼ごっこなど簡単なルールのある遊びをトラブルなく楽しむことができるようになり、成長を感じた。

予定	8 日（月） 降園14：00 お弁当	9 日（火） 降園11：00 おやつなし	10 日（水） 降園11：00 おやつなし 幼児教育研究会	11 日（木） 降園14：00　お弁当　身体計測 新なかよしグループ顔合わせ 園庭開放	12 日（金） 降園14：00 ハッピーランチ

◇予想される遊びの内容及び活動 ○予想される幼児の姿 ・環境構成と教師のかかわり	あそび	◇化石探し、生き物捕まえ、クリ・ドングリ拾い、砂場遊び、遊具や用具を使った遊び　など ○園庭やグラウンドなどを散策して昆虫を捕まえる。捕まえた昆虫のエサになるものを探したり、図鑑を見ながら飼育環境を整えたりする。 ○友達とやりとりしながら砂や水、草花などの自然物を使って料理づくりをしたり、石を化石に見立てて地面を掘ったりする。 ○鉄棒やブランコ、自転車乗りを友達と一緒に楽しむ。 　・幼児の言葉を受け入れながら、教師も一緒に会話を楽しみ、遊ぶ。 　・安全に遊べるように見守るとともに、危ない場面では声をかけ、幼児と一緒に遊び方を考えたり解決したりできるようにする。 ◇お寿司屋さんごっこ、ケーキ屋さんごっこ　など ○廃材などを使ってお寿司やケーキなどの食べ物をつくり、保育室の窓辺や遊戯室にお店屋さんを開く。 ○友達が遊ぶ様子を見て遊びに加わったり、見ている友達を誘ったりしながら友達とのやりとりを楽しむ。 　・幼児と一緒に遊びに必要なものをつくりながら、遊びが広がるようにはたらきかける。 　・幼児の見立てを大切にしながら、教師も一緒に遊ぶ。幼児のつぶやきを聞いて、遊びが広がるように場を整えたり材料を準備したりする。 　・友達同士のかかわりが生まれるように、遊びの様子を他児に紹介したりお客さん役になったりしながら、幼児同士のやりとりにつなげる。
	みんな	◇ルールのある遊び・野菜の世話や収穫 ○簡単なルールのある遊びを屋外で楽しむ。 ○天候のよい日には屋外で鬼ごっこなどを行い、秋の日差しを感じながら体を動かして遊ぶ楽しさを味わえるようにする。 ○クラスで育てている野菜の世話をしたり、なかよしグループで育てた野菜を収穫したりする。 ○様々な野菜の生長に気付いたり収穫の喜びを感じたりできるよう、教師も一緒に畑に足を運び、幼児の気付きや喜びに共感する。 ◇帰りの集まり ○帰りの集まりで、友達の楽しかった話を聞いたり、季節の歌を楽しんだりする。 ○幼児の話をきっかけに一日の遊びを振り返り、翌日の遊びに期待がもてるようにする。
	せいかつ	◇衣服の調整 ○教師の言葉かけにより気候の変化に気付き、自分で衣服を調整しようとする。 　・朝と昼間、日によって温度差が大きいため、衣服の調節や汗の始末について声をかけ、自分で調整できるようにする。 　・自分から着替えようとする姿を称賛する。

【裏の面】

	1 日（月）	2 日（火）	3 日（水）	4 日（木）	5 日（金）
あそび・その他	開学記念日	**クリ・ドングリ拾い、虫捕り** 　台風の影響で、クリやドングリがたくさん落ちていた。登園する際にドングリが落ちているのに気付いた何人かが「ドングリ拾いに行ってくる」と言い、外に出かけた。すると、ドングリだけでなくクリや昆虫にも興味をもち、たくさんのクリを拾って保育室に戻り「先生、明日のおやつに食べよう」と言った。それを聞いて、屋内で遊んでいた子も park に出かけて行った。これまで昆虫に興味を示さなかった子も、午前中ずっとカマキリやカナヘビを探し回っていた。また拾ったクリの数を数え、他クラスにおすそ分けに行った。 **自然物を使った製作遊び** 　拾ってきたクリやドングリ、枝を保育室に持ち帰り、製作遊びに使っていた。Kai はビニールテープの上にそれらを並べていた。ドングリやクリにはペンで顔描きし、一つ一つに名前を付けていた。また a は枝を飛行機に見立てて「ここをドングリさんが渡っているの」と話をすると、K も「私の橋はドングリさんにしよう」とドングリを付けていた。EX はティッシュ箱などの空き箱でケーキ屋さんをつくり、お花紙を丸めてその上にドングリやクリを飾りつけていた。 **ままごと遊び（屋外）** 　クリ拾いをしていた OVZ が、園舎裏でしていた 5 歳クラス児の「森のレストラン」に遊びに行った。VZ はレストランで遊んだり、「森のレストランさん」と言い、子どもの家で料理作りを始めた。その様子を見ていた T や N が「いれて」と言い仲間入りしていた。	**クリ拾い、虫捕り** 　今日も HNRWa がクリ拾いや虫捕りをしていた。H は図鑑を持ち、捕まえた虫のことを調べていた。a は、朝から「トンボを捕まえたい」と挑戦していた。「結局チョウしか捕まえられなかったの。トンボが速すぎる」と少し気落ちして戻って来た。虫捕りを諦めた途中で転んだが、K はすぐトンボを追っていた。その意欲が明日も続くよう励ましていた。NR はいくつかクリを拾い、「またおやつにして」と担任にクリの入った袋を渡した。 **クリやドングリのケーキ屋さん** 　昨日 EX がつくっていたケーキ屋さんだが、E が「店員さんをつくろう」と言い、トイレットペーパーを持ってきた。X は「じゃあ私、お客さんくるよ」と言い、二人で人形づくりが始まった。「どうやってつくろうか」と二人が考えていると、I がやって来て「紙に顔を描いて貼れば？」とアドバイスをした。その後も、3 人で「赤ちゃんをつくろうか」「服を着せた方がいいね」「手とか足もいるね」など、次々と思い付いたことを言葉にしながら遊びが進んでいった。O が途中から仲間入りした。E は人形をつくり終えると、ドングリやクリでお店の飾り付けをした。	**虫捕り** 　今日も HOWPa が虫捕りをしていた。H はカナヘビやコオロギを捕まえ、図鑑で飼い方を調べていた。 **宝探し** 　A J LMQ が築山で遊んでいるときに、埋まっているコーヒー缶を見付けた。「昔の宝物が埋まっている」と興奮気味にスコップで掘り出していた。その後も、「もっとあるかもしれない」と言い、いろいろなところを掘って探していた。 **クリやドングリのケーキ屋さん** 　今日も EX がドングリケーキをつくっていた。E が保育室の窓辺にケーキを並べるとテーブルがないことに気付き、テーブルづくりを始めた。廃材コーナーにあったカップでもケーキをつくっていた。X が「いいこと考えた。あっちに並べよう」と言い、窓辺にケーキを並べ始めた。以前 K がつくった紙皿がそこにあり、E が K に了解を得て、その紙皿にケーキを置くことにした。ST がないように並べ、ケーキ屋さんが始まった。（以下、遊びの記述に続いた）	**虫捕り** 　CHORVZW は登園してすぐに虫捕りを始めた。H の虫捕りへの意欲が高く、友達が他の遊びに移っても、H だけは虫捕りを続けている。昨年度までは触ることもできずにいたが、カマキリ以外は網で捕まえることができるようになった。C は念願のカマキリのオスと、H がトンボを捕まえてくれて、二人とも満足そうだった。 **宝探し** 　今日も A J LMQ が築山や砂場を掘っていた。40 分ほどして、M は「恐竜の化石を見付けたよ」と言って保育室に戻って来た。M が持っていたバケツには、たくさんの石が入っていた。M が「標本つくろう」と教師を誘ったので、箱の中に石を並べてその下に化石の名前を付けることにした。M は図鑑を見ながら恐竜の山に石を重ねて、どの恐竜のどの部分の化石なのかを考えていた。片付けを終えて保育室に戻って来た A J MPRS がそれを見て、午後から M を中心として化石掘りをしていた。 **ケーキづくり** 　EFGX がワゴンにケーキを乗せてケーキを売りに出掛けた。E たちもケーキを売りに出ていたため、E たちもワゴンで園内を 1 周すると、他の遊びに移っていた。	**虫捕り** 　CHORVZW は登園してすぐに虫捕りを始めた。H の虫捕りへの意欲が高く、友達が他の遊びに移っても、H だけは虫捕りを続けている。昨年度までは触ることもできずにいたが、カマキリ以外は網で捕まえることができるようになった。C は念願のカマキリのオスと、H がトンボを捕まえてくれて、二人とも満足そうだった。 **宝探し** 　今日も A J LMQ が築山や砂場を掘っていた。40 分ほどして、M は「恐竜の化石を見付けたよ」と言って保育室に戻って来た。M が持っていたバケツには、たくさんの石が入っていた。M が「標本つくろう」と教師を誘ったので、箱の中に石を並べてその下に化石の名前を付けることにした。M は図鑑を見ながら恐竜の山に石を重ねて、どの恐竜のどの部分の化石なのかを考えていた。片付けを終えて保育室に戻って来た A J MPRS がそれを見て、午後から M を中心として化石掘りをしていた。 **ケーキづくり** 　EFGX がワゴンにケーキを乗せてケーキを売りに出掛けた。E たちもケーキを売りに出ていたため、E たちもワゴンで園内を 1 周すると、他の遊びに移っていた。 **お寿司屋さん（室内の製作遊び）** 　I が廃材の箱に写っていたお刺身の写真を見立てた。I が廃材を四角形に切り朱色の布テープを貼ってマグロの刺身の色にしていた。EX がそれを見て、ST もケーキを意識し始めた。そして、X がレジに置き看板をつくり、ケーキ屋さんが始まった。この日も ST は、集中してケーキをつくっていたり、店員さんもしていた。午後からは GZ も仲間入りし、ワゴン販売もしていた。
みんな・その他		誕生会で H がリクエストした遊びを楽しんだ。H は「外でブランコとか滑り台とかしたい」と言い、全員でグラウンドに出かけた。ブランコも順番を守って乗り、後ろから押してあげる姿も見られた。	おやつは昨日ありの時間に拾ったクリをゆでて食べた。 　誕生会で I がリクエストした遊びを楽しんだ。I は「外でバナナ鬼がしたい」と言い「鬼は 3 人、じゃんけんで決めたら？」「鬼は帽子が白だよ」と遊びのルールも話していた。	お絵かきした。視し活動で行った水族館のこと、捕まえた虫のことを描く子が多かった。特に水族館の絵には、タコやイカ、クラゲなどたくさんの海の生き物が描かれていて、その後、畑の作物の様子を見に行き、アオムシを見付けた。	紙粘土や木の枝、ドングリやクリなどを使って、生き物をつくったりテープの上に並べたりといった製作だったので、どの子も要領が分かっており、スムーズに製作していた。

図 2-4　週案（「やま組　平成 30 年 9 月 17 日～9 月 21 日の週案」

の内容も変化していくことになる。

　なお，週案に残す日々の記録は，真に教師の記憶に残るものに限られてくる。援助は教師自身が意識的に行っているものもあれば，無意識のうちに行っているものもある。そうしたなかで保育後に子どもの姿と援助の内容を連日，文字化する作業を続けることには，相応の覚悟と労力が必要である。しかしこの作業は，子どもの遊びの流れを可能なかぎり捉え，「遊び込む」姿に接近していくために欠かせないものとなっている。2019（令和元）年度以降，この週案にはさらに検討が加えられつつある。

(2) 日案

　日案は，研究保育や研究会などの研修時，学生の教育実習時に図2-5のように記される。

　日案は大きく「ねらい」「保育の見通し」に分けて記される。「ねらい」を導く「前日までの様子」が併記され，また「保育の見通し」には時系列的な「保育の流れ」が「予想される活動」「環境構成と教師とのかかわり」の内容で示される。この部分の記載の仕方は一般的なものであるといえるのに対し，その脇には「予想される幼児の遊びと教師の援助」が園の平面図とともに遊びごとに示される。この創設時からのアイデアを活かしたフォーマットは，遊びと援助の見取図として有用なものとなっている。

　遊びの展開を予想し援助の準備を行うにあたっては，上述のように週案の作成段階から担当の教師なりにベクトルを見出していかなくてはならない。この見取図はその一応の帰着点としての意味ももっている。

図2-5　日案（平成30年度研究会における「4歳児（やま組）の保育日案」）

(3) 遊びの振り返りと援助の見通し

　遊びの振り返りは常に行われている。ほぼ毎日行われる終礼で，クラス担任によって各クラスの情報提供が口頭でなされる。その日に盛り上がった遊びや子どもの様子，援助の内容が中心に語られ，共有される。

　また園内研修が毎週金曜を基本に，特に研究会の開催前の時期には午後の合間も含めて集中的になされ，ここで「遊び込む」子どもの事例が語り合われる。クラス担任が「遊び込んだ」と感じたエピソードを記し，それを読み合いながらその時点における遊びの流れや今後の見通しについて，随時大学の研究者も加えて検討がなされる。

　これらのフォーマルな機会に加えて貴重なのが，日常的な伝え合いである。遊びの様子の写真は，担任と副担任ともども毎日，随時撮影している。保育後，その写真を整理しながら「このときこんなことを○○くんが話していてね…」「見て，こんなおもしろいことをしていたんだよ」と，遊びや子どもの様子を伝え合う。また当園では「あそび」の時間は移動が自由なので，異年齢どうしのかかわりも多い。自分とは違うクラスの担任が「今日ね，私のところに○○くんが遊びに来たよ。写真撮ったからフォルダに入れておくよ。面白かったよ，あのね…」と，職員室ではクラスを越えた遊びをめぐる情報交換がいつとはなしに始まり，有意義なおしゃべりが延々と続く。こうした伝え合いのなかにも，子どもたちの情報や明日の保育へのヒントが詰まっている。

　たとえば，「5歳のアクセサリー屋さん，3歳がとっても喜んで買ってきたわ」と3歳クラスの担任が話しかけると，「よかった。でも，つくるのが遅くてすぐに売り切れちゃうんだよね。待たせちゃって…」と5歳クラスの担任が悩みを打ち明ける。すると，「予約ってことにしたら？」「そうそう，よくあるじゃない，お店でも。名前書いてさ」「そうか，見本だけあればいいんだ」「予約票を渡したら，ホンモノみたいで喜ぶよね」とお店屋さんごっこが盛り上がるためのヒントがあちこちからとんでくる。「材料だったら，4歳に余っていたような気がする。探してみるね」と，材料まで手に入ることもしばしばである。「○○ちゃんが，『3歳さんはお金はいらないですよ』って言ってくれたの。お姉さんになったよね」「年下には優しいんだよねー」と，子どもの育ちも聞くこともできる。こうして，5歳クラスでアクセサリー屋さんが盛り上がると分かれば，3歳クラスと4歳クラスの担任は，子どもたちが買い物に行くために財布やお金づくりをするだろうと予想でき，折り紙や画用紙，ペンなどの用意ができる。また，子どもたちに「アクセサリー屋さんがあるんだって」と声をかけて，5歳児の子どもたちの遊びを盛り上げることを考えることもできるのである。

　このように職員間の垣根が低く，何でも語り合える雰囲気がこの園にはある。とかく小学校の教員は自学級のことのみを考えがちであるが，そうではなく，自分の学級の状態を良い時も悪い時も他に開くことが大切だと感じている。誰かが悩んでいることを誰もが気にかけ，よい方向に向かうよう知恵を出し合う。当園の子どもたちが自然と異年齢で輪になり，それぞれの遊びが楽しくなるように知恵を出し合う姿が見られるのは，そのような職員間の雰囲気が子どもたちにも伝わっているからではないだろうか。

「遊び込む」子どもを感じた時

亀 山　亨 (当園元教諭)

　私が着任した年に、「遊び込む子ども」の研究が始まった。「夢中になって遊ぶ」とは少し違い、「遊び込む」は、もっと深く遊びの世界に入っている子どもの姿だという説明が、当時の研究主任からされた。誰も「遊び込む」を意識して子どもの遊びを見たことがなかったので、教師一人ひとりが自分の感覚を信じ、「遊び込んでいる」という姿を事例に残していくこととなった。

　新年度が始まって間もない4月、園舎裏にあるこども広場へクラス全員で遊びに出かけた。広場に着くと、子どもは木登りや生き物探しなど、興味のあることに夢中になって遊び始めた。「忍者の修行ごっこ」をしていた一人の子が、深さ約70cmの穴を見付け「ジャーンプ」と言いながらジャンプし始めた。私も引き寄せられるようにそこに行き、「いいね、ジャンプ修行だ」と言うと、周囲にいた数名の子どもが集まり、順番にジャンプを始めた。子どもは、いろいろなジャンプに挑戦し続けたが、徐々に笑顔だった子どもの表情が変化していった。真剣に友達のジャンプを見たり、ジャンプし終わった後に悔しそうな表情になったりした。まるで、ジャンプの出来栄えや改良点などに思いを巡らせているようだった。そんな私も、いつしか子どもと同じ気持ちになり、新たなジャンプを発明しないかとのめり込んでいった。

　これが私の「遊び込む子ども」を見た最初である。子どもの発想は教師のイメージよりも上を行き、次に何をしてくれるんだろうとわくわくした。思わず、「入れて」と言って遊びに加わりたくなった。それ以降、私は「遊び込む子ども」を幾度となく見付けることができるようになり、さらに「遊び込むかも…」と予測できるようになった。

　数多く「遊び込む子ども」を見ていくと、子どもは遊びながら試行錯誤や伝え合い、協働などの大切なことを体験していることがわかった。そのことは、私にとって、「なぜ遊びが大切なのか」「なぜ遊びは学びなのか」という問への答えにつながったと感じている。教師である私にとって大切な子ども観に出会わせてくれた、かけがえのない時期となった。

Ⅱ
幼稚園カリキュラムの実際

小さな見通し，
大きな見通し。

決め手はやっぱり
子どもたち一人ひとりとの**対話**。

第3章　園生活全体の経験としてのカリキュラム

渡邉 典子

第1節　幼稚園カリキュラムと全体の構成

　当園ではカリキュラムを園生活全体における子どもと教師の経験として捉えている。

　カリキュラムは園全体の教育計画としての教育課程とそれに基づく各年齢児クラスの長期・短期の指導計画として，また子どもの健康や安全を守り育てる側面から，教育課程を中心にそれと関連付けられた保健計画，安全計画，食計画などによって構成される。

　第4・5・6章においては，「あそび」の時間における事例とともに，3・4・5歳クラスの年間指導計画を示している。ここでの遊びは子どもが「遊び込む」姿，特に試行錯誤の経験が色濃く見えると考えられるものを集めた。

　第7章においては，養護カリキュラムの内容と事例を示している。就学前施設において生命の保持と情緒の安定を図る養護は，園生活の基幹部分を担う重要な視点である。当園でもそれが子どもの「遊び込む」姿と不可分な役割を果たしていることから収めている。ここでは保健計画とそれに基づく実践事例を紹介している。

第2節　教育課程および年間指導計画について

　開設以来，子ども一人ひとりの遊びや活動の姿をめぐる理解を可能な限り試みながら，得られた知見を少しずつ蓄積し，共同で概念化しながらカリキュラムに反映させてきた。このボトムアップの方向で，第4・5・6章においてはまず3・4・5歳児の典型的な事例を挙げる。そして，各節の最後に現時点で到達している年間指導計画を示した。ここでは，当園の教育課程と年間指導計画の見方について，あらかじめ説明を加えておきたい。

(1) 教育課程の構造

1）教育課程の時期区分

　当園では2002（平成14）年度に示された研究成果をもとに子どもたちの発達の節目や生活の節目を捉えて，発達の時期を4期に区分している（→ p.19，図1-1）。教育課程表や年間指導計画では，その期に

ふさわしい生活を構想し，前後を見通したうえで，望ましい経験や活動を選んで園生活の中に位置付けている。また，子どもたちにとって進級することは，自分の成長を自覚し新しいクラスへの期待をもつと同時に，大きな不安も感じる機会となる。そこで，年度の切り替わりとなる学年始めを短い時期で一つの期と捉え，子どもたちにとって無理なく新しいクラスの環境に対応してけるように，援助を工夫している。

2) 各年齢クラスにおける教育課程の捉えと子どもたちの育ち

　子どもたちにとって幼稚園は，家庭を離れて集団生活を送る場である。3歳クラス児は，およそ1年かけて少しずつ園生活の流れを理解する。3歳クラス児にとって幼稚園は，安心して過ごせる居心地のよい場所として慣れ親しむ「なれる」時期と捉えている。この時期は，先生や友達と一緒に好きな遊びを十分楽しむ。

　4歳クラスは，園環境や生活のリズムにも慣れ，次第に自分らしさを表出しながら多様な経験を学びとして蓄積し，仲間とイメージを共有しながら遊びが広がっていく「ひろがる」時期と捉えた。しかし，経験や獲得した学びがすぐ具体的な新たな学びの姿としてみられるのではなく，しばらく経過してから学びの姿として表出する傾向がある。

　5歳クラスは，3・4歳クラスで積み重ねてきた経験や学びを基盤として，さらに新しい学びを加味しながら園生活をより豊かなものにしていく「たかまる」時期として捉えた。3・4歳クラスの幅広い学びの蓄積が，5歳クラスにおける学びの基盤となっている事例が多く見られる。また，仲間とともに遊びをつくっていくようになる。

　このように「なれる」「ひろがる」「たかまる」は，あくまでも各年齢クラスの特徴的な学びの傾向を示すものであり，各年齢クラスにおいては，それぞれの子どもの「なれる」「ひろがる」「たかまる」姿を見ることもできる。

3) 接続期および接続プログラム

　5歳クラスの9月から小学校1年生の5月上旬までを幼小の「接続期」として設定し，「接続プログラム」を作成した。それは「5歳クラス児の学び合い等に着目したプログラム」「小学1年生との計画的な交流プログラム」「保護者向けプログラム」で構成され，本書では「5歳クラス児の学び合い等に着目したプログラム」を示している。当園では接続期を「幼稚園生活で培ってきた力や育ちが，一層確かになるような経験を意識的に重ねていく時期」とし，大勢の子どもたちがかかわる遊びを通して，どの子どもにも確かな学びを保障したいと考えている（2010（平成22）～2012（平成24）年度研究「幼小の円滑な接続を促す幼児教育の推進」より）。

(2) 年間指導計画の項目について

1)「この時期の幼児は」（幼児の発達の過程と特徴）→年間指導計画表 (p.53) ❶

　各期における幼児の発達の過程や特徴が示されている。そこでは特に，友達とのかかわりについて，「仲間関係の様相（同年齢）（異年齢）」を掲載している（2004（平成16）～2009（平成21）年度研究「幼

児の生活と仲間関係」より）。その理由として，2013（平成 25）～ 2015（平成 27）年度研究「遊び込む子ども」において，4・5 歳クラスの遊び込んだ事例には仲間との協同の姿が必須であるということ，遊び込むことによって仲間とよりよくかかわる力が育まれることが見えてきたことが挙げられる。また，遊び込んだ事例には，年下の幼児の存在や年上の幼児のアドバイスが遊びを盛り上げる要因になっていることも多く，異年齢児相互のかかわりが欠かせないこともわかってきた。

　そこで，当園のこれまでの研究成果に基づき，仲間関係が育まれる様相も念頭において遊びを援助することで，幼児が遊び込むことにつながり，教師の願いやねらいに近づけると考えた。

2）「こんなふうに育ってほしい」（幼児の発達の過程と特徴）→年間指導計画表❷

　園生活の中で教師が期待する幼児の姿を示した。（あ）と記載してある姿は「あそび」，（み）は「みんな」，（せ）は「せいかつ」における，幼児の姿や教師のねらいをもとにしてある。ここに示した姿は，幼児にとって必要だと思われる体験を園生活において積み重ねていくことで現れてくる姿であり，各教育期における方向目標である。

　記載されている幼児の姿のうち，（あ）と記載してある姿は，2013（平成 25）～ 2015（平成 27）年度研究「遊び込む子ども」において遊び込んだ事例に現れた幼児の姿をもとにしている。遊び込んだ事例に現れた幼児の姿をもとにしたのは，2015（平成 27）年度研究において「遊び込みの空気に触れて変化した経験を積み重ねた幼児は，普段の生活でも変化が見られた」という結論を得たからである。つまり，遊び込む中でできたこと（友達に道具を貸してあげることができた，できるようになるまで粘り強く頑張ったなど）は，それを積み重ねることによって，それ以外の場面でもできるようになるということを示している。また，遊び込むことによって「がんばる力」「かんがえる力」「よりよくかかわる力」「ことばの力」が総合的に育つのではないかということが見えてきた。

3）「だから教師は」（各期における教師の援助と環境構成）→年間指導計画表❸

　①に示した幼児の姿と照らし合わせて，各期における主な教師の援助や環境構成を示した。2014（平成 26）年度研究において，教師が日常的に大切にしている当園の保育の特徴や，遊んでいる幼児の内面に「意欲の持続」「気付き・思考の深まり」「自信・達成感」「仲間とかかわり合う心地よさ」が生み出され流ように，瞬時に判断して発している言葉かけなどが見えてきた。それらの援助は，日常的に心掛けていることや，幼児の遊ぶ姿を捉えて瞬時に対応しなければならないことであるため，期によって大きな変化があるものではない。たとえば，当園の特徴として「待つ姿勢」が挙げられる。教師は，幼児が自分の力で問題を発見したり，解決したりするまで遊びを見守り，待つ姿勢を心掛ける。遊び込ませようと先回りをしたり，教師が答えを言って解決を急がせたり，教師が思うように遊びの流れをコントロールしようとしたときは，遊び込みには至らない。幼児自身が強く心を動かされたときや，何とかしたいと切に願っているときでないと，遊びは継続しないし，仲間との協同も見られないことが研究からわかったのである。しかし教師はただじっと見ていればよいかというとそうではなく，遊んでいる幼児の内面に足りないものは何かを考え，「ここ，どうする？」などの課題を焦点化する言葉かけや，「なるほど」「すごいね」などの受容・賞賛する言葉かけなどをする。

表3-1 年間指導計画（3歳クラスⅠ期）Ⓒ（株）永田印刷

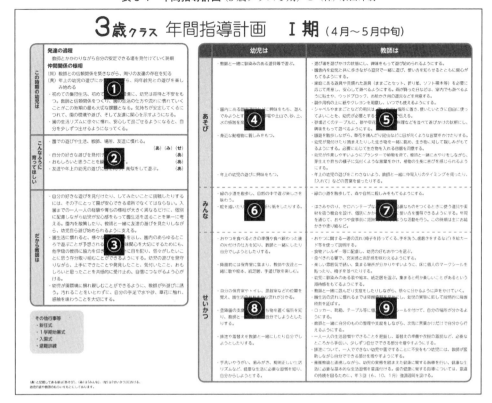

よって、この欄には、当園の保育の特徴も含めて、もう少し具体的に、各期の幼児の発達段階や遊びの内容に合わせた援助も示した。各期における幼児の特徴や教師の願いを重ね合わせて、教師がこの期にどのような援助や環境構成をすることが大切かということである。たとえば、その時期特有の幼児の発達段階に対する援助（3歳クラスのⅠ期の入園当初や4歳クラスのトラブル期に心掛けるなど）や、その季節にしか経験できない遊びの準備などである。

4)「あそび」における「幼児は」→年間指導計画表❹

2013（平成25）～2015（平成27）年度研究「遊び込む子ども」における遊び込んだ事例から、当園での幼児の遊びの多くは、製作遊びやごっこ遊び、砂・土・水（冬は雪）を素材とした遊び、自然物や生き物にかかわる遊び、運動遊び（ルールのあるもの、達成的なもの等）などに分けられることが見えてきた。それらの遊びにおいて、幼児がひとやものとどのようにかかわるか幼児の予想される遊びの姿や期待される学びの姿を示した。

5)「あそび」における「教師は」→年間指導計画表❺

各期の「あそび」における教師の援助や環境構成が示されている。内容や方策、扱う材料、留意点など、幼児の遊びを支えるために必要な事項を具体的に記載した。年齢が上がるにつれて、幼児は園の環境に慣れ自発的に遊びを展開していくことができるようになるため、年間指導計画上は教師の援助が次第に少なくなる傾向にある。

第3章 園生活全体の経験としてのカリキュラム 53

6）「あそび」における「教師は」→年間指導計画❻

　各期の「みんな」の時間における活動内容が示されている。緑の小道散歩，おやつ活動，ルールのある遊び，栽培，製作，プール遊び，異年齢活動など，主に季節感を味わったり集団で行う遊びを楽しんだりする活動を行う。各年齢クラスや季節によって活動内容が異なり，修了への準備や附属小学校との交流など5歳クラスのみの活動もある。これまでの指導資料等に基づいて内容が示されているが，個々の育ちや「あそび」の様子に応じて，それらの活動は期の区分を越えて行われたり頻度が異なったりする。また，年齢クラスによって，「みんな」に含まれたり「せいかつ」に含まれたりする活動もある。たとえば，おやつ活動は，活動内容や教師のねらいから，4・5歳クラスでは「みんな」に含み，3歳クラスⅡ期までは「みんな」ではなく「せいかつ」に含んでいる。4・5歳クラスのおやつ活動は，「あそび」の時間に収穫した園内の木の実を食べることによって季節感を味わったり，「みんな」の時間に栽培した野菜を調理して食べることによって収穫の喜びを感じたりする。3歳クラスでも教師は旬の素材を生かしたものを提供するように心がけているが，Ⅰ・Ⅱ期では季節感を味わうというよりは，おやつを食べることをきっかけにして，幼児が午前の遊びに区切りをつけ片付けができるように促すことがよくある。また，園は家庭とは異なり集団で生活をするため，食べる時のきまりやマナーがあることを知り，友達と楽しい時間を過ごせるようになることがこの時期に重視したいねらいになる。したがって，3歳クラスにとっておやつを食べることは，園の生活リズムを身に付けるという色合いが濃いため，Ⅱ期までは「せいかつ」に含まれ，次に「みんな」に含まれるようになる。

7）「みんな」における「教師は」→年間指導計画❼

　各期の「みんな」の時間に行う活動における，教師の配慮すべきことや準備品などの具体的な援助を記載している。活動内容は教育期によって大きく変わらなくても，幼児の実態に応じて教師のねらいや援助が異なることがある。たとえば，4・5歳クラスでは年間を通じてルールのある遊びを行うが，幼児の発達段階や「あそび」の様子に応じて，教師が提案する遊びが異なったり遊びは同じでもルールや活動場所が異なったりする。

8）「せいかつ」における「幼児は」→年間指導計画❽

　各期において，教師は幼児に身に付けてほしいと期待する生活習慣や行動が示されている。クラスの当番活動なども含まれる。3歳クラスは初めての園生活になるため記載内容が多くなるが，年齢が上がるにつれてそれらの内容はおよそ身に付いてくると予想されるため少なくなる。また，3歳クラスⅡ期終わりころまで（7月おわり）は，園の生活リズムに慣れるというねらいがあるため，おやつを食べることや帰りの集まりは「せいかつ」に含まれる。しかし，年齢が上がるにつれて次第にこれらと「あそび」の時間との関連が深まってくるため，「みんな」に含まれるようになる。

9）「せいかつ」における「幼児は」→年間指導計画❾

　各期において，教師は幼児に身に付けてほしいと期待する生活習慣や行動を，どのように促したり環境を整えたりするか，具体的な援助の内容が示されている。3歳クラスは教師の援助が多くなるが，

年齢が上がるにつれて指導計画上での援助は少なくなり，必要に応じて個別に対応していくことになる。

第4章　年少児の遊び込む姿を支える
―「雨どい遊び」の展開―

大坪 千恵子

第1節　3歳クラスの遊びと保育

　入園してくる子どもは，以前に園生活を経験している子もいれば，親と初めて離れて園に通い始める子もいる。しかしどの子どもにとっても，保育室や園庭，教師や友達などそのすべてが新しい環境である。初めは自分の身支度すらままならない。登園時に親と離れることすら難しい。自分のロッカーの場所を覚えることも，一人でお弁当を食べることも子どもにとっては大きな試練かもしれない。親元を離れて一人で園にいることだけでも，この時期の子どもにとっては「すごいこと」である。教師は，小さなことでも褒めて自信をもたせつつ，子どもが興味をもつことや面白いと思っていることに感心したり悲しい辛い思いに共感したりして，信頼関係を築いていく。そして，子ども一人ひとりが安心感をもって園生活を送ることができるように，日々その様子を見とり，丁寧に対応していく。子どもは，教師が側にいる，見てくれている，困ったときには助けてくれる，一緒に遊んでくれる，自分の思いに共感してくれるといった安心感に支えられて，したい遊びを見付け，少しずつ行動範囲を広げていく。

　「あそび」に関しては，最初はなるべく外遊びを満喫させたい。本園の豊かな自然環境の中で，自分のしたいことや思うことを思い切り楽しんでほしい。それには，本園の環境と初めて出会うこの時期が大切である。園庭には砂場や池があり，生き物がいる。さまざまな道具も備えてある。砂や土，水，風を体全体，五感を使って存分に味わい，さまざまな植物や昆虫と出会う。それらに苦手意識をもっている子もいるだろう。しかし，そこで楽しそうに遊ぶ年上の子どもの様子を見て安心し，真似をしながら遊び始める。汚れることに嫌悪感を抱く子もいる。「汚れたら洗えばいい。着替えればいいから大丈夫」と伝えながら，体全体でダイナミックに自然とかかわれるようにする。「たくさん汚してきたのはたくさん遊んだ証拠」と保護者からも子どもに伝えてもらうことで，安心して遊べるようになる。心も体も開放して遊べるようになることが，遊び込む

ことにつながる。

　たとえば，保育室から外に出てすぐのところに，主に3歳クラス児が遊ぶ砂場がある。ここで砂山をつくったり，ままごと道具を持って来て料理をつくる真似をしたりして，まずおのおのが好きなことを見付けていく。教師は，砂や水の感触を楽しめるように，ときには裸足になって遊ぶなどして，一緒に遊びながら子どもがしたいことをする様子を見守る。その中で道具のある場所や使い方などを繰り返し知らせ，自分のしたいことを実現できるように支えていく。このように，入園して2カ月ほどは子ども一人ひとりが好きな遊びを見付け，繰り返し楽しむことができるように援助しながら，基本的には教師は側で見守ることに徹する。

　そのうち子どもは園に慣れ，自分から遊び始めるようになってくる。その姿を受けとめながら，楽しさやおもしろさを伴っていると感じられる彼らの行為に肯定的な声かけをしたり，つぶやきなどの発話に共感的に応答したりして，子どもの遊びたいという気持ちを支えるようにする。

　また遊びが積極的なものになるにつれ，活動する場所が広がり，友達のしていることに関心を寄せ，真似しようとする姿も見られるようになる。すると，「友達が使っているものを取った」「つくったものを勝手に壊した」などのトラブルも起こるようになる。その都度，教師はお互いの気持ちを聞きながら仲介し，どうすればよかったのか子ども自身が考えられるように支援していく。

　こうした体験を重ねながら，子どもはしたい遊びに自分から入り込み，服が濡れたり汚れたりすることも気にせず，遊ぶようになる。そして，思い付いたことをどんどん試すようになり，友達のしていることに興味をもって子どもたち相互のかかわりも生まれてくる。こうした姿こそ，遊び込みのキーワードになっている「夢中」「没頭」して遊ぶ姿であると捉えている。次の「雨どい遊び」はそんな姿がみえた遊びの一例である。

第2節　「雨どい遊び」(第Ⅲ期10月)

◆それは水を流すことから始まった　9月の末，砂場でタカシとユウヤがプラスチック製の機関車（以下，機関車）を走らせて遊んでいる。ふと，タカシが砂場に穴を掘り始める。池にしたかったのだろう。じょうろで水を入れた。すると，水はあっという間に砂に吸収されてなくなってしまった。それを見ていたユウヤも水を溜めたいと思ったようだ。今度はバケツに水を汲んできたが，やはりうまくいかない。どうしたら池に水を溜めることができるのだろう─そのとき，思い付いたようにユウヤが言った。「そうだ。パイプを持って来て水を流したらいいんじゃない」。

　この3歳クラスでは，それまでにも，雨どいを使って泥プールをつくったり，年上の子どもが雨どいに水を流して遊んでいるのを見たりしてきた。彼はそのことを覚えていたのだろう。

　雨どいや塩ビ管が少し離れたところに置いてある。ユウヤたちはそれを取りに向かった。そして三輪車やビールケースを運んできてこれらを台にし，水盤から砂場まで雨どいを組み始めた。水道の蛇口の一つに，たまたま2mほどあるホースが付いていた。そのホースを雨どいの中に置くことによって，思いのほか簡単に砂場まで水が入った。

　水は，砂場いっぱい溢れんばかりに溜まった。子どもたちは，それまでやったこともない水路や島づ

くりを存分に楽しんだ。よほど楽しかったのだろう。この週，子どもたちは毎日のように雨どいを組んで砂場に水を流すようになった。教師は，初めてたくさんの水を溜めてダイナミックに遊ぶ様子を見て，全身で砂や水の感触を味わう楽しさや，新しく始めた遊びのおもしろさを味わってほしいと思いながら，その様子を見守った。

◆ホースがなかったけれど…　その翌週。タカシたちはまた，砂場に出て雨どい遊びを始めた。ところが，今回は水を流すために欠かせなかったホースが取り外されたままになっていた。

10月24日（木）

　タカシ・ユウヤ・テツヤ・コウジ・ジュンの5人が砂山をつくり，機関車やプラスチック製の新幹線（以下，新幹線）を走らせている。

コウジ：「ここはお山で，ここはお池だよ。そうだ，また今日もパイプを持って来よう」

ジュン：「僕，パイプ持って来る」

　タカシとコウジ，そして教師も一緒に取りに行く。そして，長い雨どいを持って来る。
　ジュンは短い雨どいをいくつか持って来る。そして，塩ビ管も取りに行く。
　ホースのないのに気付いたユウヤが言う。

ユウヤ：「ホース，なくなっちゃったからね」

　そう言いながらユウヤは，取り外されたままになっているホースの替わりに，ジュンが持ってきた塩ビ管の中に蛇口を入れるように付ける。

教師：「なるほど！　ユウちゃん，よく考えたね。ホースがなくても大丈夫そうだね」

　ユウヤが蛇口に付けた塩ビ管の先に，タカシとコウジが雨どいを並べようとする。

ジュン：「台がいる！」

　その声を聞いたテツヤとジュンが，その雨どいを支えるビールケースを取りに行く。

教師：「ジュンちゃん，よく気が付いたね」

　その後も，タカシたちは砂場に向けてビールケースを並べ，その上に雨どいを置いていく。

教師：「すごいね。あっという間に砂場までいったね」

　子どもたちはいつものように雨どいを運んできたが，前週と違うのは蛇口についていたホースがなかったことだった。教師はそのことを知っていたが，そうした状況の中で，彼らなりに考えていろいろ試してほしいと考えていたので，あえてそのままにしておくことにした。ユウヤは前週，ホースの便利さに気付き，「こうすれば簡単だよ」と雨どいの中にホースを置くことを思い付いた本人である。今回

第4章　年少児の遊び込む姿を支える　59

もホースがないことにいち早く気付き，その代わりに蛇口の水を雨どいに流す方法として，ジュンが持って来た塩ビ管を蛇口に付けることを思い付いている。

　しかし実際にはなかなか思うようにいかず，水道の蛇口から入れた水が伝わるように塩ビ管をつなげている最中も，それが蛇口から外れてしまうことがたびたびあった。しかしユウヤは，近くで様子を見守り励ます教師に手伝いを頼むこともなく，塩ビ管をホース代わりにしようと黙々と粘り強く取り組んでいた。タカシ・コウジ・ジュンの３人もその様子を気にしていた。それでもユウヤに任せ，自分たちは雨どいを置く台を持ってきたり，そこに雨どいを並べたりしていた。

　簡単に水を砂場まで流せない状況になったおかげで，砂場に水を流すためにそれぞれが思い付いたことをする姿が見られた。「便利だったホースがない」といった，少し困った状況というのは，子どもたちがいろいろ考え，夢中になって試行錯誤する姿につながることが多い。教師は，一人ひとりの子どもの思い付きを認め，実際に試す姿に称賛の言葉をかけながら，粘り強く取り組む姿を支えるようにした。教師の言葉に支えられながら，前週の楽しかったことを味わいたいという思いが，子どもたちの中でがんばる力につながったのではないかと考える。

◆水が停まっちゃった　さて，いったん水が流れ込んでからの，次の様子である。

カズキ：「じゃあ，機関車を流してみようかな」

> 砂場まで雨どいを組み終えてから，カズキがこうつぶやく。
> すると ジュンとノボルも，機関車や新幹線を流そうと，水盤のあたりに集まってくる。
> ユウヤが「いくよ！」とみんなに合図をして水を流し始める。
> すぐジュンが「あっ」と言う。並べてつなげた雨どいの途中から水が漏れ出している。

ジュン：「ここ，ひっくり返すといいんだよ」

> ジュンは水が漏れているところに行き，雨どいの重なりの上下を入れ替える。
> すると，水漏れは収まる。

教師：「ジュンちゃん，すごいね。よく知ってるね」
ジュン：「前にうみさん（5歳児）から教えてもらった」
教師：「そうなんだ。さすがうみさん，よく知ってるね」

> そう言うと，ジュンもうなずく。
> ところが，ユウヤが砂場の手前で水が逆流している箇所を指しながら「ここも水が漏れてる」と言う。

タカシ：「分かった！　こうすればいいんじゃない」

> そう言ったタカシは台のビールケースを外し，リヤカーを持ってきて代わりの台にした。水が流れる。ユウヤがにっこりしながら「いいね」と言う。

教師：「タッちゃん，すごいね。よく思い付いたね」

60　Ⅱ　幼稚園カリキュラムの実際

水道の蛇口から出した水が，水盤から砂場へと順調に流れ始める。
そこで，コウジとジュンはプラスチック製の舟（以下，舟）や機関車，ドングリなどを雨どいの中に流し始める。
すると，今度はリヤカー台に置き換えたところで水が逆流し始める。
機関車や舟は流れなくなり，停まってしまう。

カズキ：「あれ，停まっちゃった」
教師：「ほんとだね。どうしてここで停まっちゃうのかな？」
ユウヤ：「ああ！もしかしたら，ここで坂道になって，水がのぼれないんじゃない？」
教師：「そうか，じゃあ，どうしたらいいんだろうね」
ユウヤ：「ううん…どうしたらいいんだろう」

しばらくみんなで考え込む。
そこに通りかかった5歳クラスのヤスヒロが，その様子を見て声をかけてくる。

ヤスヒロ：「何してるの？」
教師：「そうだ。ユウちゃん，うみさんなら教えてくれるかもしれないよ」
ユウヤ：「そうだね。（ヤスヒロに向かって）ここでお舟が停まっちゃうんだよ」
ヤスヒロ：「ああ，これが高いんだ。これじゃなくて…」

ヤスヒロは置き換えたリヤカーを外す。そして何か代わりになる物を探し始める。
そばにいた5歳クラスのヒロキも加わり，砂場用用具置き場から鍋などを持ってきて「これは？」と提案したりする。そしてヤスヒロと一緒にそれらを雨どいの下に置き始める。

タカシ・ユウヤ・テツヤ・コウジの4人もその様子を見て，砂場用用具置き場からコップなどを持ってくる。持ってきた物を一緒に置いて試してみる。
そしてコップの一つを下に置いたとき，雨どいが最も安定し再び水が流れ始めた。

教師：「うわあ，さすがうみさん！ ありがとう」
タカシ・ユウヤたち：「ありがとう」

◆**雨どい遊びの魅力** 雨どいの組み方は，毎回違う。砂場まで水を入れたいと思ったら入るように組めばよいのであるが，その過程でさまざまな問題や気付きがある。「何とか砂場に水を入れたい」というひたむきな思いに支えられて，子どもたちは次々に起こる問題を何とかしようと考え，さまざまな方法を試し，実際に水が入ったときには大きな達成感や自信をもつ。この自由さや適度な困難さ，そこから生まれる友達との協同，達成感などが，この遊びの魅力である。

◆**雨どい遊びにみる3歳児の姿** 発達段階によってこの遊びの中で見られる幼児の姿は異なってくる。3歳クラス児が行う雨どい遊びは，まだみんなで一つの目的に向かって協同するという段階にはない。砂場まで水を入れようとしている子がいたり，その様子を見て雨どいに舟などを流したいとやってく

る子がいたりと，場は同じでも，抱いている思いはさまざまである。また，遊びが進む中でやりたいことがどんどん変わってくる。教師は，子ども一人ひとりが抱く遊びの中で広がってくる思いや楽しさ，おもしろさに共感しながら，必要に応じて彼らの要望に応えたり一緒に手伝ったりする。

　3歳クラス児でも「砂場に水を入れて楽しみたい」という思いから，起こってくる問題を何とかしようとする姿が見られる。よく起こる問題の一つに，「水漏れ」がある。雨どいを組んでいるときには気付かず，いざ水を流してみると，雨どいの重なりの部分から水が漏れてしまうというものである。また，雨どいを置く台の高さが合わず，水が逆流してくるときにも水漏れが起こる。教師は，こうした問題を子どもがいろいろと考えて試す機会と捉え，問題に気付くような，あるいは焦点化するような言葉や，子どもの思考を促すような言葉をかけるようにしている。

◆**憧れの存在─年上の子どもたち**　これまでにも雨どいを使って水を流す遊びをしてきたが，水漏れの問題が起こってどうしようかと考えていると，通りかかった子ども（年上の子ども）がどうしたらいいか教えてくれたり，教師が年上の子どもに尋ねる機会をつくったりして，少しずつ解決する方法がわかるようになってきていた。特に3歳クラス児にとって，年上の子どもの存在は大きい。

　今回も，ジュンが雨どいの水漏れに気付き，雨どいの重なりをすばやく直していたのは，以前に年上の子どもから教わったことを覚えていたからである。タカシがビールケースからリヤカーに替えた雨どいのところで舟やドングリが逆流する問題が起きたときには，教師は「どうして停まるのか」という言葉をかけて，原因に気付くことができるような働きかけを行った。しかし，「どうしたらいいのか」という解決方法を考えるときには，タカシ・ジュン・ユウヤの3人ともいい考えが思い付かなかった。しばらく一緒に考え込んでいると，その様子を見た5歳クラス児がやってきて声をかけたので，教師は彼らに方法を尋ねる提案を行った。やってきた5歳クラス児も，自分たちが困ったときには年上の子どもに助けてもらった経験があるからこそ，声をかけてくれているのだろう。3歳クラス児にとっても，こうした機会は，解決方法を教えてもらうだけではなく，困ったときに年上の子どもが助けてくれたという憧れにつながり，後々に年下の子どもにしてあげるようになると考える。3歳クラス児では思い付かない道具の使い方も，5歳クラス児が実際にやって見せてくれると，次からはすぐに真似をして同じように使おうとする。年上の子どもとかかわりをもつ機会を意識し，必要に応じて提案することは教師の大事な援助と言える。

◆**流しながら，学ぶ**　雨どい遊びはさらに続く。

> 　また雨どいのスタートである水盤に戻り，舟や機関車，ドングリなどを流し始める。
> 　順調に水が流れ始め，タカシたちが歓声をあげながら舟などを流していると，ヒロヤとタクヤ，シンジも様子を見に来る。

ヒロヤ：「僕も流したい」途中で流れてきた新幹線を取ろうとする。
タカシ：「だめだよ。それ，僕のだよ」
教　師：「ヒロちゃん，あのかごの中から持ってきたらどう？」
ヒロヤ：「どこ？」
ユウヤ：「僕，知ってる。教えてあげる」

> 　ユウヤと一緒にヒロヤとタクヤ，シンジも付いていく。しばらく探していたが，みんなの分はなく，「もうなかった」と言って戻ってくる。

教師：「そっかあ，もうなかったんだ。じゃあ，どうしたらいいかな？」
ユウヤ：「じゃあさ，順番に使う？」
教師：「いいこと考えたね。そうする？」

> 　ヒロヤも納得し，流し終わったジュンに「貸して」と声をかける。

　雨どいの中を順調に水が流れ始めると，やはりいろいろなものを流してみたくなるのだろう。砂や舟，落ちているドングリなど，思い思いの物を流し始める。その中で，どんなものが流れて，流れ方のおもしろいものは何か，試しながら気付きを得ていく。

　今回は，舟や新幹線を流すことが流行り，友達が流したものを勝手に取って，自分で使おうとした。教師は，そんなヒロヤに，砂場の道具が入っている場所にあることを知らせようと声をかけた。すると，これまでその道具でたくさん遊んできたユウヤが自分から友達に教えようとしたので，教師は子ども同士でかかわる姿を見守り，ユウヤに任せることにした。探しに行ったものの，新幹線や舟などは個数が決まっており，全員分はなかった。道具の数が多すぎない環境を整えることによって，順番に使わなければみんなが楽しめないという状況を生み，おのずと譲り合ったり貸したりする姿が見られるようになる。教師は，こうした機会を逃さず，子どもが自分で使いたい気持ちに折り合いを付けながら友達に貸そうとする気持ちを大いに称賛し，認めていくことが大切である。

第3節　「雨どい遊び」を振り返って

◆遊び込む子ども，出番の減る教師　砂場の穴に入れた水が砂に吸い込まれたことをきっかけに始まったこの遊びは，遊ぶ子どもが入れ替わりながらも2週間近く続いた。砂や水の楽しさもあるが，雨どいを組むおもしろさ，そこで友達と力を合わせる心地よさも感じ取りながら，続いたのではないかと考える。毎日，友達に声をかけ合って，4歳クラス脇の砂場まで嬉しそうに雨どいを取りに行き，片付けの時間までその場を離れることなく夢中になって遊んでいた。便利だったホースがなかったり，雨どいから水漏れしたり，水が逆流したりなど，さまざまな問題が起きたが，途中で諦めることなく，塩ビ管を使ったり道具を変えたりしながら，友達と一緒に砂場まで水を流そうと試行錯誤する姿が見られた。毎日，続ける中で，水漏れが起きたときには雨どいの重ね方を変えたり，台にしているものの高さを気にするようになったりして，問題を捉える視点や対処の仕方も幅広くなってきたと感じた。そのため，教師も一緒に遊んだり様子を見守ったりしていたが，次第に声かけが減り，子どもの思い付いたことやすることを称えることが主になった。最初は，遊ぶ様子を細やかに見守り，彼らの要望に丁寧に応えていくが，子どもが遊び込むようになると，教師の出番が少なくなると感じることが多い。道具の使い方もうまくなり，ユウヤは，ホースがなかったことを気にせずに，むしろ毎回，蛇口から雨どいに水を流す仕組みを考え，新しい工夫をしていた。

第4章　年少児の遊び込む姿を支える　63

◆**年間指導計画とのかかわり** この遊びでは，年間指導計画に示したように「こんなふうに育ってほしい」のうち，3歳クラス児に期待される「好きな遊びに夢中になり，その遊びを続けようとする」「したいことや遊びに必要なものを友達や教師に伝え，自分で道具をそろえたり，つくろうとしたりする」姿がよく見られた。登園すると，毎日タカシたちは友達と誘い合って雨どい遊びを始めていた。この遊びを本当に気に入り，一緒に楽しもうとする様子が伝わってきた。タカシの「パイプを持ってこよう」，ジュンの「雨どいを置く台がいる」などの言葉を聞いて，遊びに必要なビールケースや塩ビ管，リヤカーなどを自分たちで考えて持ってきていた。繰り返し遊ぶ中で，道具の使い方にも工夫が見られるようになった。

また，この遊びを一緒になってたっぷり楽しんでいるからこそ，より詳細に遊びのイメージをもち，それに必要な物が準備できたと考える。「友達や年上の幼児の遊びを見て，遊びのイメージをつかみ，同じことをして楽しもうとする」姿も見られた。

教師もこの遊びの進行を支えるように努めた。ユウヤやジュンは，自分が思い付いた方法で雨どいを組んでいた。教師は，その様子を見守り，思い付いたことを称賛する言葉をかけた。砂場に向かう傾斜のところで水が逆流して困っているときには，5歳クラス児が声をかけてきたタイミングで，どうしたらいいか相談することを提案した。「あそび」の視点から「幼児のしたいことを理解し，一緒に道具の使い方を考えたり，年上の幼児にやり方を尋ねたりして，したい遊びが実現できるようにする」ようにしたのである。こうして子どもたちは，雨どいの傾斜を調整するためにコップや鍋を下に置きながら試し，水を自分たちの思い通りに上手く流すことに成功した。

3歳クラス児に対して期待される教師の働きかけとして，この遊びにおいては「道具や材料の種類や個数を調整しながら，分けたり，順番に使ったりする機会をつくる」や「幼児と一緒に遊びに参加しながら，『並ぶ』『順番』『待つ』ことができるような言葉をかける」という援助もしばしば必要になった。水を流すことに成功してからは，雨どいに舟や機関車を流して楽しむ子どもが増えていったが，これらの個数は限られている。また，できるだけ長く流したくて雨どいの端から流すことも始まったが，自分の順番を待って流す子だけでなく，雨どいの途中に割り入って流そうとする子もいて，トラブルが生じた。流して遊びたくてもできない友達や，待っている友達がいることを知らせ，どのようにしたらこの遊びを楽しく続けることができるかについて，自分で考え，気付くことができるような言葉かけを行った。

第4章　年少児の遊び込む姿を支える

3歳クラス

年間指導計画 I期

（4月〜5月中旬）

その他行事等
・新任式
・1学期始業式
・入園式
・避難訓練

この時期の幼児は	**発達の過程** 　教師とかかわりながら自分の安定できる場を見付けていく時期 **仲間関係の様相** （同）教師との信頼関係を築きながら，周りの友達の存在を知る （異）年上の幼児の遊びにかかわりながら，同年齢児との遊びを楽しみ始める ・初めての集団生活，初めて経験する環境に，幼児は期待と不安をもつ。教師と信頼関係をつくり，園の生活の仕方や流れに慣れていくことがこの時期の最も大切な課題となる。気持ちが安定してくるにつれて，園の環境や遊び，そして友達に関心を示すようになる。 ・園の生活リズムに徐々に慣れ，安心して過ごせるようになると，自分を少しずつ出せるようになってくる。
こんなふうに育ってほしい	・園での遊びや生活，教師，場所，友達に慣れる。　　　（あ）（み）（せ） ・自分の好きな遊びを見付ける。　　　　　　　　　　　　　　　（あ） ・おもしろいと思うことを繰り返し試す。　　　　　　　　　　（あ） ・友達や年上の幼児の遊びに目を向け，真似をして遊ぶ。　（あ）
だから教師は	・自分の好きな遊びを見付けたり，してみたいことに挑戦したりするには，その子にとって園が安心できる場所でなくてはならない。入園までの一人一人の経験や育ちの様相が大きく異なるだけに，個別に配慮しながら幼児が安心感をもって園生活を送ることを第一に考える。園内を散策したり，教師と一緒に友達の遊びを見たりしながら，幼児自ら遊び始められるように支える。 ・園生活に慣れると，様々なものに興味を示し，園内のあらゆるところで遊ぶことが予想される。幼児の興味関心を大切にするためにも，他学級の教師に協力を仰ぎながら安全に目を配り，個々がしたいことに思う存分取り組むことができるようにする。幼児の遊びを見守りながら，上手にできたことや発見したこと，気付いたこと，おもしろいと思ったことを共感的に受け止め，自信につながるよう心がける。 ・幼児が園環境に慣れ親しむことができるように，教師が外遊びに誘う。汚れることをいとわずに，自分の手足で水や砂，草花に触れ，感触を味わうことを大切にする。

（あ）と記載してある姿は「あそび」，（み）は「みんな」，（せ）は「せいかつ」における，幼児の姿や教師のねらいをもとにしてあります。

幼児は	教師は

<table>
<tr><td rowspan="1">あ そ び</td><td>・教師と一緒に馴染みのある遊具等で遊ぶ。</td><td>・遊び場を遊びかけの状態にし，興味をもって遊び始められるようにする。
・園舎内を幼児と共に歩きながら遊具で一緒に遊び，使い方を知らせるとともに関心がもてるようにする。
・家庭にある遊具や見慣れた遊具（ままごとセット，折り紙，ソフト積木等）を必要に応じて用意し，安心して遊べるようにする。雨が降った日などは，室内でも遊べるように粘土や，ウッドブロック，お絵かき用の道具などを用意する。
・製作用机の上に紙やクレヨンを用意し，いつでも使えるようにする。</td></tr>
</table>

幼児は	教師は
あそび ・教師と一緒に馴染みのある遊具等で遊ぶ。 ・園内にある固定遊具などに興味をもち，遊んでみようとする。また，砂場や土山で，砂，土，水の感触を楽しむ。 ・身近な動植物に親しみをもつ。 ・年上の幼児の遊びに興味をもつ。	・遊び場を遊びかけの状態にし，興味をもって遊び始められるようにする。 ・園舎内を幼児と共に歩きながら遊具で一緒に遊び，使い方を知らせるとともに関心がもてるようにする。 ・家庭にある遊具や見慣れた遊具（ままごとセット，折り紙，ソフト積木等）を必要に応じて用意し，安心して遊べるようにする。雨が降った日などは，室内でも遊べるように粘土や，ウッドブロック，お絵かき用の道具などを用意する。 ・製作用机の上に紙やクレヨンを用意し，いつでも使えるようにする。 ・シャベルやままごとなどの用具は，使いやすい場所に置き，使いたいときに自由に使ってよいことを，幼児が必要とするタイミングで伝える。 ・砂場近くのテーブルに，砂や草花でつくった料理などを並べて遊びかけの状態にし，興味をもって遊べるようにする。 ・園庭を散歩しながら，草花を摘んだり昆虫などに目が向くような言葉をかけたりする。 ・幼児が見付けたり捕まえたりした生き物を一緒に眺め，生き物に対して親しみがもてるようにする。必要に応じて生き物を入れる容器を用意する。 ・幼児が作業しやすいようにプランターで植物を育て，教師と一緒に水やりをしながら，芽生えや育ちの様子に気付くような言葉をかけ，植物の生長に喜びを感じられるようにする。 ・年上の幼児の遊びをこわさないよう，教師と一緒に仲間入りのタイミングを伺ったり，「入れて」などの言葉を使ったりする。
みんな ・緑の小道を散歩し，自然の中で遊ぶ楽しさを味わう。 ・絵を描いたり，ぬり絵や折り紙をしたりする。	・緑の小道を散歩して，森や自然に親しみをもてるようにする。 ・はさみやのり，セロハンテープなど，遊びに必要なものをつくるときに使う道具や素材を扱う機会を設け，個別にかかわって徐々に使い方を獲得できるようにする。年間を通じて，おやつや食事前に短時間で行えるような活動を行う。この時期は主にお絵かきや塗り絵など。
せいかつ ・おやつを食べるときの準備や食べ終わった後の片付けの仕方を知り，教師と一緒にしたり自分でしようとしたりする。 ・降園前には保育室に集まり，教師や友達と一緒に歌や絵本，紙芝居，手遊び歌を楽しむ。 ・自分の保育室やトイレ，遊戯室などの位置を覚え，園生活のおおまかな流れが分かる。 ・登降園の支度や自分の持ち物を置く場所を知り，教師と一緒にしたり自分でしようとしたりする。 ・排泄や着替えを教師と一緒にしたり自分でしようとしたりする。 ・手洗いやうがい，歯みがき，規則正しい生活リズムなど，健康な生活に必要な習慣を知り，自分からしようとする。	・おやつに関する一連の流れ（椅子を持ってくる，手を洗う，歯磨きをするなど）を絵カード等を使って説明する。 ・食物アレルギー等に配慮し，幼児の好むおやつを選ぶ。 ・食べきれる量で，充実感と満足感を味わえるようにする。 ・楽しい雰囲気で誘い，集まる場所が分かりやすいように，床に個人のマークシールを貼ったり，椅子を並べたりする。 ・幼児に馴染みのある歌や絵本，紙芝居を選ぶ。集まると何か楽しいことがあるという期待感をもてるようにする。 ・教師と一緒に遊んだり支度をしたりしながら，徐々に分かるように声をかけていく。 ・園生活の流れに慣れるまでは降園時刻を早めにし，幼児の実態に即して段階的に降園時刻を延ばす。 ・ロッカー，靴箱，テーブル等に個人のマークシールを付けて，自分の場所が分かるようにする。 ・教師と一緒に自分のものの整理や支度をしながら，次第に言葉かけだけで自分から行えるようにする。 ・一人一人の生活習慣やできることを把握し，着替えの準備や衣服の着脱など，必要なところから手伝い，少しずつ自分でできる部分を増やすようにする。 ・排泄について，一人でできない幼児や園ですることに不安をもつ幼児には，教師が援助しながら自分でできる部分を増やすようにする。 ・養護教諭と連携しながら，幼児の実態を踏まえた健康に関する指導を行い，健康な生活に必要な基本的な生活習慣を意識付ける。歯の健康に関する指導については，意識の持続を図るために，年3回（6，10，1月）強調週間を設ける。

ⓒ（株）永田印刷

3歳クラス

年間指導計画 Ⅱ期

（5月下旬〜7月）

その他行事等
・運動会
・七夕遠足
・七夕まつり
・避難訓練
・1学期終業式

この時期の幼児は	**発達の過程** 　思い思いの遊びを見付け，自分から環境にはたらきかけていく時期 **仲間関係の様相** （同）同年齢の友達の存在を知り，仲間入りのきっかけを知る （異）年上の幼児の遊びを楽しみ，遊びのイメージを知る ・園生活に慣れ，友達の顔や名前を覚え，仲間意識も生まれつつある。遊びの中では，教師と一緒に遊ぶ楽しさを味わうと共に，友達と同じ場で同じものをもって同じ遊びをすることを楽しむようになる。気の合う友達同士で，遊ぶ姿や会話を楽しむ姿が見られるようになる。 ・教師の話を聞こうとし，みんなで集まって紙芝居を聞いたり歌ったりする時間を楽しみにするようになる。 ・基本的生活習慣については，一人ひとりの経験の差が表れてくるので，個々に応じた配慮がさらに必要になる。
こんなふうに育ってほしい	・好きな遊びに夢中になる。　　　　　　　　　　　　　　　　　（あ） ・したいことや遊びに必要なものを友達や教師に伝えながら遊ぶ。 　　　　　　　　　　　　　　　　　　　　　　　　　　　　　（あ） ・したいことに向けて，思い付いたやり方をいくつか試す。　（あ） ・友達のしていることを真似しながら，友達と一緒にいることを楽しむ。　　　　　　　　　　　　　　　　　　　　　　　　　　（あ） ・年上の幼児の遊びに興味をもち，真似をしたり，仲間入りしたりする。　　　　　　　　　　　　　　　　　　　　　　　　　　　（あ） ・春から夏の自然の様子や身近な動植物に関心をもつ。　　　（み） ・周りの友達に関心をもつ。　　　　　　　　　　　　　（み）（せ） ・園生活の仕方や流れを知り，教師と一緒にしたり，できることは自分でしようとしたりする。　　　　　　　　　　　　　　　（せ）
だから教師は	・幼児の側で一緒に遊びながら，したいことに自信をもって取り組むことができるようにする。先回りせず，幼児の思い付きや気付きに「一緒にやってみよう」と励ましたり，面白さや楽しさに共感したりする。 ・友達や年上の遊びへの関心が高まり，真似をして楽しもうとする。年上の遊びに仲間入りする際のタイミングや，遊びのイメージを言葉で伝えながら，仲間入りの方法に気付くよう援助する。 ・言葉で思いを十分に伝えられず，手や足が出たり，ものや遊具の取り合いをしたりするなど，友達とのぶつかり合いが増えるため，教師が幼児の思いを代弁しながら，お互いの気持ちに気付けるようにする。 ・次第に気温が高くなり，夏ならではの日差しの強さを感じられるようになる。天候が良い日が多くなるため，屋外遊びを奨励していく。 ・プールを設置し，夏ならではの水の冷たさや気持ちよさを感じられるようにする。

（あ）と記載してある姿は「あそび」，（み）は「みんな」，（せ）は「せいかつ」における，幼児の姿や教師のねらいをもとにしてあります。

	幼児は	教師は
あそび	・好きな遊具や用具，遊び場を覚え，進んで使おうとする。	・遊具の使い方や安全な扱い方を，分かりやすく，定着するまで繰り返し伝えていく。 ・遊びが広がるような遊具や道具を十分に用意し，思いが実現できるようにする。
	・友達のしていることを真似たり，一緒にいることを楽しんだりする。	・「入れて」「貸して」「いいよ」「ごめんね」「ありがとう」などの言葉を教師が意図的に使いながら，遊びの中でもそれらの言葉を使って意思の疎通ができるようにする。 ・幼児と一緒に遊びながら，遊びのイメージを伝えたりやりとりを仲介したりして，友達と一緒に遊ぶことを楽しめるようにする。 ・言葉で思いを十分に伝えられずに手や足が出たり，ものや遊具の取り合いをしたりするなど，思いの食い違いによる友達とのぶつかり合いが増えるため，教師が幼児の思いを代弁し，互いの気持ちに気付けるようにする。
	・年上の幼児の遊びに興味をもち，進んでかかわろうとする。	・教師も一緒に遊びながら，「やま組さんにやり方を聞いてみたら？」「うみ組さんがお店を開いていたよ」などと，年上の幼児とのやりとりが生まれるような言葉かけをする。
	・身近な草花や昆虫などに興味をもち，触れ合いを楽しむ。	・園庭を散策しながら，生き物や草花と触れ合えるようにする。 ・プランターで植物を育て，生長を感じながら，遊びにも使えるようにする。 ・幼児の発見や驚きに共感しながら，幼児の思いを受け止めるようにする。
みんな	・プールで水遊びを楽しむ。	・水を使った様々な遊びを楽しみ，水の感触や心地よさを味わえるようにする。
	・七夕飾りなど季節感を感じられる飾りをつくったり，水遊びに使うおもちゃをつくったりする。	・のり，セロハンテープ，クレヨンなどの道具を使う機会を設け，個別にかかわって使い方を徐々に獲得していくようにする。
	・緑の小道を散歩し，自然の中で遊ぶ楽しさを味わう。	・緑の小道を散歩して，森や自然に親しみを感じられるようにする。
	・プランターに夏野菜を植え，野菜の生長を感じたり収穫を楽しんだりする。	・プランターにミニトマトやキュウリなどを幼児と一緒に植え，毎日様子を見ながら生長が感じられるようにする。
せいかつ	・おやつや昼食を友達と楽しみ，食べるときの準備や食べた後の片付けを自分でしようとする。	・栽培活動で育てた野菜もおやつに取り入れ，収穫の喜びが感じられるようにする。 ・お弁当やハッピーランチ（給食）の準備や片付けの手順，方法を必要に応じ絵カード等を使って説明する。 ・徐々に教師の言葉かけがなくてもできるよう，進んで支度をしている姿を褒める。
	・帰りの集まりなどで，教師の話を聞いて答えたり，歌や絵本，紙芝居，手遊び歌などを楽しんだりする。	・帰りの集まりなどで楽しい時間を過ごすことで，友達と一緒に集う楽しさを味わえるようにする。 ・季節感を感じたり遊びが広がったりするように，今している遊びや季節に関する絵本，紙芝居を選ぶ。
	・手洗い，うがい，歯みがき，着替え，水分の補給を教師の言葉かけによって行おうとする。	・衣服の汚れに気付き，自分から着替えようとする姿を見守る。 ・幼児の状態に合わせて手順や方法を知らせ，必要に応じて援助したり家庭の協力を仰いだりする。 ・日差しが強くなり気温が高くなるため，熱中症予防のために帽子を被って外に出たり水分を摂ったりするように声をかける。 ・手洗いや歯磨きの大切さについて養護教諭と協力しながら指導を行い，教師が手本を見せる。
	・教師や年上の幼児の片付け方を見て，真似しようとする。 ・簡単な当番活動を体験する。	・自分が使ったものは自分で元に戻すというルールを徐々に習慣化していくようにする。 ・昼食やおやつの挨拶，帰りの挨拶を行う当番活動を始め，順番に経験できるようにする。 ・当番の順番が分かりやすいように掲示物で知らせる。
	・手洗いやうがい，歯みがき，規則正しい生活リズムなど，健康な生活に必要な習慣を知り，自分からしようとする。	・養護教諭と連携しながら，幼児の実態を踏まえた健康に関する指導を行い，健康な生活に必要な基本的な生活習慣を意識付ける。

ⓒ（株）永田印刷

3歳クラス

年間指導計画 III期

(9月〜12月)

その他行事等
・2学期始業式
・避難訓練
・バス遠足
・なかよし遠足（異年齢活動）
・交通安全教室
・祖父母参観
・2学期終業式

この時期の幼児は	**発達の過程** 　好きな遊びをしながら，友達のいる場で遊ぶことを楽しむ時期 **仲間関係の様相** （同）友達とかかわりながら，教師の言葉かけにより，相手の思いを知る （異）年上の幼児から優しくされ，相手の思いを知る ・活動範囲や遊びの種類が広がり，教師を介さなくても幼児同士で遊ぶ姿が見られるようになってくる。また，II期での運動会や秋の遠足等の様々な行事を経験し，いろいろな状況に対して前向きに取り組む姿が見られるようになり，新しい経験に対する不安や抵抗も減ってくる。 ・言葉で自分の思いを伝えようとする気持ちが高まり，教師や友達の話を自分なりに理解しようとする。また，友達とかかわりながら相手の思いを受け入れて遊ぼうとするようになる。同時に思いの食い違いからトラブルが起こりやすくなる。 ・生活面はほぼ安定し，自分のことは自分で取り組もうとする。
こんなふうに育ってほしい	・好きな遊びに夢中になり，その遊びを続けようとする。　　　　　（あ） ・したいことや遊びに必要なものを友達や教師に伝え，自分で道具をそろえたり，つくろうとしたりする。　　　　　　　　　　　　（あ） ・友達と誘い合い，一緒に遊ぶことを楽しむ。　　　　　　　　　（あ） ・友達や年上の幼児の遊びを見て，遊びのイメージをつかみ，同じことをして楽しもうとする。　　　　　　　　　　　　　　　　　（あ） ・秋や冬の自然の様子や身近な動植物に関心をもつ。　　　　　　（み） ・同年齢や年上の友達に関心をもち，かかわろうとする。（み）（せ） ・身に付けるとよい生活習慣を知り，自分のことは自分でしようとする。　　　　　　　　　　　　　　　　　　　　　　　　　　　　（せ）
だから教師は	・この時期から，保育室に廃材コーナーを設けるため，室内での遊びが多くなる。紙や粘土，廃材などでつくったものからイメージを膨らませて，遊びが広がっていく。幼児の扱いやすい材料を用意し，幼児自身がつくることができるように援助する。はさみやセロハンテープ，のりなど，様々な道具に触れることができるようにすると共に，安全に道具が使えるように見守る。 ・年上の幼児の遊びを真似して，雨どい遊びや色水遊びに挑戦しようとする幼児もいる。幼児のしたいことを理解し，一緒に道具の使い方を考えたり，年上の幼児にやり方を尋ねたりして，したい遊びが実現できるようにする。 ・友達の遊びに興味を示すようになるが，うまく仲間入りすることができなかったりイメージが共有できなかったりして，トラブルになることが増える。そこで教師が仲介することで，友達の思いや年上の遊びのイメージを知ることができるようにする。 ・期の前半は穏やかな天候が続くため，教師も外に出かけ，虫捕りや木の実採りなどを幼児と一緒に楽しみながら，秋に親しめるようにする。 ・期の後半は雨が降り寒くなり始めるため，防寒具を着るなど，身支度を整えて屋外に行けるよう声をかける。

（あ）と記載してある姿は「あそび」，（み）は「みんな」，（せ）は「せいかつ」における，幼児の姿や教師のねらいをもとにしてあります。

70　II　幼稚園カリキュラムの実際

	幼児は	教師は
あそび	・身近な素材や廃材などでつくりたいものをつくって遊ぶ。 ・砂や土，水，草花を使ってしたい遊びを楽しむ。 ・友達や年上の幼児の遊びに興味をもち，仲間入りしたり，同じことをしようとしたりする。 ・昆虫を追いかけたり，木の実などの自然物を集めて遊びに使おうとしたりする。	・使いやすい廃材や油粘土，布ガムテープ，すずらんテープ，セロハンテープなどの様々な素材や，はさみやのり，クレヨン，ペンなどの道具を，教師と一緒に使いながら慣れるようにする。 ・つくったものが遊びに活かされるような言葉をかけたり，それらを使って教師が幼児と一緒に遊んだりする。 ・遊びの雰囲気が盛り上がるようなものを一緒につくったり考えたりする。 ・幼児の思いに応じて，身に付けるもの（ドレス，マント，かぶりもの）や小道具（剣，ステッキ）などを一緒につくり，友達と同じ遊びをする楽しさが味わえるようにする。 ・幼児のしたいことを理解し，一緒に考えたり年上の幼児にやり方を尋ねるよう促したりする。 ・年上の幼児のごっこ遊びに参加し，遊びに使っている道具や素材，言葉の使い方や遊び方に気付くような言葉をかける。 ・幼児と一緒に遊びに参加しながら，「並ぶ」「順番」「待つ」ことができるような言葉をかける。 ・道具や材料の種類や個数を調整しながら，分けたり順番に使ったりする機会をつくる。 ・自然物に目を向けた幼児の発見や驚きに共感し，周りの幼児に伝える。 ・満足感が得られるように，捕まえた昆虫や集めた自然物を入れる袋や容器を用意する。
みんな	・木の実や落ち葉などの季節のものを使って，遊んだり飾りをつくったりする。 ・緑の小道を散策し，自然の中で遊ぶ楽しさを味わう。 ・昔ながらの遊び（カルタや伝承遊びなど）を楽しむ。 ・異年齢活動（なかよし活動）に参加し，年上の幼児とのかかわりをもつ。 ・帰りの集まりなどで歌や絵本，紙芝居や手遊びを楽しんだり，教師や友達の話を聞いて知っていることや伝えたいことを話して会話を楽しんだりする。 ・旬のものや園内で採れた実，野菜などをおやつに食べる。	・季節を感じたり遊びが広がったりするように，園内にある木の実や葉を使った造形的な遊びができるように準備する。 ・クレヨンやはさみ，のりなどの道具を使う機会を設け，個別にかかわって使い方を徐々に獲得していくようにする。 ・園内ではできない遊びや自然物との出会いが期待できるため，回数を重ねるようにする。 ・冬の室内遊びへの移行のきっかけとして，カルタや伝承遊びなどの室内でできる遊び道具を提示する。 ・活動を繰り返しながら，年上の幼児や遊びに関心をもつようにする。 ・遊びや仲間が広がるように，遊びの様子や自分でつくったものを教師が紹介したり自分で紹介したりする場を設ける。 ・季節を感じたり遊びが広がったりするように，季節や今している遊びに関する絵本や紙芝居を選ぶ。 ・季節を感じたり，収穫の喜びを感じたりできるようにする。
せいかつ	・教師と一緒に遊んだ後の片付けをしようとする。 ・手洗い，うがい，歯みがきの大切さを知り，自分から進んで行う。 ・登降園の支度や食事の準備や片付けを自分でしようとしたり，身支度を自分で整えようとしたりする。 ・雨具，コート類の着脱を自分でしようとする。 ・当番の仕事に興味を示し，進んでしようとする。 ・手洗いやうがいを念入りに行い，感染症を予防する。 ・自分の健康に関心をもち，病気の予防などに必要な健康的な活動を進んで行う。	・自分が使ったものだけでなく，みんなで遊んだ場所も片付けるように促し，整頓すると気持ちがよいことに気付くようにする。 ・自分の身体を守るための様々な生活習慣について，養護教諭の協力を得ながら，必要な理由について気付き，自分から取り組めるようにする。 ・日々の習慣が確実にできていることを認める言葉かけをしていくことで，自信がもてるようにする。また，個々にできることやできないことを把握し，個別に援助していく。 ・次第に厚着になり，上着やコートを着るようになるため，脱ぎ着に慣れていないものについては，個々の状態に応じてやり方を示したり手伝ったりする。 ・昼食やおやつの挨拶，帰りの挨拶を行うなどの当番活動が分かり，教師と一緒に楽しんでできるようにする。したくない様子の幼児には，無理強いをせず，できることから少しずつ体験できるようにする。 ・当番の順番が分かりやすいように掲示物で知らせる。 ・感染症予防に関する指導を養護教諭の協力を得ながら行う。手洗いやうがいを進んで行う姿を称賛する。 ・養護教諭と連携しながら，幼児の実態を踏まえた健康に関する指導を行い，健康な生活に必要な基本的な生活習慣を意識付ける。

© (株) 永田印刷

3歳クラス 年間指導計画 Ⅳ期

（1月〜3月）

この時期の幼児は	**発達の過程** 　周囲とかかわりながら，自分の遊びを広げていく時期 **仲間関係の様相** （同）友達と思いを共有しながら遊ぶ （異）年上の幼児の遊びを真似，大勢の仲間との遊びの楽しさを知る ・仲間意識がより高まり会話が続くようになるため，密度の濃いかかわりが見られるようになる。気の合う友達にこだわる一方，他の友達と遊ぶ楽しさに気付き，友達とのつながりは広がっていく。 ・ごっこ遊びでは，役割が明確になり，自分のイメージをもってなりきって楽しむ姿が見られる。 ・簡単なルールを少しずつ理解しながら遊べるようになる。 ・期の後半には，進級に対する期待が高まり，自信をもった行動が見られるようになる。
こんなふうに育ってほしい	・好きな遊びに夢中になり，遊びを続けようとする。　　　　　（あ） ・遊びに必要なものを自分でつくって遊ぶ。　　　　　　　　（あ） ・友達や教師と相談しながら遊びを進める。　　　　　　　　（あ） ・友達と一緒に，役になりきったり簡単なストーリーをつくったりして遊ぶ。　　　　　　　　　　　　　　　　　　　　　　（あ） ・冬の自然の様子に関心をもち，雪を使った遊びを楽しむ。（み） ・同年齢や年上の友達とかかわりながら，様々な活動や遊びを楽しむ。　　　　　　　　　　　　　　　　　　　　　　　　　（み） ・身に付けるとよい生活習慣が分かり，自分のことは自分でしようとする。　　　　　　　　　　　　　　　　　　　　　　　（せ）
だから教師は	・遊びに必要なものを自分なりに考えてつくろうとすることが増える。幼児と一緒に考えたり迷ったりしながら，先回りせずに，幼児なりの解決方法が見付かるまで待つようにする。幼児から「こんなものが欲しい」と必要なものを教師に伝えることが増えるが，大きさや長さ，色，個数などを尋ね，幼児のつくりたいもののイメージを探りながら援助する。用意する材料は，幼児自身が扱えるものにすることで，自分でつくることを促すようにする。 ・何人かで簡単なストーリーをつくって，ごっこ遊びなどを楽しむようになる。幼児同士で遊びを進めることができるように，お互いのイメージをつないでいく。 ・この時期にしかできない雪遊びは，どの幼児にも経験させたい遊びである。教師も一緒に楽しみながら，冬の自然事象や雪を使った遊びに興味をもてるようにする。 ・冬ならではの氷などの自然現象に興味がもてるようにする。また，雪を用いた遊びを楽しめるような遊具や道具を用意する（ソリ，スコップなど）。緑の小道へも出かけ，冬の森を体験する。 ・室内遊びの充実を図るため，遊戯室に一輪車やフラフープ，大縄，カプラ等の遊具を準備する。

（あ）と記載してある姿は「あそび」，（み）は「みんな」，（せ）は「せいかつ」における，幼児の姿や教師のねらいをもとにしてあります。

その他行事等
・3学期始業式
・避難訓練
・まゆ玉づくり
・豆まき会
・お楽しみ発表会
・雪遊び遠足
・5歳クラス児とのお別れ会
・修了証書授与式
・3学期終業式

	幼児は	教師は
あそび	・遊びに必要なものを自分でつくったり，教師や友達と一緒につくったりする。 ・気の合う友達と誘い合って，ごっこ遊び（おうちごっこ，お店屋さんごっこ，ヒーローごっこ，ショーごっこなど）をする。 ・年上の遊びにあこがれをもち，同じことをしようとする。 ・冬の自然に興味をもち，ソリ遊びや雪を使った遊びを楽しむ。	・幼児自身が扱える材料を用意し，できるだけ自分でつくれるようにする。（Ａ４コピー用紙，画用紙，段ボール，折り紙，はさみ，のり，セロハンテープ，布ガムテープ，スズランテープ，新聞紙，広告紙，紙皿，空き箱，牛乳パック，トイレットペーパーの芯など） ・一人一人の自由な発想やイメージが実現できるように，教師も一緒に考えたりつくったりする。 ・友達や年上の幼児につくり方を尋ねたり，どうやったらよいか相談したりして，友達関係が広がるようにする。 ・幼児と相談しながら遊びを盛り上げる小道具（ヒーローのアイテム，お店屋さんのワゴンなど）や身に着けるもの，見立てやすいものを用意し，教師も仲間に加わり役になりきって遊べるようにする。 ・いろいろな友達とかかわることができるような言葉をかけたり，遊び場を一緒につくったりする。 ・年上の幼児と遊んだことを思い出し，自分たちの遊びに取り入れてみようとする姿を認める。 ・一輪車や大縄跳びなどに挑戦しようとする姿を認め，励ましたりやり方を年上の幼児に尋ねたりする。 ・幼児と一緒に遊びながら，霜や氷，雪を使った遊びを楽しめるようにする。 ・冬の自然事象に対する幼児の発見や感動に共感しながら，友達同士で伝え合えるようにし，他の幼児にも興味が広がっていくようにする。
みんな	・カルタや伝承遊びなどの簡単なルールのある室内遊びを楽しむ。 ・緑の小道へ散歩し，自然の中で遊ぶ楽しさを味わう。 ・帰りの集まりなどで，絵本や紙芝居，手遊び歌などを楽しんだり，音楽に合わせて体を動かしたりする。また，友達の話を聞いたり自分のことを話したりする。 ・季節の行事に合わせた製作や，お世話になった年上の幼児へのプレゼントをつくる。	・Ⅲ期の終わりに取り上げた遊びを再び行い，ルールを理解しながら遊べるようにする。 ・園内ではできない遊びや自然物との出会いが期待できるため，回数を重ねるようにする。 ・好きな歌を歌ったり自由に体を動かしたりする機会を設け，音楽を体で感じ取って表現できる雰囲気づくりをする。 ・季節を感じたり遊びが広がったりするように，今している遊びや季節に関する絵本，紙芝居を選ぶ。 ・家庭生活や園生活で経験したことなどを話す機会を設け，身の周りの人や物事に対する関心を広げられるようにする。 ・幼児自身の力で製作できるようなものを計画し，自信につなげる。 ・クレヨンやはさみ，のりなどの道具を使う機会を設け，個別にかかわって使い方を徐々に獲得していくようにする。
せいかつ	・遊んだものを元の場所に戻そうとする。 ・防寒着の着用や遊んだ後の着替えやうがい，手洗いの大切さが分かり，進んでしようとする。 ・登降園の身支度など，園生活全般にわたって，身の回りのことを自分でしようとする。 ・当番の仕事内容が分かり，自分から進んで取り組む。 ・手洗いうがいを丁寧に行う。 ・自分の健康に関心をもち，病気の予防などに必要な健康的活動を進んで行う。	・自分が使ったものをきれいにする気持ちや，整頓する気持ちよさ，ものを大事に扱うことの大切さを感じられるようにする。 ・外に出る時は防寒着を着用し，濡れた衣服や長靴の始末をする必要性を繰り返し伝えていく。 ・できるだけ自分でできるように，ハンガーや靴置き場などを使いやすいようにしておく。 ・感染症予防のため，丁寧に手を洗ったりうがいをしたりするように声をかける。 ・自分のことを自分でしようとする姿を認め，必要に応じて援助する。また，気が付いたことを進んでしようとする姿を褒める。 ・当番として活動する姿や，進んで気が付いて取り組む姿を認め，自信につなげていく。したくない様子の幼児には無理強いをせず，できることから少しずつ体験できるようにする。 ・感染症予防のために，手洗いうがいを進んで行う姿を称賛する。 ・養護教諭と連携しながら，幼児の実態を踏まえた健康に関する指導を行い，健康な生活に必要な基本的な生活習慣を意識付ける。

ⓒ（株）永田印刷

第5章　年中児の製作遊びをみつめる
─「車づくり」の1ヵ月─

渡邉　典子

第1節　4歳クラスの遊びと保育

　4歳クラスに進むと，3歳クラスの時ほど屋外遊びに夢中にならず，室内遊び，特に廃材を使った製作遊びに夢中になることが多い。春になっても外へ出て遊ばない子どもを見て心配する保護者もいるが，秋から冬にかけて室内遊びの楽しさを知った子どもたちは，そう簡単に外へは出ない。子どもたちの中に，次のような育ちがあるからだと考えられる。

○自分のつくりたいものや遊びたいことのイメージが明確になる。

○遊びに必要なものを自分でつくり出すことの楽しさや面白さを実感している。

○集中力が持続するようになる。

○廃材等の材料や道具を，ある程度自分の思い通りに扱えるようになる。

　3歳クラスのときに外遊びを満喫してきたから，なおさらかもしれない。また，それまでつくることの楽しさを積み重ねてきたことも，4歳クラスの製作遊びの土台となっている。

　教師もその流れをキャッチしながら進める。まず，3歳クラスよりも道具や材料を増やして保育室に用意しておく。既成のおもちゃなどは，できるだけ少ないほうがよい。教師が手伝いながらではあるが，「遊びに必要なものは自分でつくる」ということを，日常的に時間をかけて徹底していく。「何がほしいの？」「どうするとつくれるかな？」と子どもの話を聞きながら子ども自身でつくることを支える。つくったものに対してはどんなに些細なものでも大切に扱い，「上手にできたね」「どうやってつくったの？」と言葉をかけ，彼らが自信をもてるようにしていくことが重要である。

　園で用意する素材はシンプルなものでよい。4歳クラスでは，牛乳パック，ティッシュ箱，小さめの箱（牛乳パックより小さいもの），トイレットペーパーの芯，デザートカップ等の廃材と，折り紙，コピー用紙，スズランテープ，ペン，セロハンテープ，布ガムテープが基本的な遊びの材料である。道具は，個人持ちのハサミとのり。日常的にこれらが自由に使えるように用意されていれば，子どもたちはそれほど教師を必要とせずに遊びを展開することができる。4歳クラス後半になると，大きなものをつくることが増えるため，段ボールや蓋つきの大きめの箱も用意しておく。

　この時期には一人ひとりが好きな遊びに没頭するだけでなく，友達と一緒に同じ遊びを楽しみたいと願い数人で遊ぶことが多くなる。その分トラブルは増える。4歳はいわば「トラブル期」だといえる。

ただ，遊び込んでいるときは，トラブルになることはない。そこには終始おだやかな空気が流れている。「いいこと思い付いた！」「それいいね！」という，遊びが発展していくとき特有の盛り上がり，高揚感はあるが，遊びが中断してしまうような言い争いなどは見られない。子どもの内面がさまざまな条件によって満たされている状態にあるからだろう。4歳クラスと3歳クラスの「遊び込み」に関する大きな違いは，遊び込みのキーワードにもあるように，友達とのかかわり―「協同」の芽生えであると考える。

　私が担当した年の4歳クラス児も，例にもれず製作遊びが好きな子が多かった。進級した4月初めにはスズランテープでつくった三つ編みを売る「三つ編み屋さん」を開店し，その後も，パン屋さん，ジュース屋さん，かき氷屋さん，お寿司屋さんと，1年間さまざまなお店屋さんごっこをして楽しんだ。また，スズランテープや新聞紙，廃材を使って動物をつくり，その動物の乗り物や家をつくって世話をする遊びも盛り上がった。次の事例はそんなクラスの，製作遊びの一例である。

第2節　「車づくり」（第Ⅷ期1月〜2月）

◆「車, つくりたい」　昼食後の午後の遊びの時間，園庭で雪遊びをしていたショウタが保育室に戻って来た。そして着替えをしながら，側にいた教師に「先生，JAFの車，つくりたいから，段ボール箱ちょうだい」と話しかけてきた。ショウタは外遊びが好きで，それまであまり製作遊びをすることはなかった。教師は珍しいなと思ったが，同時にショウタのつくりたいものが「JAFの車」であることから，トミカが好きなショウタらしいなと感じた。

> **1月22日（火）**
> 教師：「いいよ。どのくらいの大きさ？」
> ショウタ：「うーん…どんなふうにしようかなあ。動かしたいんだけど，それは難しいから…
> 　　　　　自分で入って動きたいんだけど…，屋根はあったほうがいいんだよ…」
> 教師：「中に入りたいのね。じゃあ，とりあえずいくつか持って来るから，待ってて」
>
> > 　教師はショウタが入れそうな大きさの段ボール箱を4つ持って来る。ショウタは4つの段ボール箱すべてに入り，その中から一つを選ぶ。
>
> ショウタ：「これを青くしたいんだけどさ」
> 教師：「絵の具で塗るとか，ガムテープ貼るとか？」
> ショウタ：「よし，ガムテープ貼ろう」
>
> > 　保育室の製作コーナーから水色の布ガムテープを持って来ると，段ボールの隅から貼り始める。「全部同じ色だったかな」「白もあったような感じもするな」「ドアをつくるから…あ，でも，一応全部貼っておこう」などとつぶやきながら貼っていく。
> > 　しばらくすると，「あっ」と顔を上げて走って保育室から出ていく。
> > 　そして，満面の笑みで『はたらくくるま』という図鑑を抱えて戻って来る。

> ショウタ：「これ見ながらつくればいいんだよ」と教師に話しかける。
> 教師：「載ってたの?」
> ショウタ：「ほら見てよ。ここ」JAF の車を人差し指でトントンと叩く。
> 教師：「おお, かっこいい」
> ショウタ：「タイヤでしょ, ミラーでしょ, あとさ, 後ろも。いっぱいつくらなきゃいけないのがあるね」
> 　　　　嬉しそうに教師を見る。
> 教師：「忙しくなるねえ」
> 　　　―片付けの時間になり, 明日続きをしようとショウタと教師で話をする。

　30 分にも満たないこの日の遊びが, 1 カ月以上も続く製作遊びの始まりである。

　ショウタはなぜ「JAF の車」をつくりたいと思ったのだろう―考えていたら, 数日前の「あそび」の時間に, 園前の道路に JAF が止まり車の牽引作業を始めたことが思い出された。そのときショウタは「JAF だ」と興奮気味に叫んで外へ飛び出し, 園庭のフェンスに捕まってその様子をじっと見ていた。そして,「ぼく, JAF の車を前にも見たことがあるんだよ。トミカも持ってるんだ。ああ乗ってみたいなあ」と話していた。園庭で雪遊びをしていてそのときのことを思い出したのが, 遊びのきっかけかもしれない。

　教師はこの日, ショウタの要望を聞いて段ボールを持って来て, あとはひたすらショウタの側で作業を見守った。4 歳クラスも終わりに近づく 1 月頃になると, 教師が製作を手伝うということはほとんどなく, 必要なものを子どもの要望に応じて揃えたり, 個々に思いを聞いたり, どうやってつくったらよいかを一緒に考えたりすることが主な援助になる。それも遊びの始めの段階であることが多く, たいていは遊びが軌道にのってくると子どもたち同士で相談しながら遊びを進めていけるようになる。この日は, まだショウタと一緒に遊ぶ仲間がいなかったため, 教師はショウタの側を離れずに遊びを見守った。ショウタも教師が遊び仲間として側にいたことで, 安心して遊びを進め, 次の日も続きをしたいと思うことができたと考える。

◆**仲間がやってきて…教師は「きた!」と感じた**　そして, 翌日である。

1 月 23 日（水）

> 　ショウタは登園すると「先生, 今日も昨日の JAF の続きしようよ」と教師を誘う。そして, 昨日の段ボール箱に布ガムテープを貼り始める。しばらくすると, トモキとケンタがやって くる。ショウタは 2 人に「何をつくっているの?」と聞かれるが,「秘密だよ」とだけ答える。トモキとケンタが何度か「見せてよ」とお願いするが, ショウタは何をつくるか答えない。トモキが「手伝うから教えて」と言うと, ようやくショウタが 2 人に「JAF の車だよ」と耳打ちする。トモキとケンタは, にやにやしながら「ふーん」と言う。
> 　そして, 3 人で頭を寄せ合い『はたらくくるま』の図鑑を眺め始める。

トモキ：「ねえ, うしろのクレーンみたいなのもつくるの?」
ショウタ：「つくる」―頷きながら言う。
トモキ：「段ボール箱もう一個いるね」
ショウタ：「でもさ, タイヤもいるしさ, 忙しいんだよね」

第 5 章　年中児の製作遊びをみつめる　77

ケンタ：「ガムテープ貼るの手伝う？」
ショウタ：「うんうん。でもさ，(カラー)コーンもいるんだよね」
トモキ：「ぼくタイヤつくるわ。先生，段ボールちょうだい。あとさ，段ボールカッターも」
ショウタ：「じゃあ，ぼくはコーンつくろう。先生，赤い紙ちょうだい」
ケンタ：「お遊戯室にコーンあったよね。持って来る」
　　　　—遊戯室へと走る。

　ショウタとケンタは，遊戯室から持ってきたコーンに四つ切りの赤い画用紙を巻き付ける。トモキは段ボール箱の切れ端に鉛筆で丸を4つ描き，それを段ボールカッターで切り抜く。
　切り抜いたものに黒いクレヨンで色を塗る。しばらくすると，ケンタが教師に「やっぱりいらない」と赤い画用紙を返しに来る。教師が「使わなかったの？」とケンタに尋ねると，「うまくいかないから，直接貼ったんだよ」と言い，青と黄色のカラーコーンに白い布ガムテープを斜めに貼ったものを見せる。
　昼食後，ショウタとケンタは布ガムテープを車に貼る。全面を水色にし，車の下部分を黒と黄色の斜めの縞にする。他の子どもが「ショウタくん，何つくってるの？」「車？　大きいねえ」などと話しかける。

　製作遊びが好きなトモキとケンタが加わり，遊びが加速度的に発展していった。初めショウタは2人と一緒に遊ぶつもりはなかったはずだが，トモキの「手伝うから」という言葉が響いたのだろう。トモキとケンタはおだやかで友達とのかかわり方も上手である。この遊びを始めたのはショウタで，自分たちは仲間に入れてもらうんだということを承知しているからこそ，「手伝うから教えて」という言葉が出たのだと考える。そして，ショウタのつくりたいものを理解し，それが実現するにはどうしたらよいかを次々と提案していた。ショウタも一緒に考えてくれる仲間がいることは，嬉しかったに違いない。

　つくりたいものを次々と思い付き，自然と役割分担ができる。必要なものを取りに走り，黙々と作業をし，時々友達と相談する…このような状態になると，教師は「きた！」と感じる。「遊び込み」の始まりである。この雰囲気が崩れてしまわないように，安定して遊びが続いていくように，教師は口出しせず側で見守りながら，すぐに子どもの要望に応えられるような準備を始めた。段ボールや廃材の確保，布ガムテープを多く使用しそうなので在庫の確認など，遊びが途切れないようにと考えた。

　このような雰囲気—「遊び込みの空気」—を感じるのは教師だけではない。たぶん子どもの方がアンテナの感度は良くて，盛り上がっている遊びには必ず寄ってくる。この遊びでも，午後には何人かの子どもたちが「何してるの？」と話しかけに来ていた。

◆伝播する「遊び込み」の雰囲気　さらに，翌日の様子である。

1月24日（木）

　ショウタが登園後，「はやくトモキくん来ないかなあ。手伝ってくれる人来ないかなあ」と言いながら保育室内を歩き回る。しばらくすると，トモキとケンタが一緒に登園する。ショウタは「やっと来た！」と言い，車を持って2人のところへ行き「一緒にしよう」と誘う。トモキもケンタも「いいよ」「お支度終わったらね。待ってて」と言う。
　3人は図鑑を見ながら，昨日のように，黄色と黒色の布ガムテープを貼る。「車の後ろに荷物を載せるところがいるね」「あと，ここにミラーだね」などと話をする。
　途中でトモキはシンジに誘われ，段ボール箱を材料にしたロボットづくりを始める。
　昼食後，ショウタとケンタは誘い合って車づくりを始める。

ショウタ：「ミラーつくらない？」
ケンタ：「いいね。どうする？　ここ？」車の両脇を指す。
ショウタ：「そうそう。後ろ見えるやつ」
ケンタ：「何か，銀色みたいな…。ねえ，先生，車のミラーあるでしょ？　あれつくりたいんだけど，銀色みたいなやつある？」
教師：「うーん…これどう？」教材庫から銀色の折り紙を出し，ケンタに見せる。
ケンタ：「ああ，それそれ。2枚ちょうだい」

　ケンタは教師から銀色の折り紙を受け取ると，ショウタに見せに行く。ショウタが「いいね」と言う。ショウタは廃材の中から正方形の厚紙を選び，そこに折り紙を貼って車の両脇に付ける。

ケンタ：「おお，いいじゃん」
ショウタ：「本当は見えないけどね」
ケンタ：「でも，本物みたいだよ」
ショウタ：「ちょっと試しに乗ってみようかな。あ！　ドア開けてないじゃん！

　2人は段ボールカッターで車の側面を切ってドアにする。開け閉めができるように紐でつなぐ。出来上がると2人で車に乗り，「ウィーンウィーン」と自分で音を出しながら，保育室や遊戯室を歩く。ショウタは遊戯室で遊んでいた幼児に囲まれ，「何それ？」「かっこいい」「ぼくにも乗せて」と話しかけられる。

　この日もショウタたちは，つくりたいものに向けて相談し，工夫を凝らし，車づくりに夢中になっていた。布ガムテープによる車の塗装作業がほぼ終わり，ミラーが付き，ついに車が保育室から遊戯室まで走った。ここまでの様子で，教師は，ショウタたちは「遊び込んでいる」と感じた。
　前述したように，「遊び込み」の雰囲気を感じるのは教師だけではない。そして，その雰囲気は友達を吸い寄せるだけではなく，どうやら伝播するようだ。それは，各クラスにおける「遊び込み」の事例の時期がほぼ同時期だということと，この事例のように似たような遊びが始まるということから，そのように感じている。この日，シンジが「段ボールででっかいロボットをつくりたいんだよ」と言い，トモキと一緒につくり始めたのは，ショウタの遊びと無関係ではないと考える。このロボットづくりも，

第5章　年中児の製作遊びをみつめる　79

車づくりと同様にこの後1カ月ほど続く遊びになった。シンジが始めた遊びであったが，最終的にはトモキが完成まで粘り強く取り組んだ。子どもの身長よりも高い巨大な段ボールのロボットが出来上がり，ロボットが自立するためにはどうしたらよいかということが大きな問題となって，さまざまな工夫が施されていた。

　教師は，車づくりとロボットづくりの両方の遊びを行き来していた。それぞれに友達と一緒に相談しながら遊びを進めていく様子が見られたため，教師は子どもたちが気付く問題に対し「どうしたらいいかな」と共感しながら応じることが多くなった。そして「いいこと思い付いた」と解決方法を彼ら自身が考えつくたびに，その姿に感心するばかりであった。

◆屋根，ライト，窓，ワイパー…　翌週も，ショウタの製作遊びは続く。

1月29日（火）

　ショウタが登園後，すぐに，「先生，ちょっと手伝って」と教師を誘う。

ショウタ：「あのね，車に屋根をつけたいんだけど，こうやって柱を立てたらいいんじゃない？」
　　　　　車の四隅から丸めた手を伸ばす。
教師：「なるほど。それで，上に屋根を乗せるの？」
ショウタ：「そうそう。だから，柱になるものない？」
教師：「そうだなあ…柱ねえ…」
ショウタ：「ラップの真ん中のやつみたいな，固いやつ」
教師：「ああ，ラップの芯か。あるよ」―教材庫からラップの芯を4本出してショウタに渡す。

ショウタ：「そうだ！　いいこと思い付いた。あのさ，ここに切込みを入れて，これを挟めばいいと思うんだよね」
教師：「なるほど。いいねえ。頭いいね」
ショウタ：「だからさ，段ボールカッター欲しい」

　ショウタはカッターで切込みを入れ，そこにラップの芯を挟み込む。

教師：「すごい！　立った！　すごいこと思い付くねえ」
ショウタ：「先生，でもさ，短い。屋根だからさ，ぼくの頭くらいないと」
教師：「ああ，そうか」
シンジ：「何やってるの？」シンジとユウキが通りかかる。
ショウタ：「柱立ててるの。でもさ，短いんだよね」
シンジ：「すげえ，立ってるじゃん。じゃあさ，つなげれば？　いっぱい」
ショウタ：「いいね！　先生，これ，いっぱいある？」

　ラップの芯が無く，トイレットペーパーの芯で代用することになる。ショウタは，自分の背丈よりも柱が高くなるように，布ガムテープで芯をつなげていく。柱を車の四隅に立て，その上に段ボール箱の切れ端を付けて屋根にする。

その後ショウタは，思い付いたものを何日かに分けてつくっていった。デザートカップに赤い布ガムテープを貼ったパトライト。屋根の柱にラップを巻いたガラス窓。ワイパーは「手で動かせるようにしたいんだ」と言い，割り箸2本をL字型に組み合わせて車の内側から動かせるようにした。

 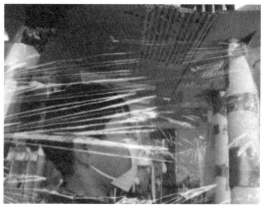

◆事故車を助ける車へ──遊びの展開と教師の存在　翌月，つくった車をやっと使うときが来る。

2月5日（火）

　昼食後，ショウタが遊戯室で車の屋根を修理していると，ユウキがやってくる。ユウキは「おれも手伝おうか」とショウタに声をかけ，屋根の修理を手伝う。

ユウキ：「ねえ，車故障したときに運ぶの？」
ショウタ：「そうだよ。ここからレッカーするんだよ」
　　　　─車の後ろを指す。
ユウキ：「え，乗せるの？」後ろを覗き込む。
ショウタ：「ここが伸びてさ…あ，でも紐ないな。紐忘れてた」
ユウキ：「あー紐ないと滑るね」

　ショウタは保育室に戻り，すずらんテープ2本を持ってきて車の後ろに付ける。

教師：「故障した車があるといいのにね」
ユウキ：「あ，じゃあ，おれつくるわ。先生，段ボール箱ない？」

　ユウキは段ボール箱などを使って，自分が入って動くことができるような車をつくる。そして「これ，すごくスピード出るやつだよ」と言い，車の後部にリアウイングを付ける。ショウタはユウキのつくった車を見て「かっこいいじゃん。それが故障してJAFが駆けつけるっていうのは？」とショウタに話しかける。ユウキは「それいいね。じゃあ，故障して電話で呼ぶわ。あ，携帯電話つくらなきゃ」と言い，廃材でつくり始める。

　教師が発した「故障した車があるといいのにね」という言葉がきっかけとなり，ユウキがレッカーされる車をつくり始めた。そのことで，「JAFの車をつくる」という製作遊びが，「故障した車をレッカーして修理する」というストーリーのあるごっこ遊びに発展した。
　「パン屋さんをするからパンをつくる」という場合と，「パンをつくっていたらたくさんできたからパ

ン屋さんをする」という場合があり，製作遊びとごっこ遊びは切り離せないことが多い。この遊びがそのように発展するとは予想していなかったが，ごっこ遊びになったことで，遊びが継続した。教師が発した言葉は意図したものではなく，ふと出た言葉である。

　子どもと一緒に遊び，遊びの中で一緒に悩み，考え，喜んでいると，全く意図せずに言葉を発してしまうことが多い。それが遊びの流れを大きく変えてしまうことがある。今回のように遊びが継続する方向にいけばよいのだが，遊びがしぼんでしまうこともある。教師の存在の大きさは自覚しなければならない。ただし経験を振り返ってみると，今回のように教師も一緒に遊び込んでいた場合に思わず発してしまう言葉は，遊びが継続することにつながることが多い。「遊びをこういうふうに進めたい」もしくは「こうさせたくない」という教師の一方的な思いが強過ぎるときは，うまくいかない場合が多かったように思う。

　教師の存在の大きさを自覚しながらも，子どもたちとともに遊び込み，そのおだやかな空気に身を置きながら，同じものを見て，同じことやものを面白い，不思議だ，嬉しい，楽しいと感じること—そのなかから発せられる言葉や現れてくる行動は，無自覚であるがゆえに，教師自身の記憶には残りづらい。「遊び込む」ための教師の援助がなかなかわかりづらく説明しづらいのは，その辺りにもあるのかもしれない。テクニックというよりも，心もちの問題のような気がする。

第3節　「車づくり」を振り返って

◆仲間と感じ合う「遊び込みの空気」　その後もショウタは，ナビゲーションシステムやガソリンスタンド，洗車機など思い付くものを次々とつくった。毎日黙々と車をつくり続けるショウタに，周りで遊んでいる子どもたちは，どうやってつくったのか尋ねたり「すごいね」と声をかけたりしていた。ショウタはそのたびに，嬉しそうに応じていた。それらの声かけも，ショウタの自信につながり，もっといいものをつくりたい，本物に近づけたいという意欲につながったと考える。ショウタの遊びに面白さを感じて仲間入りするトモキたちだけでなく，周りで様子を見ていた友達にも，ショウタの遊びは支えられていたのだと感じた。ショウタたちが，友達と一緒につくりたいものを次々と思い付き，それらが実現できるように相談しながら粘り強く遊びを進める姿は，遊び込んでいる姿であると考える。

　ショウタの遊びに時々仲間入りしていたトモキとユウキは，同じ時期にロボットづくりをしていた。段ボールをいくつも積み重ね，自分たちの背の高さを越える大きなロボットになった。腕を動かせるような仕組みや自立するように支えを工夫したりしていた。また，ケンタとシンジは動物づくりに夢中になっていた。彼らの手のひらほどのサイズのペンギンやハムスターは，布ガムテープや新聞紙，スズランテープなどでつくられていた。空き箱などを使ってそれらの動物のカバンや家，スキー場などをつくっていた。どちらも段ボール箱や廃材を使った製作遊びであったが，それぞれの「遊び込みの空気」が相乗効果を生んで遊びの展開を支えていたと考える。

◆年間指導計画とのかかわり　ショウタは自分のつくりたいものを実現するために，粘り強く考えていた。次々とつくりたいものが湧いてきたが，そのたびに友達や教師に自分の思いを伝えながら，「いいこと思い付いた」と自分で解決方法を見付けていた。自分の思いを言葉にすることで，頭の中に思い

描いていることが整理されていくようだった。またショウタたちは、友達の提案を素直に認め、「それいいね」と称賛し受け入れていた。「手伝おうか」「ぼくがタイヤをつくるよ」など、役割分担をする場面も見られた。Ⅷ期にあたるこの時期、ショウタたちには特に「こんなふうに育ってほしい」と教師が期待する「自分の思いが実現できるように考え、繰り返し試す」「遊びの中で、友達の考えを認め、称賛する」姿が顕著に現れていた。

またⅧ期にもなると、上記のように軌道に乗せるための条件づくりをして遊びがひとたび軌道に乗りさえすれば、「あそび」の視点から教師がすべきこととしては、「自分が実現したいことに向けて粘り強く取り組む姿を称賛し、援助を控えて見守る」などの、間接的な支援が主となってくる。始めの頃は、ショウタは教師に一つひとつ相談しながら遊びを進めていた。しかし、次第につくりたいものが明確になり、次々と必要なものや、つくり方を思い付く様子が見られるようになったため、教師はショウタの意欲を支えようと称賛や励ましの言葉をかけるように心がけた。そしてショウタの遊びに面白さを感じてトモキたちが集まり、相談しながら遊びを進めていくようになってからは、教師はショウタたちに呼ばれたときに必要な材料や道具を渡すことができる程度の距離まで離れ、遊びを見守ることにした。付かず離れずの距離感を保つことは難しい。しかしショウタたちの目の届く程度の範囲に教師がいることで、安心して遊びを進めることができるのではないかと思う。またそのことが、自分たちの力でつくり出す楽しさや喜びを感じることにつながったと考える。

4歳クラス

年間指導計画 V期

（4月〜5月中旬）

この時期の幼児は	**発達の過程** 　新しい環境になじむ時期 **仲間関係の様相** （同）新たな環境で友達と遊び，思いを伝え合う （異）年上の幼児と遊びを楽しみながら，思いを伝え合う ・進級した喜びに満ち，自信と意欲にあふれている時期である。しかし，担任や保育室が変わるため，在園児であっても戸惑いを感じて不安な様子を見せる幼児がいる。 ・異年齢活動（なかよし活動）が多くなり，これまでよりも年上の幼児に親しみをもつようになる。遊びを真似したり仲間入りしたりして，かかわって遊ぶことも増える。
こんなふうに育ってほしい	・これまでの遊びを思い起こし，好きな遊びに夢中になる。　　（あ） ・自分のしたい遊びに新しい工夫を加えて楽しむ。　　（あ） ・友達や教師と一緒につくったり，考えを受け入れたりして遊ぶ。 　　（あ） ・自分の思いを話したり，友達の考えを聞いたりする。　　（あ） ・ルールのある簡単な遊びをしたり自然に触れたりして，友達とのかかわりを広げ，一緒に活動する。　　（み） ・園生活の流れが分かり，一日の見通しをもつ。　　（せ）
だから教師は	・幼児がしたい遊びや好きな遊びを見付け，十分楽しみ，遊びが継続するようになるには，何より安心感をもてるようにすることが大切である。教師が，幼児の思いを聞き，受け止め，一緒に遊びながら見守るなど，寄り添うことを心がける。特に遊びの中では，幼児が自信をもって自分の思い付いたことを試したり工夫したりできるように，これまでの個の育ちを考慮しながら承認や称賛などの受容的な言葉をかけ，遊びの充実を図る。 ・特に新入園児に対しては，遊びに入っていきやすくするために，教師が寄り添って見守ったり気持ちを伝える手伝いをしたりしながら，友達と一緒に遊ぶおもしろさや楽しさを味わえるように援助する。 ・暖かくなり，活発になっていく動植物の魅力に気付けるようにする。そのために，気候の良い日は，保育室内の廃材等の材料を減らし，幼児の関心が自然環境に向くようにする。

（あ）と記載してある姿は「あそび」，（み）は「みんな」，（せ）は「せいかつ」における，幼児の姿や教師のねらいをもとにしてあります。

その他行事等

・新任式

・1学期始業式

・入園式

・なかよし遠足（異年齢活動）

・避難訓練

	幼児は	教師は
あそび	・慣れ親しんだ素材や材料に関心をもち，自分なりに工夫して遊びに取り入れようとする。 ・砂，土，水，草花を使って，したい遊びを楽しむ。 ・園庭の自然物や生き物に関心をもち，虫や草花を探したり，生き物に餌を与えたりしながらかかわろうとする。 ・友達の遊びを真似しながら身近にある遊具を使って遊ぶ。	・3歳クラス後半の保育環境を踏まえつつ，素材の数や種類に配慮し，遊びに継続性と発展性がもてるようにする。 ・今まで経験してきた遊びに工夫を加えて楽しむことができるよう環境や道具を用意する（ペンや折り紙，セロハンテープなど自由に使える道具や素材を増やす）。 ・遊びの続きができるように遊びかけの状態を保ち，いつでも遊べるようにする。 ・一緒に遊びながら，問題を焦点化する言葉をかけたり，問題に気付き解決方法を考える姿を称賛したりして，幼児の意欲を支える。 ・身近な自然物や動植物と触れ合うことができるよう，虫網や飼育ケース，袋などの入れ物を用意する。観察しやすいように，透明な入れ物にする。 ・保育室内に捕まえた生き物を飼育する生き物コーナーをつくり，生き物の図鑑や本を用意して，飼い方などを調べることができるようにする。 ・教師も幼児と一緒に散歩しながら虫を捕まえたり飼育している生き物と触れ合ったりして，生き物が苦手な幼児にも親しみがもてるようにする。 ・プランターで植物を育て，水やりなどの世話をしながら生長の様子や変化に気付き，喜びや楽しみを感じることができるようにする。 ・幼児同士のやりとりを見守りながら，真似したり挑戦したりしようとする姿を称賛する。
みんな	・帰りの集まりで，教師の話や読み聞かせ，季節の歌に興味をもち，見たり聞いたり歌ったりする。 ・季節を感じられるようなおやつを友達と一緒に楽しみながら食べる。 ・草花を摘んだり，生き物を探したりしながら緑の小道を散策する。 ・友達と一緒に，畑やプランターに種まきや苗植えをする。 ・お誕生会などで，友達と一緒にルールのある簡単な遊びを楽しむ。 ・友達と一緒に絵を描いたり季節の製作に取り組んだりする。 ・異年齢グループ（なかよしグループ）で，楽しくおやつを食べたり一緒に野菜の苗を植えたりする。	・幼児が興味をもちそうな紙芝居や絵本，季節の歌を用意し，集まると何か楽しいことがあるという期待感をもてるようにする。 ・遊びの中で出てきたものや季節のものをおやつとして取り上げる。 ・幼児が好み，食べ慣れたものを用意する。 ・散策に出かけるときはビニル袋などを持って行き，見付けたものを持ち帰れるようにする。 ・学級菜園には，世話が簡単で一斉に収穫できるもの（きゅうり，ミニトマト，じゃがいもなど）を植え，収穫後，学級や園全体で楽しく会食できる活動につなげられるようにする。 ・3歳クラスのときにした鬼ごっこやあぶくたったなど，ルールを意識できる遊びを取り入れる。 ・絵を描いたり，折り紙や絵の具，はさみ，のりなどを用いて切ったり折ったり貼ったりする活動を計画的に行い，素材や材料に慣れるようにする。 ・異年齢グループ（なかよしグループ）で顔を合わせる機会をつくり，楽しい雰囲気で活動に取り組めるようにする。
せいかつ	・時計に貼られた目印を見て，自発的に行動しようとする。 ・自分の番号や名前の表記が分かり，持ち物を自分で整理しようとする。 ・自分の健康に関心をもち，病気の予防などに必要な健康的な活動を進んで行う。	・目印を見て，幼児が後片付け開始をお互いに呼びかけるようにする。 ・毎日同じような生活の流れと時間的ゆとりをもって園生活を送ることで，見通しをもちながら次の活動に取り組めるようにする。 ・持ち物の始末は学級全体に指導した後は，個別に援助し，身に付くまで丁寧に繰り返し指導する。 ・番号や名前の表記については，個々に確認をする。 ・養護教諭と連携しながら，幼児の実態を踏まえた健康に関する指導を行い，健康な生活に必要な基本的な生活習慣の形成を促す。歯の健康に関する指導については，意識の持続を図るために，年3回（6，10，1月）強調週間を設ける。

ⓒ（株）永田印刷

4歳クラス

年間指導計画 VI期

（5月下旬〜7月）

この時期の幼児は	**発達の過程** 　教師や友達と一緒に遊びや生活をつくる時期 **仲間関係の様相** （同）友達とのトラブルを通して，相手の思いに気付く （異）異年齢児とのトラブルを通して，相手の思いに気付く ・遊びだけでなく生活行動の面でも，落ち着いた時期に入る。時間的ゆとりと落ち着きのある雰囲気の中で，人やものとのかかわりが保障されるようになる。 ・こうしたいという遊びへの思いやイメージが明確になり，同年齢だけでなく異年齢とも言い争いなどのトラブルが多くなる。
こんなふうに育ってほしい	・他の遊びや周りの様子に気をとられることなく，していることに集中して遊ぶ。　　　　　　　　　　　　　　　　　　　　（あ） ・自分のしたい遊びに新しい工夫を加えて，繰り返し楽しむ。（あ） ・困ったことから問題に気付き，解決に向けて感じたことや考えたことを試す。　　　　　　　　　　　　　　　　　　　　　（あ） ・自分の考えを周りの友達や教師に伝え，イメージを共有し，何人かでかかわって遊ぶ。　　　　　　　　　　　　　　　　　（あ） ・季節感を味わったり身近な動植物に親しみをもったりして，友達や年上の幼児とのかかわりを広げ，一緒に活動する。　（み） ・園生活の見通しをもち，当番活動や新しい活動に取り組む。（せ）
だから教師は	・幼児が好きな遊びを楽しめるように，幼児の興味や関心を大切にし，必要な材料や図鑑などをいつでも手に取れるように用意しておく。 ・遊びの中で，自分が思い付いたことや考えたことを試そうとする姿を称賛し，自信につながるように心がける。好きな遊びが見付けられない幼児には，教師と一緒に友達の遊びを見たり教師が遊びに誘ったりしながらきっかけをつくる。 ・トラブルの場面では，自分の思いを強い口調で言ったり，泣いたりする場面が見られる。教師は幼児の思いを共感的に聞きながら，幼児が互いに思いを伝え合い，相手の思いを理解できるようにする。 ・次第に気温が高くなり，夏ならではの日差しの強さを感じられるようになる。天候が良い日が多くなるため，屋外遊びを奨励していく。 ・プールを設置し，水の冷たさや気持ちよさを感じられるようにする。

（あ）と記載してある姿は「あそび」，（み）は「みんな」，（せ）は「せいかつ」における，幼児の姿や教師のねらいをもとにしてあります。

その他行事等
・運動会
・七夕遠足
・七夕まつり
・避難訓練
・1学期終業式

幼児は	教師は
あそび ・遊びに必要なものを自分なりに考えてつくり、遊びをより楽しいものにする。 ・砂、土、水、草花を使った遊びを繰り返し楽しみながら、自分のしたいことを試して遊ぶ。 ・身近な草花を遊びに使ったり、生き物を捕まえて世話をしたりしながら、季節の変化を感じて遊ぶ。 ・簡単なルールを知り、友達と一緒に体を動かして遊ぶ。	・幼児が思いのままにつくることができるよう、遊びに必要なもの（廃材や紙粘土、セロハンテープ、ガムテープ、割りばし、ストロー、スズランテープなど）を幼児の手が届くところに準備しておく。 ・幼児の思考を促すために、幼児と会話しながら、問題に焦点をあてるような言葉や見通しがもてるような言葉をかける。 ・自分の考えを試している幼児の様子を周りの幼児に知らせ、友達がしていることに興味をもったりかかわったりするきっかけをつくる。 ・自分たちなりの遊び方で遊ぶ姿を認め、称賛し、遊びが広がるようにする。 ・困ったことが起きたときは、年上の幼児にアドバイスをもらうとよいことを知らせ、幼児が聞きに行くことができる環境を整える。 ・遊びのつながりを考え、遊びが継続するように、つくったものを取っておく場所を用意したり遊び場を残したりする。 ・身近な自然や生き物に関心をもち、変化や成長の様子にも気付いていけるよう、教師も一緒に捕まえたり世話をしたりする。 ・プランターで植物を育て、それらを遊びにも使えるようにする。 ・トラブルが起きたときには、教師が間に入り、自分の思いを伝えたり相手の思いを聞いたりする。 ・友達の思いを聞いたり受け入れようとしたりする姿を十分に認める。 ・幼児なりのルールづくりを認め、教師も一緒に遊びながら幼児同士で多くの友達とかかわりをもてるようにする。
みんな ・帰りの集まりでは、友達の前で遊びや楽しかったことについて話し、友達と一緒に集まりを楽しむ。 ・季節を感じられるようなおやつを友達と一緒に楽しみながら食べる。 ・畑で育てた作物を収穫し、簡単な調理をして食べる。 ・プールに入り、全身で水の感触を楽しむ。 ・草花を摘んだり、生き物を探したりしながら緑の小道を散策する。 ・友達と一緒にルールのある簡単な遊びや体を使った遊びを楽しむ。 ・異年齢活動（なかよし活動）に参加する。 ・友達と一緒に絵を描いたり季節の製作に取り組んだりする。	・友達の前でうまく話せない幼児の言葉を補うようにし、自信をもって発表ができるように援助する。 ・遊びにつながるような題材の絵本や紙芝居を選んで読み聞かせをする。 ・遊びの中で収穫したものや季節のもの、畑で収穫したものなどを取り入れる。 ・グループの友達と分け合ったり、何種類かのおやつの中から決まった数をとったりできるものを用意する。 ・友達と一緒に収穫物を味わう楽しさを感じられるようにする。 ・収穫物を異年齢児とも分け合い、共に収穫の喜びを味わえるようにする。 ・プールで幼児が好きな遊びができるように、水鉄砲やフラフープ、ボールなどの遊具を用意しておく。 ・友達や教師と一緒に楽しく遊びながら水に慣れることを大切にし、次第に全身で水遊びが楽しめるようにする。 ・散策に出かけるときは透明な袋などを持って行き、見付けたものを持ち帰れるようにする。 ・小道の自然に触れたり遊具で遊んだりできるように、小道でゆっくりと過ごす時間を確保する。 ・蚊やハチなどの害虫対策を行う。 ・フルーツバスケットや椅子取りゲームなど、簡単なルールの遊びを取り入れ、繰り返し遊びながらルールに慣れることができるようにする。 ・ドンじゃんけんやドッジボールなど、大勢で遊ぶ楽しさを味わえるような活動を取り入れる。 ・年上の幼児を手本にし、集団行動や公共施設利用のマナーに気付く場と機会をつくる。 ・年上の幼児の優しさやたくましさに気付くように言葉かけをする。 ・幼児が興味をもてるような題材を用意し、折り紙や紙粘土、絵の具、はさみ、のりなどを使って工夫してつくることができるようにする。
せいかつ ・園外保育に出かけて交通安全や公共マナーを知る。 ・教師の言葉かけにより、自分の衣服の調節や水分の補給をする。 ・当番活動の仕事内容を知る。 ・自分の健康に関心をもち、病気の予防などに必要な健康的な活動を進んで行う。	・園外保育の機会をもち、交通安全や公共マナーなどが身に付くようにする。 ・気温の差や汗をかいていることに気付くような言葉をかける。熱中症予防のために、水分補給や帽子を被ることを促す。 ・実態に応じて、グループで行う当番活動（弁当や給食、おやつを配るなど）を取り入れる。 ・当番の分かるカードを用意し、順番に経験することで励みとなるようにする。 ・養護教諭と連携しながら、幼児の実態を踏まえた健康に関する指導を行い、健康な生活に必要な基本的な生活習慣の形成を促す。

ⓒ（株）永田印刷

第5章　年中児の製作遊びをみつめる　87

4歳クラス

年間指導計画 Ⅶ期

（9月〜12月）

この時期の幼児は	**発達の過程** 　友達と思いを伝え合う時期 **仲間関係の様相** （同）葛藤経験を積み重ね，仲間とイメージを共有しながら遊びを広げる （異）異年齢児とのかかわりを通して，仲間と遊びを広げる楽しさを知る ・幼児同士のかかわりが広がり始める時期である。遊びに限らず，年齢の枠を超えたかかわり合いが顕著に見え始め，特に年下の幼児に対して，優しく接したり，喜んでもらえるように工夫したりする姿が見られるようになる。 ・気の合う仲間でイメージを共有しながら遊ぶようになるが，自分の思いを強く主張しようとする姿が見られる。一方で，友達の考えを受け入れたり譲ったりしながら，幼児同士で遊びを進めることができるようになってくる。
こんなふうに育ってほしい	・自分の目的をもって，したい遊びに挑戦しようとする。　　　　　（あ） ・したい遊びに向かって新しい工夫を加えながら，遊びを継続させる。　　　　　　　　　　　　　　　　　　　　　　　　　　　　（あ） ・感じたことや考えたことを試す中で，新しい問題に気付く。（あ） ・共通のイメージをもち，友達の考えを受け入れながら自分が考えたことも試し，一緒に遊びを進める。　　　　　　　　　　　　（あ） ・季節感を味わったり身近な環境に親しんだりする楽しさが分かり，遊びや生活に取り入れようとする。　　　　　　　　　　　（み） ・異年齢活動（なかよし活動）を楽しみながら，年下の幼児にもかかわりを広げる。　　　　　　　　　　　　　　　　　　　　（み） ・片付けや着替えなどを自分から行い，友達と力を合わせながら当番活動に取り組む。　　　　　　　　　　　　　　　　　　　（せ）
だから教師は	・友達と一緒に遊びを進めるよさを味わうため，教師が遊びに加わり，お互いのよさに気付くことができるようにする。また，自分の思いを友達に伝える機会や友達の思いに気付く場を設け，遊びの中でもかかわり合えるように支える。 ・ごっこ遊びなどで，年下の幼児に喜んでもらえるように準備する様子を称賛し，遊びが広がるようにする。 ・幼児のこうしたいという思いを受け止め，それを実現するにはどうしたらよいかを尋ねながら問題を焦点化する言葉をかけ，幼児自身で遊びを進めていけるようにする。 ・期の前半は，穏やかな天候が続くため，教師も外に出かけ，虫捕りや木の実採りなどを幼児と一緒に楽しみながら，秋に親しめるようにする。期の後半は，雨が降り寒くなり始めるため，防寒具を着るなど，身支度を整えて屋外に行けるよう声をかける。

（あ）と記載してある姿は「あそび」，（み）は「みんな」，（せ）は「せいかつ」における，幼児の姿や教師のねらいをもとにしてあります。

その他行事等
・2学期始業式
・避難訓練
・バス遠足
・なかよし遠足（異年齢活動）
・交通安全教室
・祖父母参観
・2学期終業式

88　　Ⅱ　幼稚園カリキュラムの実際

	幼児は	教師は
あそび	・自分のしたい遊びやなりたい役割を主張し，友達の思いも受け入れながら，数人で同じ遊びを楽しむ。	・タイミングを見計らって，新しい遊びの道具や素材を提示し，遊びが広がるようにする。 ・自分の考えやしたいことをうまく伝えられない場合は，言葉や伝え方を知らせたり代弁したりして，友達との関係がつながるようにする。 ・トラブルが起きた時は，教師がすぐに仲裁に入るのではなく，お互いの思いを伝え合い，自分たちで譲り合ったり解決しようとしたりする気持ちや態度を認めていく。 ・年下の幼児に喜んでもらい，充実感を味わうことができるように，道具や素材などを用意する。 ・年上の幼児や仲のよい友達との仲間意識を高め，遊びのイメージを伝え合えるような雰囲気づくりをする。
あそび	・砂，土，水を使った遊びの中で自分のしたいことを試す。また，これまでの遊び方を発展させたり新しい工夫を加えたりする。 ・虫を捕まえて飼ったり草花や木の実を集めたりして季節の変化に気付くとともに，季節の素材を遊びに取り入れて楽しむ。 ・簡単なルールのある遊びの楽しさを味わう。	・遊びを広げたいという思いを実現できるような道具や素材などを用意する。 ・遊びを見守りながら，問題を焦点化する言葉をかけたり，問題に気付き解決方法を考える姿を称賛したりして，幼児の意欲を支える。 ・幼児が生き物の飼育方法や捕まえたもの，採ってきた植物の種類を自分で調べられるように，本や図鑑を用意しておく。 ・自然物を使った遊びを幼児と共に考えたり試したりしながら，教師も一緒に楽しむ。 ・教師も場に応じて遊びに加わり，幼児の思いや意見を受け止めたり伝えたりしながら，みんなが楽しむためのきまりやルールに気付くことができるようにする。
みんな	・帰りの集まりで，友達の話を聞いたり話した内容について質問したりして，友達と一緒に集まりを楽しむ。 ・教師と一緒に，伝承遊びや簡単な鬼ごっこをする。 ・友達と一緒におやつを楽しみながら食べる。 ・草花を摘んだり，生き物を探したりしながら緑の小道を散策する。 ・水やりなどの野菜の世話を行い，収穫まで大切に育てる。また，育てたものを調理して味わう。 ・異年齢活動（なかよし活動）で，年上の幼児の行動に関心をもちながら年下の幼児ともかかわろうとする。 ・友達と一緒に絵を描いたり，季節の製作に取り組んだりする。	・友達が話したことに興味をもって聞くことができるように質問する時間を設け，幼児同士のやりとりにつなげる。 ・幼児が話した遊びの話題に関連付けて，一日の遊びを振り返る機会をつくり，次への遊びに期待がもてるようにする。 ・遊びの様子を見ながら絵本や紙芝居を選定し，読み聞かせをする。 ・花いちもんめ，あぶくたった，しっぽ取りゲーム，カルタ取り，すごろくなど，集団で遊ぶ中で，順番やきまりを守る必要性や大切さに気付くようにする。 ・季節を感じられるものや遊びに関連したものを用意し，天候のよい日は屋外で食べたり，大学会館へ出かけたりする。 ・季節の変化に気付くことができるような言葉かけをする。 ・蚊やハチなどの害虫対策を行う。 ・素材そのものの味や，友達と一緒に収穫物を味わう楽しさを感じられるようにする。衛生管理に気を付け，安全に調理する。 ・年上の幼児への憧れの気持ちが芽生えるような言葉かけをする。 ・年上の幼児を手本にして，年下の幼児に優しく接しようとする幼児の姿を認め，グループの中で所属感や充実感が味わえるようにする。 ・季節を感じられる題材を用意し，絵の具，はさみ，のりなどを使って，幼児が表したいようにつくることができるようにする。 ・お互いの作品を認め合う時間を十分に取る。
せいかつ	・自分の身の回りのことを一人で行おうとする。 ・教師の言葉かけにより気候の変化に気付き，自分で衣服を調節する。 ・当番活動に意欲をもって取り組もうとする。 ・手洗いやうがいを念入りに行い，感染症を予防する。 ・自分の健康に関心をもち，病気の予防などに必要な健康的な活動を進んで行う。	・活動が移り変わる場面は時間を十分に確保する。 ・気候に応じた衣服の調節の仕方について言葉かけを行い，自分で調節できるようにする。 ・簡単な当番活動に，友達と力を合わせて取り組める内容を徐々に加えていく。 ・感染症予防に関する指導を養護教諭の協力を得ながら行う。手洗いやうがいを進んで行う姿を称賛する。 ・養護教諭と連携しながら，幼児の実態を踏まえた健康に関する指導を行い，健康な生活に必要な基本的な生活習慣の形成を促す。

© (株) 永田印刷

4歳クラス

年間指導計画 VIII期

（1月〜3月）

この時期の幼児は	**発達の過程** 　新しい環境になじむ時期 **仲間関係の様相** （同）新たな環境で友達と遊び，思いを伝え合う （異）年上の幼児と遊びを楽しみながら，思いを伝え合う ・進級した喜びに満ち，自信と意欲にあふれている時期である。しかし，担任や保育室が変わるため，在園児であっても戸惑いを感じて不安な様子を見せる幼児がいる。 ・異年齢活動（なかよし活動）が多くなり，これまでよりも年上の幼児に親しみをもつようになる。遊びを真似したり仲間入りしたりして，かかわって遊ぶことも増える。
こんなふうに育ってほしい	・これまでの遊びを思い起こし，好きな遊びに夢中になる。　　　　（あ） ・自分のしたい遊びに新しい工夫を加えて楽しむ。　　　　　　　（あ） ・友達や教師と一緒につくったり，考えを受け入れたりして遊ぶ。 　　　　　　　　　　　　　　　　　　　　　　　　　　　　　　（あ） ・自分の思いを話したり，友達の考えを聞いたりする。　　　　　（あ） ・ルールのある簡単な遊びをしたり自然に触れたりして，友達とのかかわりを広げ，一緒に活動する。　　　　　　　　　　　　　（み） ・園生活の流れが分かり，一日の見通しをもつ。　　　　　　　　（せ）
だから教師は	・幼児がしたい遊びや好きな遊びを見付け，十分楽しみ，遊びが継続するようになるには，何より安心感をもてるようにすることが大切である。教師が，幼児の思いを聞き，受け止め，一緒に遊びながら見守るなど，寄り添うことを心がける。特に遊びの中では，幼児が自信をもって自分の思い付いたことを試したり工夫したりできるように，これまでの個の育ちを考慮しながら承認や称賛などの受容的な言葉をかけ，遊びの充実を図る。 ・特に新入園児に対しては，遊びに入っていきやすくするために，教師が寄り添って見守ったり気持ちを伝える手伝いをしたりしながら，友達と一緒に遊ぶおもしろさや楽しさを味わえるように援助する。 ・暖かくなり，活発になっていく動植物の魅力に気付けるようにする。そのために，気候の良い日は，保育室内の廃材等の材料を減らし，幼児の関心が自然環境に向くようにする。

（あ）と記載してある姿は「あそび」，（み）は「みんな」，（せ）は「せいかつ」における，幼児の姿や教師のねらいをもとにしてあります。

その他行事等
・3学期始業式　　・避難訓練
・まゆ玉づくり　　・豆まき会
・お楽しみ発表会　・雪遊び遠足
・5歳クラス児とのお別れ会
・修了証書授与式　・3学期終業式

	幼児は	教師は
あそび	・友達とかかわりながら，遊びに必要なものや場をつくり，数人で同じ遊びを楽しむ。 ・年上の幼児の遊びに興味や関心をもち，真似しようとする。 ・冬の自然事象に興味や関心をもってかかわり，雪や氷で遊ぶ。 ・ルールの意味を知り，友達とルールを共有しながら遊ぶ。	・遊びのタイミングを見計らい，幼児のニーズに合わせて用具を準備する。 ・難しいところは，教師がやり方を一緒に考えながら意欲を高めていく。 ・室内遊びが多くなることから，廃材や用具を豊富に準備しておく。段ボールカッターなども扱うようになることから，用具を安全に使用できるよう声をかけ見守る。 ・自分が実現したいことに向けて粘り強く取り組む姿を称賛し，援助を控えて見守る。 ・年上の幼児と同じ素材や用具を用意し，イメージや思いが実現できるように援助する。 ・4歳クラス児にとって難しい遊び（一輪車，縄跳びなど）に挑戦している幼児の姿を伝え，幼児同士が教え合い，励まし合う姿を見守る。 ・雪を用いた遊びを楽しむことができるような遊具や道具（ソリ，スコップなど）を用意する。 ・かまくらづくりなど，遊びが長く続くときは，その場を残していつでも遊びが続けられるようにする。 ・ルールや役割のある遊び，伝承遊びにおいて，幼児同士で約束を守って遊ぶことができるよう，教師も遊びに参加し，言葉かけをする。 ・冬ならではの室内遊び（こま，すごろく，かるた，あやとり，あみものなど）に親しめるように，用具を準備しておく。順番に使ったり譲り合ったりして遊ぶ経験にもつながるよう，用具の数を少なめにしておく。
みんな	・帰りの集まりで，友達の話を聞いたり話した内容について質問したりして，友達と一緒に集まりの活動を楽しむ。 ・冬の緑の小道を散策する。 ・おやつを友達と一緒に楽しみながら食べる。 ・プランターで野菜を栽培し，自分たちで調理して味わう。 ・教師と一緒に，伝承遊びや簡単な鬼ごっこ，体を使った遊びをする。 ・お楽しみ発表会に向けて，発表したい内容を決め，友達と一緒に楽しみながら準備する。 ・5歳クラス児とのお別れ会に向けて，準備を進める。 ・友達と一緒に絵を描いたり季節の製作に取り組んだりする。 ・修了式などの行事の目的を知り，準備や練習に取り組み，進級する期待と意欲をもつ。	・友達の話に関連して話す場をつくり，楽しかった思いを共有できるようにしたり，次への遊びの期待や楽しみにつなげたりする。 ・季節の行事に関する紙芝居を見たり歌を歌ったりして，関心を高める。 ・いつもと違うルートを通ったり，生き物の足跡を見付けたりしながら，雪が積もった小道の様子を楽しめるようにする。 ・季節のもの（お汁粉など）を用意し，季節感を味わえるようにする。 ・畑の収穫物をみんなで調理したり，簡単なおやつをつくったりして，調理して食べる楽しみを味わえるようにする。 ・冬でも収穫したものをみんなで味わえるように，プランターや置き場所を確保する。 ・幼児同士で遊ぶ様子を見守りながら，うまく進まないときは，どうしたらいいか考えさせるような言葉をかける。 ・日頃の遊びや興味のある事柄を取り入れられるように援助する。 ・決まった内容について，遊びの中で準備ができるように場を工夫する。 ・年上の幼児に対するお祝いの気持ちがもてるように言葉かけをしたり，年下の幼児に優しく接する姿を認めたりしていく。 ・会の進行では，友達と一緒になって役割を担い，自信をもって話すことができるように認めたり励ましたりしていく。 ・季節の行事に関わるものや5歳クラス児へのプレゼントを製作の題材に取り入れる。 ・5歳クラスに進級する期待感や意欲を，遊びや活動の中で実現したり発揮したりできるように励ましていく。 ・進級が過度の緊張や負担にならないように配慮する。 ・修了式に参加するための心構えを知り，修了園児をお祝いする気持ちがもてるようにする。
せいかつ	・当番活動に期待と意欲をもって取り組み，最後までやり通す。 ・手洗いやうがいを丁寧に行う。 ・自分の健康に関心をもち，病気の予防などに必要な健康的な活動を進んで行う。	・当番の仕事には，期待をもって取り組めるように励ましていく。 ・進んで取り組む姿を見守り，自信がもてるようにする。 ・感染症予防のために，手洗いやうがいを進んで行う姿を称賛する。 ・養護教諭と連携しながら，幼児の実態を踏まえた健康に関する指導を行い，健康な生活に必要な基本的な生活習慣の形成を促す。

ⓒ（株）永田印刷

写真上 5-1　ジュース
写真下 5-2　たこやき

　高田公園の観桜会の時期，また夏季休業後，屋台でおいしいものを食べた経験からこのような製作遊びが始まることが多い。どの子も同じような経験があるのか友達ともイメージが共有しやすく，「遊び込む」ことにつながりやすい。

写真 5-3　コロコロコースづくり
　例年，4歳クラスで盛り上がることが多い遊びである。筒状のものを組み合わせて，ビー玉やドングリなどを転がして遊ぶ。雨どい遊びの要領で高低差を考えながら，コースを長くすることや仕掛けをつくることに試行錯誤する。保育室からスタートして遊戯室までのロングコースになることもある。

第6章　年長児の協同遊びを支える
―みんなの「クリスマスパーティー」―

黒田 隆夫

第1節　5歳クラスの遊びと保育

　5歳クラスになると，遊びは4歳クラスの時よりもよりダイナミックになっていく。好きな遊びに没頭する姿から，気の合う友達と一緒に遊び，そして数人から大勢で一緒に遊ぶことの楽しさを感じながら遊ぶことが多くなる。これまで経験した遊びに夢中になる中で，「もっとこんなことをしてみたい」「こうしたら面白いんじゃないか」と考え，新しいことを試してみようとする。そこに友達とのかかわりが生まれ，「協同」の姿が見えてくるようになる。

　レストランごっこを例にとる。3歳クラスの頃は，既製のままごとセットなどを使って遊んでいたが，次第に「自分で料理をつくってみたい」と考え，空き箱や折り紙などを使ってケーキやピザなどの料理をつくるようになる。さまざまな料理をつくる中で，それを食べてもらいたいと願い，お店を出す。衣装やお金をつくり，お客さんに楽しんでもらう喜びを感じていく。遊びが盛り上がってくると興味をもった友達が「わたしもまぜて」と集まってくる。一緒に遊びを進める中で，考えの違いからトラブルも経験し，友達とのかかわりをさらに深めていく。互いの思いを伝え合い，折り合いをつけていくと，それぞれのやりたいことをつなげると，さらに楽しくなるのではと考え始める。カフェ，ラーメン屋さんから，フードコートのような複合レストランへと変化していくのである。このような遊びは，遊園地やお化け屋敷遊びなどにも共通する。

　「遊びをみんなでやりたい」という願いを実現するには，友達に思いを伝える場の設定が必要となる。教師は，遊びの中で常に子どもの「つぶやき」を大切にしてきた。「もっとたくさんのお客さんに来てもらいたいな」「ごはんと一緒にジュースもあったらいいのにな」。そうした願いを受け止め，「面白そうだね。じゃあ，『みんなの時間』に聞いてみる？」と話し合う場が設定できるようにした。子どものつぶやきには，ただレストランをやりたいという遊びの企画だけでなく，「みんなでやりたい」「お客さんにたくさん来てほしい」といった目標が含まれている。教師はそれを逃さず，聞き取り，解釈して子どもたちに伝える。そうすることで，子どもたちの間に共通の目標が生まれ，みんなで楽しむダイナミックな遊びへとつながっていくのである。

　教師の援助と環境構成としては，次のような取り組みを行ってきた。

　○ホワイトボードを保育室に置き，話し合いで決まったことを掲示したり，子どもが自由に描いて友

達とイメージを共有したりできるようにした。

○みんなで決めた目標や決まり，遊びの様子を振り返るための話し合いの場を，子どもたちと相談しながら設定した。

○毎日保育室前に掲示する新聞に遊びや話し合いの様子の写真や記事を掲載し，保護者に伝えることで，家庭でも話題になるようにした。

○帰りの集まりの中で紹介，質問タイムを設定し，遊びで工夫したことや悩んでいること，楽しんでいること子どもたちが互いに共有できるようにした。

　この年の5歳クラス児は，室内の製作遊びだけでなく，屋外の遊びが好きな子どもが多かった。6月には砂場遊びを楽しんでいた子どもが集まり，防砂シートをテントのように組み立て，「うみ組ホテル」をつくった。その中には雨どいの水を引いた足湯と，砂や草花を器に盛りつけたレストランが併設されていた。その後もハロウィンと魔法使いごっこがつながって「お化け屋敷」，草花遊びと砂の料理づくりがつながって「森のレストラン」ができるなど，さまざまな遊びを楽しんだ。

第2節　「クリスマスパーティーを開こう」(第Ⅺ期11月〜12月)

◆**トナカイになりたい**　カズキが「クリスマスのトナカイになりたい」と教師に話しかけてきた。まだクリスマスには遠い11月9日の出来事である。教師が「ええっ，もうクリスマス？」と驚くと，カズキは「うん，そうだよ。いっぱいつくりたいの」と笑って言った。そして，段ボールと厚紙でトナカイの角の被り物をつくると，木製ブロックを積み上げてトナカイのお家をつくった。「いいね」「おもしろそう。いれて」と仲間が集まった。週をまたいで，サンタクロースの衣装やソリ，クリスマスツリーなどが出来上がり，保育室がクリスマス一色になっていった。

　12月になると，カズキは「みんなでクリスマスパーティーやりたい」と教師に話してきた。教師は「じゃあ，みんなの時間にお話してみる？」とカズキに聞くと，「うん，そうする」とうれしそうに答えた。「みんな」の時間，カズキは友達に目を輝かせながら話した。「クリスマスパーティーがやりたいです。みんなでつくったものを，そら組さんややま組さんを招待して遊んでもらったら楽しいと思うの」カズキの願いを聞いたクラスの仲間から，「いいね」「やろう」と賛成の意見が出され，クリスマスパーティーの準備が始まった。

12月12日（水）「みんな」の時間

　教師は，事前にクリスマスパーティーで何をしたいのかを子どもたちに伝える。彼らは遊びや食事の時間に自分が何をやりたいのかを考えたり，友達と相談したりしていた。そして，「みんな」の時間が始まる。

教師：「今日は，クリスマスパーティーでみんながどんなことをしたいのか決めるよ。したいことがあったら教えてね」

カズキ：「ぼくはクリスマスツリーをみんなでつくりたい」

マキ：「私，星拾いやりたい」

マキの意見を聞き，「私もやりたい」と他の子どもから手が挙がる。教師は出された意見をホワイトボードに記していく。

ツヨシ：「ぼく，宝石屋さんやりたい」
ヒロキ：「ぼくは，星拾いやりたい」
教師：「つよしくんと宝石いっぱいつくったのに星拾いがいいの？」
ヒロキ：「うん，星拾いおもしろそう」
教師：「わかったよ。楽しみだね」
サオリ：「私はなぞなぞやりたい」
　　　　——したい遊びが次々に決まっていく。
教師：「それでは，やりたいことは決まったみたいだね。でも，クリスマスパーティーまでは時間があるから，途中でやりたいことが変わったら変えてもいいんだよ。パーティーの日は12月20日だから，その日まで準備ができるよ」

◆やりたいことはさまざま　カズキがやりたいと提案し，みんなでやることになったクリスマスパーティーであるが，子ども一人ひとりのやりたいことはそれぞれであった。ツヨシは，10月から1カ月の間，宝石づくりに夢中になり，図鑑やインターネットの画像を見ながら，廃材でたくさんの種類の宝石をつくり，それを友達に見せたいと考えていた。クリスマスパーティーと宝石屋さんは「みんなに自分たちのつくったもので楽しんでもらいたい」という願いが一致していることがわかり，ツヨシは納得して参加したのである。ヒロキはクリスマスパーティーと聞いて，はじめ何をやろうか考えているようだった。マキがやりたいと発言した星拾いの説明を聞いて，「それ，おもしろそう」と感じたのか，一緒にやろうと話していた。

　教師は，クリスマスパーティーの内容を決める際，できるだけ子どものやりたい願いを聞き取り，解釈してクラス全体に伝えるようにした。それぞれの遊びにどのような魅力があるのかを理解することによって，イメージや目的が共有され，より遊び込みにつながると考えたからである。話し合いで決めたパーティーの日まで十分時間があるため，その後の遊びの中で，さらに思いや願いを伝え合う援助を行っていくことした。

12月13日（木）
教師：「つよしくん，どんなのつくってるの？」
ツヨシ：「あのね，サファイアの宝石つくって指輪にするの。あとね，ペンダントにもしたいんだけど。紐あるかな？」
教師：「紙テープあるけど」
ツヨシ：「でもね，それだと切れちゃうの」
クミ：「この間飾りにつけていた紐ならいいんじゃない？」
教師：「なるほど，それなら切れなさそうだね。待ってて」

> ―教材庫からナイロン製の紐を持ってくる。
> ツヨシ：「それそれ。つくってみる」
> 　　　　―紐を切り，宝石につなげて首からかけてみる。
> 教師：「キラキラしていていいね。いろんな宝石をつけたら最高だね」
> ツヨシ：「でも，つくりかたわからないの」
> 　　　　―保育室にある宝石の図鑑を見ながら動かなくなる。
> 教師：「そう，ひろきくんなら知ってるかなぁ」
> ツヨシ：「ぼく，聞いてくる」ヒロキのもとへ駆け出す。
> ヒロキ：「ぼく，できるよ。見てて」
> 　　　　―緑の折り紙を小さく畳み，セロハンテープで固めて宝石にする。
> ツヨシ：「すごい。エメラルドだ」
> ヒロキ：「先生，ぼくも宝石つくりたい」
> 教師：「星拾いゲーム屋さんはいいの？」
> ヒロキ：「うん。こっちの方がいっぱいできそう」
> 教師：「わかったよ。でも，星拾いチームさんにお話ししてから来てね」
> ヒロキ：「わかった。」星拾いチームをやめることを伝えた後，宝石をつくり始める。
> クミ：「ねえ，つよしくん，これどうやるの？」
> ツヨシ：「えっとね。アルミホイルに緑の色を塗るの」
> ヒロキ：「ねえねえつよしくん・・・」
> 　　　　―ツヨシは仲間から質問を受けながらオリジナルの宝石を次々につくり上げる。

◆ほんとうはみんなで一緒につくりたい　ヒロキは，もともとツヨシよりも先に宝石遊びを始めていた。糸魚川市にあるフォッサマグナミュージアムに親子で遊びに行った際，キラキラ輝く翡翠に興味を惹かれ，幼稚園でつくってみたいと思ったことがきっかけであった。初めは折り紙を折ってつくっていたが，「もっと本物みたいにしたい」と願い，段ボールにアルミホイルを巻き，さらにラップを巻いて光沢を付け，そこに色を塗るなど何度も試行錯誤を繰り返しながら工夫していた。教師は，そうしたヒロキのこれまでの知識や学びが生かせるのではないかと考えていた。ツヨシのつくる宝石が，みるみる変わっていくことに気付いた他の子どもたちも「ひろき君，ぼくにもやり方教えて」と話しかけ，ヒロキを中心に遊びの輪ができていた。普段，一人で遊ぶことの多かったヒロキは，笑顔で説明していた。教師は，このような仲間とのかかわりをさらに広げたいと考えた。

　クリスマスパーティーの準備が進む中，目標や問題が明確になっていると，没頭する時間が多くなる。しかし，たとえば宝石をつくることを目標としている場合，つくってしまうとそこで満足してしまい，次の目標が見出せなくなってしまう姿も見られるようになる。カズキはクリスマスパーティーを成功させるには，自分だけでなく仲間と一緒にもっとつくったり準備したりすることを頑張りたいと思っていた。そこで，教師はこのような子どもの願いに合わせ，思いを伝え合う場を設定することにした。

12月13日（木）「みんな」の時間

> 教師は，帰りの集まりの時間に当番の幼児にインタビューを行う。

教師：「つよしくん，今日の遊びでがんばった，考えたなと思うところは何ですか？」
ツヨシ：「ぼくは，宝石をつくりました。紐をつけて
　　　　ペンダントにしたのをがんばりました」
教師：「そうそう，どうやってつくったんだっけ？」
ツヨシ：「ひろきくんに聞いて，こうやって紐をつけ
　　　　てつくりました」
教師：「へぇ，なるほど，考えたね。ひろきくんと
　　　いっしょだと面白いものがつくれたね」
　　　―ツヨシの意見を聞いた子どもたちが「は
　　　い，はい」と手を挙げ，発表する。
カズキ：「先生，ぼくみんなにお話ししたいことがあ
　　　　るの」

教師：「どうぞ，かずきくん」
　　　―カズキを含む5人が前に並ぶ。
カズキ：「あのね。今日，準備していたら，みんないなくなっちゃったの。もうすぐパーティーでしょ。
　　　　ぼくはみんなにもやってほしいの。だから，来て一緒にやって」
　　　―カズキに続いて4人も同様に準備を続けてほしい思いを伝える。
教師：「かずきくんたちは，もうすぐクリスマスパーティーだから，準備が間に合わないと思ったんだっ
　　　て。だから他の遊びもしたいけど，準備もしてほしいみたいだよ」
幼児：「かずきくん，ごめんね」
カズキ：「いいよ。準備いっぱいあるから一緒にやろうね」
幼児：「じゃあ，朝来たらすぐやろう」
　　　―カズキは発言した友達に向かって笑顔で応える。

12月20日（木）

> 教師は，子どもたちの登園前に，これまで準備してきたクリスマスパーティーの準備物を移動しやすい場所に配置する。子どもたちは登園すると，すぐに支度を始める。

教師：「いっぱい来たね。大渋滞だ」
サオリ：「ちょっと待ってて。すみませーん，こっちに並んでください」
　　　―行列の整理を始める。
カズキ：「ここまで並んでね。みんな，もういい？」
みんな：「いいよ」
カズキ：「それじゃ，順番に入ってきてね」行列の誘導を始める。
マキ：「こっちで星拾いやってますよ。順番に並んでください」
ツヨシ・ヒロキ・クミ：「宝石屋さんやってるよ！」

> 3歳クラス，4歳児クラスの大半が保育室に集まり，混雑する。カズキたちは，空いているところに子どもたちを誘導したり，並ばせたりしている。

第6章　年長児の協同遊びを支える　　97

サオリ：「先生, 私たちクイズチームのところにお客さんが来ないの」
教師：「さっきは来たのにね。ひろきくんたちのところに来ているみたいだね」
サオリ：「私, 呼びに行ってくる」
　　　　――保育室の真ん中に行き, 両手を口に当てて呼び込みを行う。
サオリ：「なかなか集まらない」
教師：「大変そうだね。先生も一緒に声を掛けようか？」
サオリ：「だめ, 私がやるのが大事なの。やらなきゃだめなの。もう一回行ってくる」
　　　　――一人で保育室中を回り, たくさんの子どもたちに声を掛け, 自分のコーナーには年下の子どもたちを誘導する。
カズキ：「ぼくも行ってくる」サオリの傍で呼び込みを始める。
幼児：「すみません。クイズやりたいです」
サオリ：「いいよ。ここに座ってね。それじゃいくよ」
　　　　――小刻みにジャンプしながらお客に声をかける。
教師：「さおりちゃん, お客さん来てよかったね」
サオリ：「うん, 声を出してよかった」
カズキ：「さおりちゃん, すごいね。よし, ぼくも負けないぞ。いらっしゃいませ！」

　9時20分に始まったクリスマスパーティーには, 3歳クラス, 4歳クラスのほとんどの子どもたちと, 職員室からも職員が訪れ, 11時近くまで行列がとぎれることはなかった。たくさんのお客さんに来てもらえたことに喜んだ子どもたちは, 帰りの集まりで楽しかったこと, うれしかったことなどを伝え合った。

第3節　「クリスマスパーティーを開こう」を振り返って

　11月上旬に始まったクリスマス遊びは, 途切れることはあったが, パーティーを開くという目標と日にちが定まったことにより, やりたいという思いが消えることはなかった。カズキやマキ, ツヨシたちのチームは, これまで遊んでいた内容をもとにつくられたものであったため, 自分たちが遊んで楽しかったことを伝えることにもつながっていた。ツヨシは, 預かり保育の時間や平日に家に帰った後も宝石をつくり, 登園時に持って来ていた。それらが全て売れると, 「売り切れたぁ」と両手を挙げて喜んでいた。他の子どもたちも, 互いにつくったものを見せ合ったり, 一緒に新しいものをつくったりするなど, 仲間と協力してやり遂げようとしていた。また, カズキは外で遊んでいる仲間の姿に心を惹かれ

ながらも「ぼくは，絶対に最後までやる。」と自分に言い聞かせ，パーティー当日まで準備を完成させようと粘り強く取り組んでいた。これらのように，見通しをもって進める姿，友達と協力し，思いを共有しながら取り組む姿，より満足のいく状態を求める姿から，カズキたちは遊び込んでいると感じた。

◆**年間指導計画とのかかわり**　本事例では，初めはトナカイになりきり，お家ごっこをして楽しんでいた遊びが，だんだんと遊びが広がり，クリスマスパーティーを開きたいという思いにつながっていった。「みんな」の時間を使った話し合いでパーティーの期日や内容，準備物などについて意見を出し合うことができたことで，活動に見通しが立ち，粘り強く取り組むことにつながったと考える。また，話し合いの中で，自分たちががんばっていること，工夫していることを伝えたり，「みんなにもっとやってほしい」という思いを伝える機会ができたりしたことで，仲間と協力し，共によりよいものをつくっていこうとする気持ちを高めることにもつながったと考える。

このことから，「こんなふうに育ってほしい」のうち，「あそび」としてはクリスマスパーティーを開くという目標のもとに，「目標に向けて見通しをもち，最後までやり遂げる」「友達と互いに考えを出し合いながら最適な方法を考えたり役割分担をしたりするなどして，遊びを発展させる」姿が，また「みんな」としては，話し合いを通して，「活動がよりよいものになるために，友達と協力しながら進めようとする」姿がよく見られたといえるだろう。

クリスマスパーティーが行われる前まで，子どもたちの遊びの内容には，年下の子どもをお客さんとして招き，一緒に何かをつくったり，お客さん要望に合わせたオーダーメイドのような商品を売ったりする姿が見られていた。教師は，相手意識をもって遊ぶことの良さについて，教師自身が一緒に遊ぶ中で賞賛したり，帰りの集まりの際に感動したエピソードとして伝えたりしていた。また，子どもが遊びの中で悩んでいることについて，教師自ら解決に導くのではなく，話し合いの場をつくり，そこで互いの思いを伝えることができるようにしていた。「幼児と一緒に，話し合いを通してイメージを共有したり，完成予定日を決定したりすることで，遊びへの意欲を高めていく。その際，教師はあくまでも仲介役という立場で参加し，幼児が自ら解決する経験を積むよう配慮する」ことに徹したのである。

それらの取り組みが，子どもたちの自発的な言動を促し，クラス一体となった遊びにつながったのではないかと考える。これまで遊びの中で主張することの少なかったクミが，教師の協力の申し出を断り，自分の力でお客を呼び込もうとする姿からも，クリスマスパーティーが自分たちの力で完成させたいものになっていたと言える。教師は，話し合いで決まったことをホワイトボードに記して子どもの目に留まる場所に置いたり，「みんな」や「せいかつ」の時間に幼児の思いや願いを表出させる話し合いの時間を設定したりするなど，一人ひとりの意識が高まるよう援助した。遊び込む姿につながるには，そうした他者の思いや願いが子どもに届くような時間や場所の設定が必要であると感じた。

第6章　年長児の協同遊びを支える　99

5歳クラス

年間指導計画 IX期

（4月〜5月中旬）

この時期の幼児は	**発達の過程** 　5歳児になった喜びを感じる時期 **仲間関係の様相** （同）お互いの体験を共有し，仲間意識をもつ （異）気持ちの折り合いを付けて，年下の幼児と遊ぶ ・年長になり，新しい環境による不安や戸惑いの気持ちを抱きながらも，4歳児までにしたことのある遊びを拠り所にして，気の合う友達とのびのび遊ぶ。イメージを共有し合って遊ぶことができるようになってきたことで，かかわりが広がり，仲間意識が育ってくる。 ・年下の幼児が遊びに入ってくることも増え，時には自分の思い通りに遊べなくなることもあるが，折り合いを付け，年下の幼児を受け入れて一緒に遊ぶようになる。
こんなふうに育ってほしい	・これまで経験した遊びに夢中になる。　　　　　　　　　　　（あ） ・これまでの経験を活かしたり，友達の遊びに刺激を受けたりしながら，新しいことを試してみようとする。　　　　　　（あ） ・友達とかかわりながら，一緒に遊びをつくり出そうとする。（あ） ・共通のイメージをもって遊びをつくり出すために，自分の考えを伝えたり友達の考えを聞いたりする。　　　　　　　　　（あ） ・5歳クラスに進級したことを喜び，ルールのある遊びやリーダーの役割を体験する。　　　　　　　　　　　　　　　　　（み） ・季節ごとの自然の変化や豊かさを感じ取り，全身を使って動植物にかかわろうとする。　　　　　　　　　　　　　　　（み） ・園生活や当番活動について，進んで取り組もうとする。　（せ）
だから教師は	・暖かくなり，動植物の成長や活動が活発になっていく様子に興味がもてるようにする。外遊びに興味がもてるよう，保育室の廃材等の材料を減らすなど，工夫をする。 ・新年度を迎え，年長児になったことによる，不安や戸惑いから，やりたい遊びが見付からない幼児がいる。幼児の思いを聞き，受け止め，遊びに誘ったり，一緒に遊んだりする。幼児が，自分の思いをもって夢中になって遊べるようになるまでは，安心感を第一に考えた言葉かけや，遊びの素材を十分用意した環境構成を心がける。 ・年下の幼児を受け入れて一緒に遊べるよう，年下の幼児の思いを伝える仲介役になったり，一緒に楽しく遊んでいる姿を称賛したりする。

（あ）と記載してある姿は「あそび」，（み）は「みんな」，（せ）は「せいかつ」における，幼児の姿や教師のねらいをもとにしてあります。

その他行事等
・新任式
・1学期始業式
・入園式
・附属小学校1年生との交流①
・避難訓練

100　Ⅱ　幼稚園カリキュラムの実際

	幼児は	教師は
あそび	・自分のつくりたいものに合わせて素材や材料を選択し，その材料を使い，イメージしたものをつくって遊ぶ。 ・砂，土，水などの自然素材の性質を活かし，雨どいやスコップなどの道具を使って試したり工夫したりしながら，イメージしたものをつくって遊ぶ。 ・春の草花を使って遊びを工夫したり，生き物を捕まえて図鑑で調べたりするなど，動植物と触れ合って遊ぶ。 ・固定遊具を使ったり，友達を誘って鬼ごっこをしたりするなど，身体を動かして遊ぶ。 ・翌日も遊びたいと思った時は，貼り紙などをして他児に遊びかけの状態であることを知らせる。 ・片付けの最後に，園全体を「パトロール隊」として回ることで，きれいな環境が保たれたことを喜ぶと同時に，次にやりたい遊びを意識する。	・遊びへの思いが広がっていくように，多様な材料を用意したり，考えを表現できるような言葉かけをしたりする。 ・用具の慣習的な使い方を伝え，安全に取り扱うことができるように十分配慮する。 ・友達と試行錯誤できるような材料（長さや太さや形の異なる雨どい，接合部品，板など）を用意する。 ・一緒に遊びながら，幼児の思いや見付けたことに対して，称賛や質問などの言葉かけを行い，遊びの雰囲気を盛り上げる。 ・幼児の思考過程を他児に伝えるための仲介役になる。 ・生き物探しが充実するよう，網や虫かごを準備する。 ・一緒に草花を摘んだり，生き物を捕まえ，図鑑で調べたりして，幼児の気付きや発見，疑問，驚きを共有する。 ・幼児の動植物への関心が高まるように，図鑑や飼育ケースなどを用意する。 ・幼児の思いを大切にして一緒に遊び，多様な動きのモデルとなったり，できたことを称賛したりする。 ・サッカーゴールや自転車など，春の暖かさを感じながら外で思い切り遊べるような遊具を用意する。 ・気候のよい日は，廃材等の材料を減らすなど保育室内の環境をシンプルにすることで，屋外での遊びに目が向くようにする。 ・遊びかけの状態を保つことで，遊びの続きができるようにする。 ・材料の準備から片付けまでを自分で行えるよう，幼児の目線に合わせた道具の配置を行う。
みんな	・ルールのある簡単な遊びをする。 ・季節にかかわるものや収穫した山菜などを食べる。 ・季節や行事に応じた製作をする。 ・自分の育てたい野菜を畑に植え，世話を楽しむ。 ・季節の変化を感じ取りながら，緑の小道を散策する。 ・異年齢グループでおやつを食べたり，野菜の苗を植えたりする。 ・小学生に親しみをもって触れ合い，共に活動を楽しむ。 ・季節や行事などにかかわる読み聞かせや歌を楽しむ。	・ルールに不慣れな幼児がいるときは，ルールを全員で確かめ合う場面を設ける。 ・季節感のある食べ物を用意したり，収穫したものをどうするかを話し合う機会を設けたりする。 ・表現したい意欲を高め，想像力を膨らませるために，その時期に見たことのある風景や体験したことを全員で振り返る。 ・栽培物に関心や愛着をもつことができるように，一人一苗を栽培する。 ・進んで世話をしている幼児を認め，その様子を全体に伝える。 ・幼児の気付きや発見を共感的に受け止め，幼児の動植物への関心が高まるようにする。 ・リーダー，副リーダーとしての意欲が高まるよう励ましの言葉をかけたり称賛したりする。 ・小学生とかかわることへの不安を和らげ，関心や期待を高めるために，事前に小学生の様子を伝える機会を設定する。 ・教師も幼児と一緒に遊び，意欲を高めたりかかわりを見守ったりする。 ・季節感のある絵本や歌を用意し，行事や出来事に合わせて読み聞かせをしたり歌ったりする。
せいかつ	・当番活動に進んで取り組もうとする。 ・時計を意識し，遊びや片付け，食事の区切りが分かる。 ・1日を振り返り，楽しかったことについて相手に分かるように話す。 ・自分の健康に関心をもち，病気の予防などに必要な健康的な活動を進んで行う。	・当番活動が自分たちの園生活にとって大切であることを話し，自覚を促す。 ・責任をもって取り組めるように，保育室内に当番を明記して確認できるようにしたり，後片付けや当番活動をしている姿を励ましたりする。 ・時計に目印をつけ，針の動きを意識するように促す。 ・1日の遊びや活動を振り返り，自分で考えて話す機会を設定する。 ・養護教諭と連携しながら，幼児の実態を踏まえた健康に関する指導を行い，健康な生活に必要な習慣を身に付けるように促す。歯の健康に関する指導については，意識の啓発を図るために，年3回（6，10，1月）強調週間を設け，実施する。

ⓒ（株）永田印刷

5歳クラス

年間指導計画 X期

（5月下旬〜7月）

その他行事等
- 運動会
- 附属小学校1年生との交流②
- 七夕遠足
- 七夕まつり
- 避難訓練
- 宿泊保育
- 1学期終業式

この時期の幼児は	**発達の過程** 　教師や友達とのかかわりを楽しむ時期 **仲間関係の様相** （同）仲間との競い合いを通して，互いを認め合う （異）遊びをつくり，年下の幼児と楽しむ ・互いのかかわりが深まり，理解し合う仲間となっていく。遊びの中で競い合うことを楽しんだり，自己の記録に挑戦したりすることを通して，仲間のよさを認めていく。 ・友達とアイディアを出し合い，工夫を重ねながら大がかりな遊びをつくっていき，自分たちの遊びの中に年下の幼児を受け入れて遊ぶようになる。年下の幼児が自分たちの遊びを楽しむ姿や共に遊ぶことに心地よさを感じていく。
こんなふうに育ってほしい	・目標に向けて，根気よく取り組む。　　　　　　　　　　（あ） ・遊びながら問題に気付き，上手くいかなかったことを考え，発展させるための手立てを試す。　　　　　　　　　　　　　（あ） ・友達のよさを認め，互いに考えを出し合いながら，一緒に遊びをつくり出そうとする。　　　　　　　　　　　　　　　　（あ） ・遊びを発展させるために，自分の考えを伝えたり友達の考えを聞いたりする。　　　　　　　　　　　　　　　　　　　（あ） ・様々な体験を通して問題に気付き，自ら解決しようとする。（み） ・季節ごとの自然の変化や豊かさを感じ取り，全身を使って動植物にかかわろうとする。　　　　　　　　　　　　　　　（み） ・園生活や当番活動について，見通しをもって取り組もうとする。 　　　　　　　　　　　　　　　　　　　　　　　　　　（せ）
だから教師は	・次第に気温が高くなり，夏ならではの日差しの強さを感じられるようになる。天候が良い日が多くなるため，屋外遊びを奨励していく。 ・新年度が始まって1か月が経ち，年長児としての園生活や遊びにも慣れてくる。しかし，遊びや友達が固定化したり，友達とのかかわりが上手く築けなかったりする幼児もいる。幼児の遊びへの新たな意欲をかき立てるため，教師が遊びのモデルとなったり，竹やシロツメクサなど季節感のある素材を遊びに提示したりする。幼児と一緒に遊びを楽しむことで，様々なことに興味がもてるようにしたり，友達とのかかわりをもつことができるよう仲介役になったりする。 ・友達とかかわりながらダイナミックな遊びに取り組むようになるが，教師は決して焦らず，幼児の失敗も成功も肯定的に受け止め，幼児のやろうとしていることを見守る。 ・「みんなの活動」を通して，たくさんの友達と様々な遊びをする楽しさを味わえるように促していく。また，「なかよしグループ活動」では，年下の幼児を意識して，遊びや活動を一緒に楽しむ姿を称賛する。 ・プールを設置し，水の冷たさや夏ならではの気持ちよさを感じられるようにする。

（あ）と記載してある姿は「あそび」，（み）は「みんな」，（せ）は「せいかつ」における，幼児の姿や教師のねらいをもとにしてあります。

	幼児は	教師は
あそび	・友達と共通の目標をもち，お店屋さんごっこなどでなりたい役を決めたり，必要なものをつくったりして遊ぶ。 ・自分の思いを伝えるだけでなく，相手の思いを聞いたりしながら，砂，土，水などの自然素材を活かし，雨どいやスコップなどの道具の使い方を試したり工夫したりして，イメージしたものを仲間とつくって遊ぶ。 ・夏の草花や木，竹を使って遊びを工夫したり，生き物が隠れている場所や特徴，飼育方法などを図鑑で調べ，飼ったりする。 ・友達とルールや必要なものを相談し，みんなで一緒に思い切り身体を動かして遊ぶ。	・幼児の遊びが続くように，その子の願いに合うと考えられる材料や場所を用意したり，考えを表現できるような言葉かけをしたりする。 ・幼児がつくり方や遊びの進め方などを友達と相談しているときには，仲介役になる。幼児同士の思いをつなげ，失敗も成功も肯定的に受け止めながら，遊びが発展するよう見守る。 ・教師も一緒に遊び，幼児の気付きや新しい考えに対して称賛や質問などの言葉かけを行ったり，それを他の幼児に伝えたりする。 ・材料を加工できるように，用具や工具などを用意する。その際には，安全な使い方を教え，必ず側で見る。 ・季節感のある遊びにつながるよう，竹やシロツメクサ，グミ，オオバコといった植物の存在に気付ける言葉かけを必要に応じて行う。 ・園庭の草花を使った料理やアクセサリーなどを称賛したり，つくり方を聞いたりして，幼児の意欲を高める。 ・継続して生き物とかかわることができるように，幼児と一緒に飼育環境を整えたり餌を探したりする。 ・遊んでいる最中に困ったことが起きたときは，その場で解決に向けた話し合いを促して，気持ちよく遊べるようにする。
みんな	・ルールのある簡単な遊びをする。 ・季節にかかわるものや収穫した野菜や果物を食べたり，友達と話し合っておやつを分けたり選んだりする。 ・季節や行事に関して楽しかったことや表現したいことなどを振り返って製作をする。 ・自分の野菜の世話や収穫を楽しむ。 ・季節の変化を感じ取りながら，緑の小道を散策する。 ・なかよしグループでの遠足に意欲をもって参加する。 ・プールでの遊びを楽しみながら水に慣れる。 ・小学生と親しみをもってかかわり，一緒に小学校の活動を楽しむ。 ・季節や行事などにかかわる読み聞かせや歌，製作を楽しむ。	・遊びやすくなるように，また遊びがより発展するようにルールの変更などを話し合う機会を設ける。 ・収穫の喜びを全員で味わえるように，園内で収穫した野菜や果物をおやつに使用する。 ・季節感のあるものを用意したり，収穫した野菜で何をつくるかを話し合う機会を設けたりする。 ・おやつを均等に分けたり，選択したりするために，グループで話し合う機会を設ける。 ・包丁やピーラーなどの調理器具を安全に使えるよう，手を添えるなどの援助をする。 ・表現したい意欲を高め，想像力を膨らませるために，絵の具や布などいろいろな材料を使ったりこれまで体験してきた表現方法で表したりする。 ・育てている野菜の様子を話し合い，幼児が親しみながら栽培に取り組めるようにする。 ・世話をする経験を通して，生き物を大切にする気持ちをもったり，成長に関心をもったりできるようにする。 ・幼児の気付きや発見を共感的に受け止め，幼児の動植物への関心が高まるようにする。 ・年下の幼児に手を差し伸べたり，優しく接したりする姿を認めていく。 ・リーダーや副リーダーとして活動する場面を設定し，最年長である意識を高め，役割をやり遂げた満足感を得られるようにする。 ・安全に楽しむためのきまりについて幼児たちに伝え，自分たちで守れるようにする。 ・温水シャワーを設置し，円滑に着替えが行えるよう，タオルや足ふきマットを近くに準備する。 ・水に住む生き物の動きを真似て，体を動かしたり，楽しみながら水に親しんだりできるようにする。 ・小学校で幼児が積極的に活動に参加できるよう，教師も一緒に参加したり，幼児の活動の様子を称賛したりする。 ・季節感のある絵本や歌を用意し，行事や出来事に合わせて読み聞かせをしたり，歌ったりする。
せいかつ	・園外保育を通して，交通安全や公共マナーについて理解し，考えて行動する。 ・当番活動に見通しをもって取り組む。 ・自分の身の回りを整理整頓しようとする。 ・1日を振り返り，楽しかったことについて相手に分かるように話す。 ・自分の健康に関心をもち，病気の予防などに必要な健康的な活動を進んで行う。	・施設の見学や体験活動を通して，望ましいマナーや集団行動について気付くようにする。 ・当番活動に取り組む姿を認めたり励ましたりする。 ・様々な当番活動が，自分たちの園生活にとって大切であることを自覚できるような話をする。 ・身の回りの始末や片付けなどを自分なりに取り組んでいる姿を認める。 ・あいさつ当番を通して，1日の遊びや活動を振り返ったり，質問を受けたときに自分で考えて話したりする機会を設定する。 ・養護教諭と連携しながら，幼児の実態を踏まえた健康に関する指導を行い，健康な生活に必要な習慣を身に付けるように促す。

© (株) 永田印刷

5歳クラス 年間指導計画 XI期（9月～12月）

この時期の幼児は	**発達の過程** 　友達関係を深めながら遊びを充実させていく時期 **仲間関係の様相** （同）思いを伝え合いながら，ルールをつくり出す （異）年下の幼児に合わせたルールを考え，遊びをつくる ・友達との遊びが深まり，遊びがより楽しくなるように見通しをもち，内容やルールについて何度も話し合う。友達と話し合い，試しながら，自分たちの思いに合った遊びやルールをつくっていく経験を積む。 ・自分たちが考えた遊びに参加する年下の幼児に合わせて，内容やルールの工夫についても考えることができるようになる。 ・たくさんの仲間が集まって遊ぶようになるが，順番を守らなかったり，勝手に抜けたりして遊びが止まってしまうことがある。幼児同士で原因を考え，話し合いながらトラブルを解消し，遊びを充実させていく。
こんなふうに育ってほしい	・友達の考えを聞いたり立場を認めたりした上で，自分の考えや思いを伝える。　　　　　　　　　　　　　　　　　　　　　（あ） ・問題解決に向けて考えたり，新しい工夫を取り入れたりして，遊びを継続させる。　　　　　　　　　　　　　　　　　　（あ） ・友達と互いに考えを出し合いながら最適な方法を考えたり役割分担をしたりするなどして，遊びを発展させる。　　　　（あ） ・目標に向けて見通しをもち，最後までやり遂げる。　　（あ） ・活動がよりよいものになるために，友達と協力しながら進めようとする。　　　　　　　　　　　　　　　　　　　　　　（み） ・季節ごとの自然の変化や豊かさを感じ取り，全身を使って動植物にかかわろうとする。　　　　　　　　　　　　　　　　（み） ・園生活や当番活動について，仲間と協力するよさが分かり，見通しをもって取り組もうとする。　　　　　　　　　　　（せ）
だから教師は	・期の前半は，穏やかな天候が続くので教師も外に出かけ，虫捕りや木の実採りなどを幼児と一緒に楽しみながら，秋に親しめるようにする。 ・期の後半は，雨が降り寒くなり始めるので防寒具を着るなど，身支度を調えて屋外に行くよう声をかける。 ・幼児と一緒に，話し合いを通してイメージを共有したり，完成予定日を決定したりすることで，遊びへの意欲を高めていく。その際，教師はあくまでも仲介役という立場で参加し，幼児が自ら解決する経験を積むよう配慮する。 ・年下の幼児を意識して，遊びの内容やルールを考えることができるよう言葉をかけたり，工夫していることを称賛したりして，年下の幼児とかかわる意欲を高めるようにする。 ・せいかつの場面においては，トラブルがあった際に，解決に向けた話し合いを自発的にしようとする幼児を称賛することで，問題解決への意識を高める。

その他行事等
・2学期始業式
・避難訓練
・附属小学校1年生との交流③
・なかよし遠足（異年齢活動）
・交通安全教室
・祖父母参観
・2学期終業式

（あ）と記載してある姿は「あそび」，（み）は「みんな」，（せ）は「せいかつ」における，幼児の姿や教師のねらいをもとにしてあります。

	幼児は	教師は
あそび	・お店屋さんごっこやイベント的な遊びなどで，友達と話し合いながら見通しをもって取り組む。また，素材や材料を選択し，組み合わせ方を工夫しながら必要なものをつくったり，なりたい役になったりして，遊びをつくりあげる。 ・友達と思いや考えを言葉で伝え合い，役割を分担したり交替したりしながら遊ぶ。 ・砂，土，水，木，竹などの自然素材を活かし，雨どいやスコップ，金槌などの道具を工夫して使って遊ぶ。 ・秋の草花や木の実を集めて，その使い道を考えて製作したり，生き物を捕まえて図鑑でその特徴や飼育方法を調べて飼ったりする。 ・遊び方について意見を出し合ったり，簡単な約束事を決めたりしながら，身体を動かして遊ぶ。	・友達同士で互いの考えを伝えようとする姿を見守る。 ・活動が広がっていくように，多様な材料を用意したり，幼児が考えを表現できるような言葉かけをしたりする。 ・完成日や発表する日を決め，見通しをもって遊びを進められるよう，幼児と一緒に計画を立てる。 ・一人一人の意見や発想を大切にしながら，友達と協力して遊びを進めていけるように見守る。 ・幼児の気付いていないような問題をさりげなく指摘することで，幼児に新しい視点を与え，遊びが発展するようにする。 ・図鑑や飼育ケースを用意し，身近な自然の変化に対する幼児の気付きに共感したり，他の幼児に伝えたりして秋の草花や木の実，生き物への関心を高める。 ・木の実を使った遊びを工夫できるように，材料や用具などを用意する。また，どのように使うかについて考え，話し合えるよう仲介役になる。 ・トラブルがあった際は，均等なチーム編成やルールを確認してから遊ぶことのよさを幼児が気付くよう，遊びの内容やルールについて質問する言葉かけを行う。
みんな	・チームで取り組むルールのある簡単な遊びをする。 ・新たになかよしグループの仲間になった3歳クラス児の世話をし，なかよしグループでの活動に意欲をもって参加する。 ・1年生との交流活動を通して，小学校の様子を知り，就学への期待をもつ。 ・季節や行事に関して楽しかったことや表現したいことなど，イメージに合った方法を考えて製作をする。 ・季節の変化を感じ取りながら，緑の小道を散策し，葉や実などを集める。 ・季節にかかわるものを食べたり，収穫した野菜や木の実でおやつをつくったりする。 ・友達と話し合っておやつを分けたり選んだりする。 ・季節の野菜の世話や収穫を楽しむ。 ・季節や行事などにかかわる読み聞かせや歌を楽しむ。	・ルールについてだけではなく，協力する動きや言葉かけができるような人数を単位とした集団遊びを設定する。 ・リーダーや副リーダーとして活動する場面を設定し，最年長である意識を高め，役割をやり遂げた満足感を得られるようにする。 ・年下の幼児を気遣う姿を認め，その様子を全体に伝える。 ・小学生との手紙のやりとりなどを通して，小学校生活への意欲と期待を高められるようにする。 ・小学校で幼児が積極的に活動に参加できるよう，教師も一緒に参加したり，幼児の活動の様子を称賛したりする。 ・表現したい意欲を高め，想像力を膨らませるために，木材や葉，実などのいろいろな材料や道具を使ったり，貼り絵などの表現方法を体験させたりする。 ・製作をやり遂げた満足感を味わえるように，感想を伝え合う場を設ける。 ・幼児の気付きや発見を共感的に受け止め，幼児の植物への関心が高まるようにする。 ・季節感のあるものを用意したり，収穫した栗や木の実で何をつくるかを話し合う機会を設けたりする。 ・余りの出るおやつの数の分け方を考えたり，何種類かのおやつから選択したりするために，グループで話し合う機会を設ける。 ・包丁やピーラーなどの調理器具を安全に使えるよう，手を添えるなどの援助をする。 ・栽培をしている野菜の様子を話し合い，幼児が親しみをもって栽培に取り組めるようにする。 ・季節感のある絵本や歌を用意し，行事や出来事に合わせて読み聞かせをしたり歌ったりする。
せいかつ	・自分の役割に責任をもち，仲間と協力して当番活動に取り組む。 ・帰りの集まりで，友達や教師の話を集中して聞き，質問や感想を伝え合う。 ・手洗いやうがいを念入りに行い，感染症を予防する。 ・自分の健康に関心をもち，病気の予防などに必要な健康的な活動を進んで行う。	・自分たちの生活に必要と思われる当番活動の手順や方法を話し合う機会をもち，主体的に片付けや当番活動をしている姿を認める。 ・話し手と聞き手の双方の思いが伝わるように教師が仲介する。 ・当番の幼児が，1日の遊びや活動を振り返ったり，質問を受けたときに自分で考えて話したりする機会を設定する。 ・養護教諭の協力を得ながら，感染症予防に関する指導を行う。手洗いやうがいを進んで行う姿を称賛する。 ・養護教諭と連携しながら，幼児の実態を踏まえた健康に関する指導を行い，健康な生活に必要な習慣を身に付けるように促す。

ⓒ（株）永田印刷

5歳クラス 年間指導計画 XII期

（1月〜3月）

この時期の幼児は	**発達の過程** 　共通の目標に向かって活動し，共に生活する楽しさを味わう時期 **仲間関係の様相** （同）力を合わせて活動しながら，達成感を味わう （異）年下の幼児が楽しむ遊びを，心を合わせて考える ・イメージを共有し，話し合いながら，自分たちの遊びをつくりあげる経験をしてきた。この経験を活かして，ごっこ遊びや製作遊び，イベント的な遊び，雪を使った遊びをさらに発展させていく。 ・共通の目標に向かって仲間と活動するよさを感じ，互いのよさを認め合いながら遊びをつくりあげ，達成感や充実感を味わっていく。 ・年下の幼児が遊びに加わったときには，年下の幼児も楽しめるように，一緒に遊んだりルールを簡単にしたりするなど，工夫できるようになる。
こんなふうに育ってほしい	・明確な目標や見通しをもち，最後までやり遂げる。　　　　　　（あ） ・これまでの経験を活かしながら，問題解決に向けて考えたり新しい工夫を取り入れたりして，遊びを発展させる。　　　　　　（あ） ・遊びの中で，進んで自分の考えや思いを伝えたり，友達の考えを聞いたりするなど，主体的に話し合う。　　　　　　　　　　　（あ） ・友達と進んで話し合ったり役割分担をしたりするなどして，遊びを発展させるよさが分かる。　　　　　　　　　　　　　　　（あ） ・共通の目的をもち，これまでの経験を生かして主体的に活動しようとする。　　　　　　　　　　　　　　　　　　　　　　　（み） ・季節ごとの自然の変化を感じ取り，全身を使って雪や氷などの自然事象にかかわろうとする。　　　　　　　　　　　　　　（み） ・幼稚園生活を振り返って自己の成長を感じ，今後に向けての期待や目標をもとうとする。　　　　　　　　　　　　　　　　（み） ・園生活や当番活動について，自主的に取り組もうとする。　　（せ）
だから教師は	・冬ならではの自然現象に興味がもてるようにする。また，雪を用いた遊びを楽しめるような遊具や道具（ソリ，スコップなど）を用意する。緑の小道へも出かけ，冬の森を体験する。 ・室内遊びの充実を図るため，遊戯室に一輪車やフラフープ，大縄，カプラ等の遊具を準備する。保育室内には，廃材等の製作遊びの材料や道具を豊富に用意しておく。 ・幼稚園の最終期となり，これまで培った経験が遊びに存分に活かされるように，幼児のやりたい遊びを援助する。幼児が達成感や満足感を得られるように，遊びに使う素材を十分に準備したり，幼児の考えを共感的に受け止めて他の幼児にも知らせたりするなど，遊びの輪が広がり，内容が深まるよう心がける。 ・友達と力を合わせ，より楽しくなるように，主体的に遊びを発展させようとする姿を見守る。この経験を通して，幼児が自信を得られるようにする。 ・年下の幼児も一緒に楽しく遊べる方法を，これまでの経験から考えることができるように援助する。

（あ）と記載してある姿は「あそび」，（み）は「みんな」，（せ）は「せいかつ」における，幼児の姿や教師のねらいをもとにしてあります。

その他行事等
・3学期始業式
・避難訓練
・まゆ玉づくり
・豆まき会
・お楽しみ発表会
・在園児とのお別れ会
・雪遊び遠足
・附属小学校1年生との交流④
・修了証書授与式

Ⅱ　幼稚園カリキュラムの実際

	幼児は	教師は
あそび	・友達と一緒に遊びをつくりあげるよさが分かり、友達と共通の目標や見通しをもつ。 ・素材や材料を選択し、必要なものをつくったりなりたい役になったりして、ごっこ遊びなどを楽しむ。 ・かまくらや雪だるまづくり、ソリ滑りのゲレンデなど、つくりたいものを友達と決める。その大きさや形に合わせて雪を集め、シャベルやソリなどを工夫して使い、イメージしたものをつくりあげる。	・友達と協力して遊びを進めていけるように、一人一人の意見や発想を大切にし、見守る。 ・自分たちで完成や発表する日を決めるなど、幼児が主体的に見通しをもつことができるように見守る。 ・友達と力を合わせてつくったり、楽しんだりする姿を見守る。 ・自分たちでつくり上げる楽しさや達成感を味わえるように、あえて言葉かけを少なくし、援助は最小限にする。 ・幼児の発見や驚き、不思議に思う気持ちなどに共感する。(雪の強度、ソリゲレンデのジャンプ台の角度のつけ方、など。) ・自然事象への気付きや雪遊びの様子を帰りの集まりなどで発表し合う場を設定し、幼児の関心を高める。 ・雪や氷を利用した遊びを楽しめるような遊具や材料などの環境を整え、いつでも使えるようにする。(スコップ、スノーダンプ、バケツ、ソリ、絵の具、デザートカップなど。)
	・かるたやトランプなど、冬の室内遊びを楽しみながら文字に親しんだり数や時間を競ったりする。また、こま、縄跳び、一輪車、竹馬などの遊びを通して技能を磨き合う。 ・ソリ滑りや雪合戦などで、遊び方について自分たちで簡単な約束事を決めたり、自分で考えた動き方を伝えたりして、身体を動かして遊ぶ。	・教師も一緒にゲームを楽しみながら、大まかなルールなどを確認する。 ・遊びをより楽しめるように、幼児同士でルールや遊び方を考えたり相談したりするような言葉をかける。 ・互いに教え合ったり刺激し合ったりしている姿を認める。 ・ソリ滑りで競争したり、雪合戦でチーム決めをして対戦したりするなど、仲間同士で楽しむ姿を見守る。 ・幼児の考えた動き方について、称賛したり質問したりする。
みんな	・お楽しみ発表会に向け、見ている人も自分たちも楽しめる発表になるように、話し合ったり役割を分担したりして準備する。 ・チームで取り組むことが必要なルールのある遊びや伝承遊びをする。 ・季節にかかわるものを食べたり、収穫した野菜でおやつをつくったりする。また、友達と話し合っておやつを分けたり選んだりする。	・練習や発表に対し、クラス全体が主体的に臨むことができるように、話し合う時間や準備をする時間を十分に確保する。 ・ルールのある遊びや伝承遊びを体験し、ルールや技のコツなどについて話したり教えたりする機会を設定する。 ・季節感のあるおやつを用意したり、雪下から収穫した野菜で何をつくるかを話し合う機会を設けたりする。 ・いくつかあるおやつから選択したり、余りのある数の分け方を考えたりするために、グループで話し合う機会を設ける。 ・包丁やピーラーなどの調理器具を安全に使えるよう、手を添えるなどの援助をする。 ・表現したい意欲を高め、想像力を膨らませるために、いろいろな材料や道具を使ったり紙版画などの表現方法を体験させたりする。
	・季節や行事に関して楽しかったことや表現したいことなどについて、これまで体験した方法を活かして製作をする。 ・冬の季節ならではの変化を感じ取りながら、緑の小道を散策する。 ・小学校での学習や生活を、小学生と一緒に1日体験する。 ・1年間活動してきたグループで、主体的に季節の行事やお別れ会に参加し楽しむ。 ・自分たちで育てた秋冬野菜の収穫を楽しむ。 ・幼稚園での思い出やこれからの期待を友達と伝え合い、修了・就学への思いを表現する。 ・季節や行事などにかかわる読み聞かせや歌を楽しむ。	・幼児の気付きや発見を共感的に受け止め、幼児の冬の森への関心が高まるようにする。 ・小学校で幼児が積極的に活動に参加できるよう、教師も一緒に参加したり、幼児の活動の様子を称賛したりする。 ・幼児が主体的に参加したり、年下の幼児に優しく接したりする姿を認めていく。 ・リーダーや副リーダーとして活動する場面を設定し、最年長である意識を高め、役割をやり遂げた満足感を得られるようにする。 ・幼児が愛着をもって栽培してきた野菜を雪の下から探し出し、より収穫の喜びを味わえるようにする。 ・自分の成長を感じる出来事や行事を発表に活かせるように、幼児の思いや考えをつないだり、話し合う機会をつくったりする。 ・友達と協力して進めていけるように、一人一人の意見や発想を大切にする。 ・季節感のある絵本や歌を用意し、行事や出来事に合わせて読み聞かせをしたり歌ったりする。
せいかつ	・自分たちで遊びや生活の場を進んで整えていく。 ・1日の予定を見ながら活動の区切りを意識し、見通しをもって生活する。 ・小学校への就学を意識し、自主的に食事などの準備に取り組む。 ・帰りの集まりで、友達や教師の話を集中して聞き、質問や感想を伝え合う。 ・手洗いやうがいを丁寧に行う。 ・自分の健康に関心をもち、病気の予防などに必要な健康的な活動を進んで行う。	・幼児が主体的に遊んだり生活したりできるように、活動の内容などを幼児同士で話し合いながら決めていけるようにする。 ・時計の目印や白板に示された予定を意識し、自分で判断して行動する姿を称賛する。 ・給食では、自分でお盆に配膳したり、お代わりを自分でよそったりするなど、できそうなことに取り組ませる。 ・あいさつ当番の話を受け、聞き手が感想や自分の考えを話す機会を設定する。 ・感染症予防のために、手洗いやうがいを進んで行う姿を称賛する。 ・養護教諭と連携しながら、幼児の実態を踏まえた健康に関する指導を行い、健康な生活に必要な習慣を身に付けるように促す。

© (株) 永田印刷

接続期（5歳クラス9月〜小学校1年生5

		9月	10月	11月	12月
行事		2学期始業式	研究会 なかよし遠足	祖父母参観 焼いも 附属小 自由参観日	修了証書紙すき体験 2学期終業式 附属小入学選考

発達の姿		**XI期** 友達関係を深めながら遊びを充実させていく時期			

活動例

あそび

仲間と協同して遊ぶ
（お店屋さんごっこ、レストランごっこ、砂場遊び・雨どい遊び、ショーごっこ、
お化け屋敷、落ち葉拾い、落ち葉炊き、サツマイモ掘りなど）

お店屋さんごっこ
ボール遊び
砂場遊び・雨どい遊び
ホテルごっこ

お化け屋敷
ビー玉コース
木の実遊び
木工作

うみ組
トラン
雪遊び

みんな

ルールのある遊び・対戦型の遊び
（フルーツバスケット、ドーンじゃんけん、だるまさんが転んだ、鬼ごっこ、
しっぽ取りゲームなど）
緑の小道散歩
英語活動（月1回）

なかよし遠足　　祖父母参観（招待状）

せいかつ

自分の身の回りのことは自分でする
一日の見通しをもって生活する
進んで当番活動をする

幼小交流活動

※7月
附属小学校に行ってみよう！
小学校で1年生と一緒に遊ぶ

附属小学校へ遊びに行こう！
総合単元活動、遊び広場に招待し
てもらうなど

保護者

※5月
附属小の
運動会

就学時健康診断　　附属小　自由参観日・入学説明会

個別懇談会

附属小の文化祭　　就学に関するアンケートの
実施・集約

小学校の先生を
招いての就学に
かかわる懇談会

月上旬）の接続プログラム 全体計画

ⓒ（株）永田印刷

1月	2月	3月	4月	5月
3学期始業式	豆まき会 お楽しみ発表会	うみ組親子愛園デー 修了式 5歳クラス児とのお別れ会	小学校入学式 1学期始業式	運動会

XII期
共通の目的に向かって活動し、共に生活する楽しさを味わう時期

仲間と協同して遊ぶ
　　（ごっこ遊び、ショーごっこ、雪像・かまくらづくり、基地づくり、
　　縄跳び遊び、一輪車、こま回し、竹馬など）

ショー
プ・かるた・オセロ

縄跳び遊び
あみもの
こま回し
5歳クラス児とのお別れ会
（思い出発表、歌や呼びかけ）

お楽しみ発表会

ひな人形づくり

修了式

おにのお面づくり

＜附属小学校の教育課程＞

自分たちで遊びや生活の場を整える
生活時程を短く区切って生活する
幼児同士で話し合いながら当番活動を進めていく

1日1年生体験！
　学習参観、協同製作（季節の教室掲示
　づくりなど）、給食など
　お礼の手紙

幼稚園で一緒に遊ぼう！
　修了児として幼稚園を訪れ
　一緒に遊ぶ

小学校移行学級

親子活動（ビッグフォトフレーム
づくり）・親子愛園デー（清掃活
動）・学級懇談会

第6章　年長児の協同遊びを支える　　109

第7章　養護のカリキュラム

加藤 喜美江

第1節　子どもの心と体の健康を支える保育

◆**養護と教育**　子どもが遊び込み，充実した園生活を送るための基盤として，心と体の健康がある。当園における保育環境すべてが，健全な心と体の育ちを育んでいるわけであるが，養護教諭としては，クラス担任など他の教職員と連携しながら子どもの育ちに寄り添う中で，養護と教育を両輪として捉え，その両輪を回しながら援助することを大切にしている。養護としては，子どものありのままの姿を受け止め，その姿や思いに寄り添い，ときには不安や痛みの軽減を図るよう援助する。教育としては，子どもが喜びを感じながら心と体の自己理解や他者理解を深め，健康的な育ちを実現していくよう援助する。その養護と教育の双方について，個もしくは集団の視点から子どもの実態に合わせてバランスをとりながら実践することが，子どもの心と体の安定感のある育ち，健康な姿につながると考えている。

　そうした援助に求められるものは，当園の 2014（平成 26）年度の研究「遊び込む姿を支える教師の援助・環境構成」の成果でみえたそれと基本的に変わらないと捉え，実践してきた。その一つとして，日常の保育の中で子どもが不安や痛みを生じたときに対応したり，会話の中で保健指導を行ったりする場面で大切にしていることに，当園の保育の特徴である「待つ姿勢」と「言葉かけ」がある。緊急時を除けば，健康や安全をめぐるさまざまな問いが生まれる生活の中の一場面一場面で，こちらから安易に答えを提供することはしない。園生活の一部としてその場面が存在するからこそそうする。そのときの彼らの不安や痛み，思いや考えをしっかりと受け止め，支えながら，子ども自身が心の中で試行錯誤ができるように語りかけたり，安心感や危機管理能力を獲得できるよう働きかけたりするよう努めている。

◆**心と体の健康を支える土台と実践**　子どもの遊び込みを支えるために大切なことと，子どもの心と体の健康を支えるために大切なこともまた，基本的に同じであり，その土台となるのは「安心感」である。この感覚が希薄になり，遊び込んでいるときの子どもの内面にある「意欲の持続」「気付き・思考の深まり」「自信・達成感」「仲間とかかわり合う心地よさ」が停滞する状態が続くと，心と体の健康のバランスが崩れ始めてしまうと推察する。だからこそ，子どもが五感をフルに活用しながら本来もっている力を存分に発揮できるよう，彼らが「安心感」に包まれる環境づくりを心がけている。子どもが「安心感」に包まれたとき，それだけで痛みも不安も軽減される場面に出会うことが幾度となくある。

心と体の健康の育ちを支えるためにも，日常のすべての場面において遊び込んでいるときの内面の状態が実現するように援助する心もちを大切にしている。

　当園の2015（平成27）年度の研究で，遊び込んだ子どもには「がんばる力」「考える力」「よりよくかかわる力」「ことばの力」が育まれるのではないかということがみえた。これらの力も子どもの心と体の健康的な育ちと不可分で，3年間の保育実践の中で備わってくるものであると考える。実際，子どもがⅠ期からⅫ期まで園生活を送る過程で，Ⅰ期からⅧ期までの3歳クラス児，4歳クラス児は体調を崩したりして欠席することが多いが，Ⅸ期以降の5歳クラス児は欠席率が格段に減少するという傾向がある。心と体本来の発達に加えて当園ならではの環境づくりと援助によって，子どもが自分のしたい遊びに夢中になり，充実した生活を積み重ねることを通して，けがに対する危機管理能力や病気と闘う免疫力などが向上するとともに，心と体の健康も確実に育まれていると考えている。

第2節　年間指導計画

　園全体の計画の中に保健管理と保健教育に関する年間の「園保健計画」と，「園安全計画」「園食育計画」を位置付け，実践している。ここでは「園保健計画」のみを示す（表7-1）。

表7-1　園保健計画（2018（平成30）年度）

上越教育大学附属幼稚園

保健目標　健康な心と体を育て，自ら健康で安全な生活をつくり出す力を養う。
重点目標

月	4	5	6	7	9	10	11	12	1	2	3
月の重点	園生活のリズムを身に付けよう 自分の体に関心をもとう		身の回りを清潔にしよう 夏を元気に過ごそう		園生活のリズムを取り戻そう 体を動かして元気に遊ぼう		かぜを予防しよう		寒さに負けず，体を動かして遊ぼう 成長の様子を振り返ろう		
園保健関連行事	1日入園 始業式，入園式 身体計測（毎月） 定期歯科診断 教職員健康診断 歯みがき強調週間①		定期歯科診断 教職員健康診断 プール開き 第1回附属三校園学校保健委員会 宿泊保育 終業式		始業式 視力検査（要観察者） 歯みがき強調週間② 専修教育実習（前期）		入園選考 専修教育実習（後期） 終業式		始業式 臨時健康診断（歯科） 歯みがき強調週間③ 第2回附属三校園学校保健委員会 終業式		
保健管理 対人管理	救急処置計画 食物アレルギー調査，把握 緊急連絡先調査・保護調査，把握 定期歯科診断の面接 視力検査，内科検診，眼科検診の実施と治療指示，治療勧奨者の健康相談 救急処置対応（通年） アレルギー疾患等管理幼児の健康管理（通年） 健康観察（通年毎日） 身体計測結果の把握（毎月） けんこうノートの配付（毎月） 保健だよりの発行（毎月） 健康相談（通年） 感染症予防（通年） 日本スポーツ振興センターの加入手続き（5月），給付相談（通年）		聴力検査，視力検査，耳鼻科検診，尿検査一次・二次の実施と治療勧奨者，治療勧奨者の健康相談 健康診断の結果のまとめ 梅雨時の衛生，食中毒の予防 弁当の管理（保冷庫6月～9月） プール遊びの健康観察（毎日） 宿泊保育の保健調査，健康管理 1学期欠席統計 諸表簿の整理		夏休み中の健康調査 治療状況の把握 視力検査（要観察者） 専修教育実習生への学校保健講話（前期，後期）		入園選考時健康診断（齲歯点検） かぜの罹患状況把握 弁当の管理（暖蔵庫12月～3月） 2学期欠席統計		臨時健康診断（歯科健診）の計画，実施，治療勧告 かぜの罹患状況把握 就学前の健康相談 3学期欠席統計 1年間のまとめと評価 新年度保健計画の修正・立案 新年度各種準備		
対物管理	環境衛生常点検（通年毎日） 園舎内外点検（通年毎日） 安全点検（毎月） 保健備品，薬品の点検，補充 害虫の発生対策（通年） 清掃用具の点検（通年） 手洗い場の管理（通年）		プール清掃，プール水質管理 砂場の清掃 害虫（蚊，蜂）の発生対策 定期環境衛生検査（室内の清潔，ネズミ・衛生害虫等，飲料水，プール設備，保健コーナー・校舎内薬品管理，食品の衛生管理，砂場の衛生管理）				保育室内の空気（換気） 定期環境衛生検査（室内の清潔，ネズミ・衛生害虫等，飲料水の水質，各部屋の採光及び照度）		保育室内の空気（換気） 保健備品，薬品の点検，補充 定期環境衛生検査（保育室の保温，園の清潔，ネズミ・衛生害虫等）		
保健教育	健康診断の受け方 トイレの使い方 うがい，手洗い 食後の歯みがき 早寝・早起き・朝ごはん けがの予防（通年） 実地からの保健指導（通年）		身の回りの清潔（汗，手洗い，汗の始末） 歯みがき指導① うみ相談泊保育前保健指導（生活習慣） 夏の健康（水分補給，おやつ） 夏休みの過ごし方		早寝・早起き・朝ごはん 歯みがき指導② 衣服の調節		かぜ予防（手洗い，うがい，食事，睡眠） 食生活指導 冬休みの過ごし方		かぜ予防（手洗い，うがい，食事，睡眠） 歯みがき指導③ 大きくなったからだ 春休みの過ごし方		
組織活動	保育を語る会① 春の環境整備（パパじじ，職員） 三校園養護教諭連絡会①		第1回附属三校園学校保健委員会（学校医，職員，全保護者） 校内職員心肺蘇生法研修 三校園職員食物アレルギー研修会		保育を語る会② PTA環境整備作業		秋の環境整備（パパじじ，職員） 三校園養護教諭連絡会②		第2回附属三校園学校保健委員会（学校医，職員，P三役） PTA環境整備作業 三校園養護教諭連絡会③ 保育を語る会③		

第3節　具体的活動と事例

　上記のように，子どもには自分自身の五感をフルに活用して自分で自分の体を感じとり，自己理解を深め，ときには自分で自分の体をケアしながら健康に成長していってほしいと願っている。その実現の根底には「安心感」が必要であり，自分が身をおく空間において「安心感」という土台があってこそ，人の体は真の自分らしく生きていけるのではないかと考える。

　養護教諭の存在そのものが，「安心感」を生み出す環境でありたい。当園の養護教諭は入園式後，クラスが落ち着くまでの少なくとも夏休みくらいまでの期間は3歳クラスを中心に保育に入る。日常の中で「安心感」を与えながら保育するという心もちでじっくり入園期の保育に入る。このことによって，子ども一人ひとりの普段の姿を園生活のスタート期からしっかり把握できる。また，その時期に培われた個々の子どもとの信頼関係が基盤となって，修了するまでの3年間，子どもにとって養護教諭は他の教職員とともに「安心感」の要としての存在になり得る。

　当園における子どもの心と体の健康を支える活動は，この「安心感」を基盤に彼らの自発的な活動の一環として行う。つまり，子どもが身に付けることが期待される指導内容は養護教諭の側で精選し準備するが，その獲得は「あそび」「みんな」「せいかつ」の視点と切り離すものではないと考える。子どもの遊びの保障を最優先したうえで時間と場所を設定し，園生活の中のすべての活動と関連付けながらなされるべきものと理解し実践している。子どもは「あそび」の時間に外遊びで自然を相手に体を動かしながら危険を予知することを知ったり，「みんな」の時間の栽培活動で野菜への関心を高めながら食への興味を抱いたりと，園生活におけるあらゆる経験を積み重ねながら学ぶからである。

　子どもの心と体の健康を育む保健教育の活動は，クラス担任及び保護者と連携して進めている。ここでは集団・個へのそれぞれのアプローチから，当園における活動へのスタンスと事例を示す。

(1) 集団へのアプローチ

　集団として子どもを捉える場合，子どもの「遊び込む」姿の下支えをするために，そのひとつとして感染症等の疾患に対する認識が重要になる。養護教諭としては，個人から集団への感染症の拡大を予防する視点を常にもつ必要がある。当然のことながら，子どもが嘔吐をした場合は感染性胃腸炎等を疑い，組織的に吐物処理対応を行う。感染症と診断された子どもがいた場合は，随時そのクラスもしくは園全体において手洗い・うがいの励行やマスク着用などの集団感染予防の措置を行う。

　また，食物アレルギーなど他の幼児にも生活の中でその影響が可視化される疾患については，保護者の承諾を得た上でクラスもしくは園全体にその理解を促す。これにより配慮を要する子どもへの思いやりが周囲に生まれ，その子どもも温かい雰囲気の中で自分自身の疾患を肯定的に捉えながら生活することが可能になる。日常生活の中で心と体の健康面について，お互いの状況を知り，お互いを受け入れ，尊重し合うこの姿勢は，子どもの思いやりの気持ち，自己理解と他者理解に向かう気持ちを育む。このことが「遊び込む」姿勢にもつながっていると考える。

　集団で行う保健教育において，養護教諭としてはそれぞれの子どもの実態と発達段階をふまえ，年

齢別に次のキーワードを活動のねらいに据えて指導内容を精選するよう心がけている。

・3歳クラス：「出会う，知る，やってみる」

・4歳クラス：「やる，気づく，感じる，実感する」

・5歳クラス：「ものにする，納得する，考えて動く」

以下，身体測定ならびに保健指導のうち特に歯の健康に関する指導の事例をみたい。

【事例】身体測定 ―身体と体重を測るだけではない時間―

身体測定は毎月1回実施する。多目的室で4月～9月はクラスごとに全員が，10月～3月は全クラス一斉に登園した子どもから順次来て測定する。

＊＊＊

◆ぬげるかな，たためるかな　部屋に入ったもののどうしたらいいか困っている3歳のミカ。私が，そばにいたやはり3歳のエリにそっと「ねえミカちゃんがどこでぬげばいいか困っているみたいなんだけど，どうしたらいいかな？」と声をかける。するとエリはすぐにミカに近づき，「こっちがあいているよ，いっしょにやろうよ」とミカの手をひいて自分の場所の近くまで連れてくる。そして2人で嬉しそうにいっしょに服を脱ぎ始める。

今度は3歳のトモキが上着にてこずって私に「脱がせて」と言ってくる。私は，近くにいた5歳のテツヤに「トモキくんが困っているみたいなんだけど，お手伝いしてもらえるかな？」と声をかける。するとテツヤは「うん，いいよ」「こっちのね，ここの腕をこうするといいよ」「すごい，できたね」などとトモキに声をかけながらトモキを手伝い微笑んでいる。

全体を見渡してみると，3歳クラス児だけではなく，4歳クラス児の半数ほどがまだ自分の脱いだ服をたたんで置くことが難しい様子である。私は盛んに「さすが，うみ（5歳クラス）さん。上手にたたんだね～。お兄さんお姉さん，上手だね～」と5歳クラス児に注目させる。たたまれて置いてある服や靴下に何人かの視線が…。ハッとたたんで置き直す4歳クラス児，たたむのはむずかしくとも脱ぎ散らかした服をまとめて置こうとする3歳クラス児の姿が見られる。すかさず，その子どもたちに「すごいね，直したんだね。」と声をかける。その子どもたちがご満悦の表情をする。

◆あいさつできるかな　多目的室に入るとき「おはようございます」，測定の前に「お願いします」，終われば「ありがとうございました」，出るときには「先生ありがとうございました」と挨拶できる，礼儀正しいシンジ。私は時おりではあるが「大きな声であいさつされると気持ちいい～」とそっとつぶやくことにしている。すると普段は静かな5歳のケンタが部屋を出る直前，急にこちらを振り返り，大きな声で「先生ありがとうございました！」としっかり頭をさげて退室する。

また，私は身長と体重を測定した直後にその子に向かって「大きくなったね，おめでとう」と心を込めて伝える。にっこり微笑んでその場を離れたユウナ。タエの横で服を着ながら「私，大きくなったね，おめでとうって言われたー」ととても嬉しそうに話すのが聞こえる。

＊＊＊

特に珍しくはない身体測定の光景であるが，この時間は子どもの体の育ちを測るだけでなく心の育ちを促す時間でもある。4月～9月の前半期は身体測定をクラスごとに行うので，全員で並んで移動し

多目的室の中でまとまって静かに座り保健指導を受けることの経験を積む。10月～3月の後半期は，3才児から5歳児まで年齢を問わず登園した幼児から順次，多目的室にやってくる。部屋の中に入っても特に指定された場所はなく，空いている空間を自分で見つけてそこで服を脱ぐ。そして下着姿になった子どもから一列に並んで測定する。

この時間では，自分のことは自分で行おうとすることを通じて「がんばる力」の育ちが，エリのように困っている人を助けたりやさしく接したりすることを通じて「よりよくかかわる力」の育ちが，またあいさつや友だちとの自然な会話を通じて「ことばの力」の育ちがそれぞれ期待できると言える。「せいかつ」に位置付く時間ではあるが，後半期は「みんな」の異年齢交流の場にもなっていて，トモキとテツヤのように年上の子どもへのあこがれや年下の子どもへの思いやりの気持ちが生まれる機会も提供している。また，それが「あそび」での日常のかかわりのきっかけにもなっていると推察される。養護教諭は，この時間にはできる限り「待つ姿勢」と「言葉かけ」による励ます援助に徹しながら，異年齢同士でかかわる場面づくりを行っている。また，ユウナの姿が示唆してくれているように，自分の成長や友だちの成長を喜ぶ気持ちが「もっと大きくなりたい」という気持ちをさらに育み，「いっぱい食べよう」「早く寝よう」「たくさん遊ぼう」といった健康な生活への意欲につながっているとも考え，自分たちの成長を喜び合う雰囲気を大切にしながら臨んでいる。

【事例】保健指導：歯の健康に関する指導　―スキルを知るだけではない指導―

さて，前述の身体測定の時間の前後に，各クラスの発達と実態に応じた内容で，そのときの子どもに必要と思われる健康に関する指導をクラス担任と養護教諭が連携して行っている。どの発達段階においても，自分の健康に関心をもち，病気の予防などに必要な活動を進んで行う姿を育むことが大切である。年間指導計画の「教師は」の欄の最後をみてほしい。「養護教諭と連携しながら，幼児の発達を踏まえた健康に関する指導を行い」に続く文言として，3歳クラスは「健康な生活に必要な基本的な生活習慣を意識付ける」，4歳クラスは「健康な生活に必要な基本的な生活習慣の形成を促す」，5歳クラスは「健康な生活に必要な習慣を身に付けるように促す」と記している。これを受けた活動のテーマは系統立ててあり，その時間の進め方に関してはクラス担任と情報交換しながらその年のそのクラスの実態に合わせて考案している。

前半期は身体測定をクラスごとにまとまって多目的室で行うので，測定前の10～15分程度を用いて行っている。後半期は「あそび」の時間の充実を一番に考え，朝一番の身体測定にかかる「せいかつ」の時間は最小限とする。すぐに遊びに向かうことを大切にするため，クラスごとの保健指導は身体測定の時間には行わずに，担任と相談しながら，製作活動や給食，帰りの会などクラス全体で集まっている「みんな」の時間の前に「せいかつ」の時間として組み込み，機会を捉えて実施している。

内容としては，手洗い，うがい，歯みがき，バランスよく食べることのほか，かぜ予防などの健康な生活に必要な習慣を身に付けるために発達に沿った意欲付けを大切にしたものを扱っている。

この時間の活動においては，子ども自身が想起した知識，予想，感じたことを自由に発言できるような雰囲気を大切にしている。

その一例として，当園の特色である歯の健康に関する指導について紹介する。歯みがき強調週間を

表7-2 クラス別・教育期別にみた歯の健康に関する指導のねらい

クラス	教育期	ねらい
そら組 （3歳クラス）	II期	ぶくぶくうがいとがらがらうがいができる。
	III期・IV期	歯みがきの大切さがわかる。
やま組 （4歳クラス）	VI期	甘いものが虫歯の原因になることがわかる。
	VII期	むし歯になるわけがわかる。
	VIII期	よくかむことの大切さがわかる。
うみ組 （5歳クラス）	X期	歯の役割がわかる。
	XI期	歯の生え替わりの仕組みがわかる。
	XII期	自分の歯に合ったていねいなみがき方がわかる。

学期1回ずつ設定し，表7-2のように3年間を見据えた系統的なねらいを立てて実践している。

歯の健康に関する指導の活動内容は，①クラスごとの保健指導（養護教諭が実施），②保護者の記述欄を含む「歯みがきカレンダー」（家庭で実施）による啓発と情報交換，③昼食後の歯みがき（担任による点検）で構成される。①の内容は表7-3のようになる。

＊＊＊

◆**知ってる？　自分の口の中：3歳クラス**（IV期）　給食前。エプロンシアターで歯みがきの大切さをわかってもらう。そして一人ひとりに手鏡を渡す。「その鏡で自分の口の中をみてみようか」。自分の口の中をじっくりみる子どもたち。「？」。給食を食べ，食べ終えた子どもから私が持ったワニのパペットと一緒に前歯を重点的にみがく…という段取りである。

手鏡を渡したときコウタは視線をそらさずにずっと長い間，自分の口の中をみつめていた。そして「うわー，ぼくの歯，黒い」とそっとつぶやく。給食を食べてからも気にしていたのだろう。歯をみがいているとき私に近づき，「僕の歯，黒かった」と言ってくる。黒かった前歯に何度も歯ブラシを当ててみがいた後，私に「口の中を見て，どう？　みがけた？」と言って見せに来た。

口の中をじっくり見てみたよ

◆**しっかりかんで食べてみよう！：4歳クラス**（VIII期）　「みんなの時間」として行う。絵カードで恐竜を登場させ，肉食恐竜と草食恐竜の歯をみせる。生え方が違う。食べるものも違う。それをクラス全体で確かめた（男子の盛り上がり方は相当である）。そこで問う。「みんなは前の歯だけで食べる？」「ううん，ちがう。前の歯だけじゃない，ここでもかむ」「それ，奥歯」―そしてついに自分たちも「奥歯でかめる」生き物であることに気付く。

その気付きを基盤としたうえで「みんなは奥歯をちゃんと使って食べてる？」と問う。するとほとんどの子どもたちが「はーい！」という返事。よくかむと起こるすてきなことを絵カードを使って全員で確認する。でも「みんなはほんとうによくかんでる？」「よくかむとお口の中の感じが何かちがう？」と問えば，これはもうあやふやである。

6枚切り食パンを一人につき4分の1枚ずつ用意する。やわらかい食感の白い部分と堅い食感のパンの耳とに切り分けておき，食べ比べる。「白い方，もぐもぐ10回かんでみようか…1，2，3…」。それ

それのかむ回数や硬さによって口の中はどう変わるだろう？ 確認したその直後，おやつの時間に堅いせんべいでも試してみる。それまで経験してきた味わいとの違いを実感できるだろうか——普段の食事であまりかむことができていないタクヤを特に気にかける。

みんなに私が「いっぱいかむのと，かまないのとでは，口の中がなにか違うかな？」と言う。しばらくしてレイナが「あ，いっぱいかんだ方がつばが出てくる！」と大きな声を張り上げた。次はアンナが「あんまりかわんない」「ん？ いっぱいかんでたらつばが出てきたかも…」。一方，タクヤはほんの少しずつ食べ，その違いがよくわからないという表情をしている（場面A）。

「堅い食べ物と，やわらかい食べ物とでは，どう？ つばの出方が違うかな？」。今度は「堅い方がつばがいっぱい出てきた」，「ほんとだ，堅い方がいっぱいつばが出てくる」という声。一方，タクヤはこのときもほんの少しずつ食べ，その違いがよくわからないという表情をしている（場面B）。

おやつのおせんべい。「この堅いせんべい，いつもよりいっぱいかむとなにか違う？」。ヒロヤが「何かいつもよりしょっぱい」。ヤスヒロが「でもいっぱいかむと甘くなってきた」。さてタクヤは？ 彼はこのときは前歯を使い，これまで以上にわずかずつしか食べておらず，口の中の変化を感じとろうとしているようにはみえない（場面C）。

◆きちんとみがけているかな？：5歳クラス（XII期） 昼食後。歯をみがいたあと，降園前の時間に45

表7-3 歯の健康に関する指導の内容（2018〈平成30〉年度）

【第1回歯みがき強調週間（Ⅱ期・Ⅵ期・Ⅹ期）】

学年	月日（曜）	時　間	内　　容
そら組	6月18日（月）	おやつ前	・コップを使ってぶくぶくうがいをする。 ・コップを使ってがらがらうがいをする。
やま組	6月20日（水）	おやつ時	・歯に食べかすが残るような甘いおやつを食べ，口の中を確認することを通して，むし歯になる原因を知る。
うみ組	6月19日（火）	昼食前	・歯の形は大きく3種類あることを知る。 ・歯の形によってその役割があることを知る。

【第2回歯みがき強調週間（Ⅲ期・Ⅶ期・Ⅺ期）】

学年	月日（曜）	時　間	内　　容
そら組	10月22日（月）	昼食前	・エプロンシアターを見ながら，歯みがきの大切さを知る。
やま組	10月24日（水）	おやつ時	・虫歯の模型を見ながらむし歯になるわけがわかる。甘いものが虫歯の原因になることがわかる。
うみ組	10月23日（火）	昼食前	・歯の生え替わりの模型や，レントゲン写真を見ながら，歯の生え変わりの仕組みがわかる。

【第3回歯みがき強調週間（Ⅳ期・Ⅷ期・XII期）】

学年	月日（曜）	時　間	内　　容
そら組	1月22日（火）	昼食前	・エプロンシアターを見ながら歯みがきの大切さを理解する。前歯を重点的にみがく。
やま組	1月23日（水）	おやつ時	・やわらかい食べ物と堅い食べものを食べ比べたりしながら，よくかむことの大切さを理解する。
うみ組	1月17日（木） 保育参観日	降園前 13：00〜	・歯垢の染め出し液を使用して歯みがきの磨き残しの部分を確認する。手鏡を見ながら赤く染まった部分をみがく。 （事前に保護者に参観を呼びかける。）

分枠の「せいかつ」の時間として設定する。まず入園してからこれまで年3回ずつ行ってきた歯の健康に関する指導の内容を，クラス全体で思い出し，振り返る。そしてその日の昼食後の歯みがきにおいてみがき残すことなくみがけているかどうか，染め出し液と手鏡を使って自分の歯を実際に見る。これまで園で習得してきた歯みがきの集大成の時間である。

　参観日と重ね，保護者にもその時間の共有を呼びかける。歯の生え変わり期は，みがき残しのないようにみがくのが難しい。就学後の歯科保健につながるよう保護者も意欲的にサポートする気持ちをもっていただくことをねらう。

　その日がやってきた。手鏡をもちながら「えー，こんなに赤くなってる」と言うマリエに，彼女のお母さんが尋ねる。「え，どこどこ？」「みがいているはずなんだけど」―ニッと口を開いて不思議そうな表情のマリエ。「赤くなったところをみがくとき，どんなふうに歯ブラシを当てたらいいんだろうね？ちょっと考えてやってみようか」と私がもちかけると，「うーん，こうかな…あれ，とれないな。こっちからか？」と試行錯誤。そのまま一本一本工夫しながら，みがき残しをすべてきれいにできた。喜ぶお母さん。「上手，上手。赤いのとれたね！」。「ほんとだ，ていねいにみがけたね」と私が言うと「うん，すっきりした！」と今度は晴れやかな表情のマリエである。

＊＊＊

　クラスごとに振り返ってみる。3歳クラスでは，歯みがきを意識し，その大切さに気付くこと自体が大切になる。コウタは入園直後，歯ブラシを口の中に入れることすら嫌がる傾向にあり，歯みがきがなかなかできなかった。口の中を見る活動を通じて，初めて自分の口の中の様子に気付き，それを自分のことばで伝えようとしてきた。その後の給食後の歯みがきの様子は明らかに変化した。家庭で取り組んだ歯みがきカレンダーの保護者からの記述に，「家で鏡を見ながら歯をみがくようになりました」ともあった。

　4歳クラスの今回の活動では，かむことの大切さに気付くことが課題であった。場面Aではレイナのようによくかむとつばがたくさん出てくるとつぶやく幼児が半数ほど，場面Bでは約8割の幼児が食べ物の堅さによるつばの出方の違いに気付き，そのことをつぶやいてうなづき合っていた。場面Cではよくかんで食べるとよりおいしく感じることを実感でき，おいしいね，と喜び合う姿もあった。歯みがきカレンダーの保護者からの記述に，「家でも堅いものを出して，と言われるようになりました」「たくさんかむとつばがたくさんでてきて，むし歯になりにくいんだと教えてくれました」などとあったことから，相当程度，意味のある活動になったと考えている。

　ただしタクヤのかむことを苦手とする様子の理由が相変わらずわからないままであった。そこで，活動の翌々日に実施された歯科検診の直後に歯科医との健康相談の機会を設け，タクヤとその保護者とともに臨んだ。その結果，普段の時間のかかる食べ方やこの活動でもみられたかむことのできない姿は，むし歯の痛みによるものであることが判明した。これにより一人ひとりへの健康理解を深め，その子に寄り添った個別指導を平行して行っていく大切さをあらためて痛感することになった。

　5歳クラスでは，マリエが赤く染まった部分があったことに驚きながらも，どうすれば全部のみがき残しをなくすことができるか，一本ずつ歯ブラシの当て方の試行錯誤を繰り返しながらすべての歯をきれいにみがくことができた。そして視覚的に気付き，考えをめぐらすだけではなく，「うん，すっき

りした！」と自分自身でそれを実感できた。さらには保護者もその試行錯誤する姿に寄り添い，きれいになったことをいっしょに喜び合うことができ，その行動の強化がなされた。

　保健指導一般に言えることであるが，このように，歯の健康に関する指導は単なるスキル指導ではない。また，恐怖の意識を植え付けたり，〜しなくてはならないというモチベーションのみで行動化を促すものでもない。それは，自分自身でその必要性を実感しながらみがくことが大切であることに気付き，実行しようとする「がんばる力」や，赤く染まった歯の部分を知りそれをみがくことを通して，自分の歯に合った歯ブラシの当て方を試行錯誤しながら工夫する「考える力」など子どもが自ら獲得するさまざまな力の育ちも期待しながらなされるものである。それらの力を発揮しながら，歯みがきという日常のルーティンの意味に自ら気付き，考え，実践していくプロセスを通してはじめて，この習慣はよりよい方法で幼児に根付くと考えている。

(2) 個へのアプローチ

　次に，心と体の健康を支える保育について，一人ひとりの子どもに個別に対応する場合について記す。体調不良やけがなどに対する一対一の応急処置場面では，子どもの気持ちに寄り添い，体の不調の背後にあるストレスや，心理的に増幅している痛みや不安感を最小限なものに抑え，「安心感」を早急に取り戻せるように対応する。その後の時間を明るく前向きに過ごせるような言葉かけも随所で行う。

　個へのアプローチは，クラス担任などその子どもを取り巻く教職員と連携しながら組織的に子どもを援助する。保護者，関係諸機関との連携を念頭に取り組む。子どもの発育・発達，既往疾患，園生活における管理を要する疾患などについて家庭との情報交換や連携が必要な場合や，園生活を送る中で沈んだ表情，チック症状，感情の起伏の激しさ，性器いじりなど普段の様子とは違う姿が続く場合，養護教諭はクラス担任とチームとなって当該の子どもを援助する。ときに保護者の気持ちの不安定さや家庭の生活習慣の乱れが子どもの姿に投影されることも見受けられるが，保護者の子どもへの寄り添いがプラスに転じると安定し，遊びが充実し始めたりすることもある。そこで，必要に応じて保護者と健康相談を行い，改善に向けて子どもへの間接的なアプローチを行う。その際は，せいいっぱい子育てをしている保護者に敬意を払うとともにそこに寄り添いながら，その生活の中で生まれたわが子からのサインをどのように捉えるか，家庭で何かできることはないかについていっしょに考え，園としても共に歩むスタンスを大切にする。またその健康相談を終える時には，保護者がこれから前向きな気持ちで子育ての新たな一歩を踏み出していけるような気持ちとなるような援助をする。そしてその後もおりにふれて声をかけたり，子どもが健康な姿を取り戻していく様子を伝えたりしながら，保護者の前向きな姿に寄り添い，送迎時の前後などいつでも相談に来てほしいというメッセージを送り続けながら接する。

　以下，個へのアプローチの一例として応急手当の事例をみたい。

【事例】応急手当 —けがへの処置をしてすますだけではない手当—

　応急手当対応を要するときは突然やってくる。その際は，子どもの体の細胞一つひとつに「安心感」を与え，語りかけるイメージで対面する。一連の応急手当を進める中で，子どもの体に当てた手の感触やまなざし，会話などを通して，何よりもまず子どもが「安心感」に包み込まれていくよう援助する。このことによって子どもは痛みを感じる部分と自分から向き合い，自らそこをいたわるような意識も作動し始める。不安感もやわらげることができる。それがどこにあるかを焦点化するために，たとえば「ひざさん，大丈夫ですか？ ○○ちゃんが転んで地面にぶつかっただなんて，びっくりしましたよね。痛かったですよね。」など体のその部位に手を当てながら語りかけ，会話を進めるようにする。

　過度に大声で，激しく泣く子どももいる。注目行動とも受けとれるそうした状態を放っておくとパニックを引き起こし，痛みや不安感をますます増幅させる可能性がある。「安心感」を与えるためには，声の出し方から表情，手の当て方など養護教諭自身のふるまいすべてを保育環境と捉える必要がある。また子どもに寄り添うのはもちろん，そのような場合は保健コーナーのカーテンを引き，狭い空間の中で柔らかい布に包まれるような場をすばやくつくるなど「安心感」を確保するような環境を工夫することも大切である。その中で手を子どもの体に当て回復を促すタッチケアを行い，手を当てたその部位に語りかけその声を聞くような言葉がけをしながら応急手当をする。それらを通して子どもは落ち着きを取り戻し，ときには痛みや不安感から解放されて喜んで再び遊びに向かっていく。その姿を促すことが，応急手当の目的の一つとなる。

足さんは今何て言ってるのかな？

＊＊＊

◆ひざさん，痛かった　遊戯室を走っていて，よそ見をしていてバランスを崩して転倒しひざを打った3歳のアキが，泣きながら私のもとにやってきた。けが自体は大したことはなく，びっくりして泣いている様子だった。「どこが痛い？」と問うと，「ここ」と指さす。そこでそのひざを掌で覆いながら「わかったよー，アキちゃんのひざさん，大変でしたね，ぶつかっちゃいましたか。ひざさん，痛かったですよね。ごめんなさいね」と優しく語る。案の定，アキは「ふふふ」と笑顔をみせた。「どうしたらよかったのかしら？」「前を見て走ればよかった」「そっか。ひざさん，アキちゃんは，今度は前を見て走りますって。今度は気を付けて走りますから，ひざさん安心してくださいね。」

　私は「そろそろ…ひざさんがどうなっているか，見てみる？ せーの，パカァ」。するとアキは「あ！赤いのちょっと消えた」「すごーい！ アキちゃんの治る力，すごいね。もしかしたらあと2回くらい寝て起きれば元通りなーんともなくなるかも…」。やっぱり先ほどの泣き方はびっくりしただけだったとみえる…「うん，そうだね。もう大丈夫」と微笑むアキ。

◆おなかさんが喜んでる　おなかが痛いと5歳のカズキが私のもとにやってきた。ちょっと横になっておなかをさわらせてもらってもいいかな？」。カズキは素直に「うん」と答える。仰向けにひざを立てて寝かせ，腹部の触診をしたところ，左下腹部にしこりのような硬さが感じられる。「カズキくん，今日うんち出たかな？」「うーん，出てない」「昨日は出た？」「出てないかな」。

　「やっぱりそうなんだ。ここでね，今カズキくんのうんちさんが，ぼく，外に出たいなーって言って

る…最近はお野菜食べてたかな？」「うーん，ちょっとだけ…」「えらい。お野菜さんをちょっと体に入れてあげるようになったんだね」「水筒の飲み物は飲んだかな？」「時々飲んだよ」「そっか。なになに？お野菜をもうちょっと食べてくれると気持ちよく外に出られてもっと嬉しいんだけどなって，ここのうんちさんが言ってる」ここで胃腸の動き＝蠕動運動を促す手当に進む。

「カズキくん…今日は先生がうんちさんが外に出られるようにこの手でお手伝いをしてもいい？」「うん」「先生は手でお手伝いする間，カズキくんにもできることがあるんだけどやってもらえるかな」「いいよ」「ここでろうそくの火をやさしくゆっくり『ふーっ』て，消してもらえる？ そうそう。今度はきれいなお花がここに咲いててすごくいい香りがするから口を閉じてちょっと嗅いでみて。そうそう，上手。カズキくん，おなかに手を当ててみて。『ふーっ』『スーッ』，上手。このおなか，膨らんだりへっこんだりしたのわかった？」「うん」「すごい上手。先生が手でお手伝いしているあいだ，カズキくんはその『ふーっ』と，『スーッ』でおなかさんを助けてあげてね。ちょっとやってみようね」。…

しばらく手を当てながら蠕動運動と腹式呼吸を促しているとおなかからぐるるる〜という音がする。「あ！ すごい！ 聞こえた？」「うん，聞こえた」「やったね。うんちさんが出口に向かって動き始めた。おなかさんが喜んでる音，聞こえたね」「うん」もうしばらく手を当てていると…カズキがあっと気付いたように言う。「先生，ちょっとトイレに行ってくる」「楽しみだね！ 行ってらっしゃい！」。

◆**これがとげさんだね**　日頃から不安感の強いミドリが，手の指に何かが刺さったと言って私のもとにやってきた。「どこでささっちゃったかな？」と聞くと「なんでかわかんないけどいつのまにか刺さってた」と言う。椅子に座ったミドリの背の高さにちょうどいい机をミドリの前に置き，その上に興味のありそうな絵本を置いて読んでもらうことにする。

ミドリが一瞬不安そうに「何するの？」と尋ねてくるので応じる。「ふふふ大丈夫。あっという間にとげがとれちゃうから，何にも心配しないで絵本を見ててね。すてきだね，その絵本」。机の下でさっととげ抜きの処置をし，すかさず言う。「すごい，ミドリちゃん，抜けたよ。ほら，これがミドリちゃんの指に入ってたとげさんだね」ととげをみせる。「すごいねミドリちゃん，あっという間。もう大丈夫だね」。水洗浄をして絆創膏を貼る。「もう大丈夫だからね」と伝えると，「やった！ 行ってくる」と遊戯室に向かって走り出すミドリの姿であった。

***

ここで，上記の「ひざ」「おなか」「とげ」の３つの事例を振り返ってみる。まず「ひざ」の事例であるが，３歳クラス児は痛さで泣くというよりも，自分に起こったことがよくわからず，びっくりして泣くことがたびたびみられる。「安心感」を与えながら，痛さを受け止めつつもけがを通して自分の体の回復力の方に着目させると同時に，行動を振り返り望ましい行動をイメージさせることによって，気持ちよく遊びに戻ることができると考えている。

また「おなか」の事例についてであるが，腹痛を訴えてくる場合は，痛みの部位やその起こり方によりさまざまな理由が予想される。今回は左下腹部に凝り固まった部分があったことで便秘を疑い，手当の際に腹式呼吸と蠕動運動を促した。便秘の理由もさまざまに予想されるが，クラス担任との情報交換の中で，カズキの野菜摂取にはまだ課題が残っているものの，その前に行った栽培活動で育てた野菜の味見がきっかけで野菜に興味をもち始めていることがわかっていたこともあり，一連の対応の中

第７章　養護のカリキュラム　　121

で野菜摂取の大切さについて改めて視点を与えた。このように偶然の手当の機会を得て排便ができたことで，カズキ自身の自分の体への関心が高まり，その後の行動への意欲につながったのではないかと考えている。

「とげ」については，偶発的に発生することが多い。そのような場合は早く楽しい遊びに戻ることを優先する対応をとっていいものであると考える。よって応急手当は本人に自覚させることなく最少限の時間で終わらせた。ただし，どこで刺さったとげかを聞くことで，園環境の見直しの必要な場所が判明することもあるのでそのことには留意する。

日常的に行う応急手当であるが，それは子ども一人ひとりにとって健康な心と体や生活の在り方について振り返るよい機会にもなる。子どもの体に手を当てながら子どもに自らの心と体に着目させることで，情緒の安定が促され体に関心をもち自分がその持ち主であることを自覚し，大事にしよう，気を付けて行動しようとする前向きな気持ちが生まれる。また早寝，早起き，バランスのよい食事，運動，明るい気持ちの安定などの視点から生活を振り返り，普段の生活習慣について振り返る絶好の機会にもなり得る。それらを見直し，今後の生活に向かう気持ちを援助する機会としたい。このことは主体的に園生活を送る姿，「遊び込む」姿にもつながっていくと考える。

また，当園では子どもの安全が保障されるような園環境づくりに最善を尽くすよう努めている。そのような中においても，思いもかけなかったようなけがが起こることもある。そのときは真摯にそのことと向き合い，子どものけががなぜ起こったか，ひと，こと，ものすべての園環境について見直す視点をもつことが大切である。けがの発生状況とその要因について全職員で共有し，遊び込みにつながる園環境を保障する保育者の視線を改めて見直し，環境整備を進めることを即実行し，再発防止に最善を尽くす。

第4節　おわりに

この章では当園における保健管理の一環としての身体測定と応急手当，そして保健教育を中心に記した。これまでみてきた実践内容から明らかなように，発達段階と実態に寄り添いながら集団と個に向けて行うこうした取り組みには，クラス担任など他の教職員との日常的な連携が欠かせない。

また保護者との信頼関係があってこそ，子どもの心と体の健康に向けたさまざまな取り組みを幼稚園と家庭が一体となって行うことが可能になると考える。子育て支援の視点も含めながらの日常的な信頼関係づくりを大切にするほかに，保護者に向けて養護教諭から子どもの心と体の健康に関することを発信することも心がけている。たとえば，園の取り組みの紹介や健康への意識の共有と高揚を図るために月一回のペースで発行している「ほけんだより」，保護者との取り組みの媒体としての既述の「はみがきカレンダー」，健康診断等の結果や一年の成長量を記す「けんこうノート」，日常的な健康状態を記す「げんきカード」，夏季休業中の規則正しい生活リズムづくりのための「なつやすみがんばりカレンダー」などを用いて情報の共有と啓発に努めている。また，これと並行して園における保護者参加型の取り組みも推進している。その一つとして給食や食事に対する理解を深め，健康づくりの一環とするために毎年実施される給食試食会・食育講演会がある。食育講演会の講師には，食事，おやつ，

お弁当などその年のテーマを踏まえて依頼する。2018（平成30）年度には食を専門とする大学教員を招き，食事を改めてみつめ直す機会となる講演会を行った。さらに，附属小学校・附属中学校の学校医や管理職をはじめとする教職員，保護者を構成員として設置されている附属三校園学校保健委員会にも属し，毎年，附属三校園における健康課題を見つめたり，子どもたちや保護者の心と体の健康に対する意識が高まる機会となるような参加型のワークショップや対談，講演会などの活動を行ったりする保健組織活動も毎年行っている。これらの講演会や保健組織活動においては，それを通じて保護者の幼児期の心と体の健康に関する理解が深まるよう配慮することに留意している。

このように当園における養護教諭の役割を担ってきたが，今の幼稚園現場においては，養護教諭等の配置は努力義務のままである。全国の養護教諭（本務者）の配置状況をみると，小学校では全学校数19,892校に19,660名（98.8％）がいるのに対し，幼稚園では全園数10,474園に290名（2.8％），幼保連携型認定こども園では4,521園に171名（3.8％，主幹養護教諭を含む）が配されているにすぎない（平成30年度学校基本調査）。また，保健室が必置とされながらも，他の部屋との兼用が許容されている。そうしたなか，幼稚園では「全体的な計画」の中に学校保健計画等も含めて一体的に教育活動が展開されるべきものとされ，専門的立場からの視点が求められている。

当園では1997（平成9）年度から養護教諭の配置をみたものの，保健室はないままの状況下で園内の保健関連業務を一手に引き受けている。上記の取り組みはその一端の紹介であるが，養護教諭は「園保健計画」だけでなく「園安全計画」「園食育計画」にも推進役として目配りをしている。園生活全体の流れがカリキュラムだとすれば，それに占める所掌範囲は極めて大きい。養護教諭は専門的立場から園の子ども全員の心と体の健康を支える土台としての「安心感」を守り育て，保健管理と保健教育の双方の側面から日々の園生活の基底部分に絶えず

すっきりみがけたよ

かかわる役割を担っている。心と体の健康を土台とした健やかな育ちを促すためにも，さまざまな立場の保育者が連携しチームとなって多角的に子どもを育んでいくことは，幼稚園現場において今後ますます重要性を増していくだろう。遊び込む子どもを支えるチームの一員として，養護教諭の役割の遂行にますます精進していきたい。

子どもたちの姿をみつめて

大日向　仁代（当園元養護教諭）

　ある年の公開保育でのこと。私は3歳クラスの保育に携わっていた。ヨシキは，多くの参観者に戸惑った表情を浮かべていた。それまで毎日，牛乳パックや空き箱をガムテープでつなげ製作を楽しんでいた彼。牛乳パックを手にしたまま，黙ってまわりの様子をうかがっている。突然，保育室のテーブルの下に潜り混んでしまった。

　そっとテーブルクロスを上げて中をのぞく。すると表情が少し和いだ彼が「先生も，ここにいて」と声をかけてくる。私はしゃがみ込み，頭だけ小さなテーブルに入れながら，製作する姿に寄り添うことになった。牛乳パックを組み合わせ，「ロボットできた！」と一気に笑顔になったヨシキ。それを手にやっとテーブルの下から出てきた。

　テーブルの周りではいつのまにか私たちをとり囲んで多くの参観者が集まってみていた。その様子に驚いたのはヨシキだけではない。なんとも滑稽な姿でテーブルに潜り混んでいた私も…。顔が真っ赤になった記憶がある。

　それから2年後。5歳クラス児となった彼は，その年の公開保育では参観者のことなど全く気にしていなかった。友だちと一緒に考えを出し合いながら，雨どい遊びに夢中になっている。「これでいいかな？」。どのようにしたら水を砂場に導けるか，みんなと確かめ合いながら雨どいを運び，組み合わせ，堂々と遊んでいる。

　あの時のヨシキは，ロボットを手に笑顔を浮かべていた。いつもと違う環境の中でも「できた！」という満足感を得ることができたのではないか。そして，5歳クラス児のヨシキがここにいる。その姿からは，今度は自ら見通しをもち，仲間とかかわりながら最後まであきらめない様子が感じられた。

　この園ではいろいろな遊びを楽しむ。楽しみながら成長とともに一つの遊びにじっくり取り組むようになっていく。そんな姿をいくつもみることができる。自分のやりたいことに夢中になって遊ぶことが，その後の成長過程でいろいろな学びの基盤になると確信している。幼児期の「遊び込む」姿が小学校へ，そしてさらにその後へとつながっていくことを願っている。

Ⅲ
カリキュラム・マネジメント

だれが引っ張ってくれるの？
いいえ，だれでもありません。
みんなで進むから，心が動く。一日一日が輝く。

第8章　研究を支える環境づくり
―隠れたカリキュラムを中心に―

長谷川 敬子

第1節　はじめに

　小学校の現場しか知らなかった私は，2012（平成24）〜 2013（平成25）年度に附属幼稚園の副園長として勤務することができた。この2年間については思い出すたびに幸せな気持ちになる。職員にも保護者にも大学の研究者にも恵まれた。何より夢中になって遊ぶ子どもたちが愛おしく思えた。

　ちょうど私が赴任したのは文部科学省研究開発指定の「幼小接続カリキュラム」に関する研究の最終年度だった。そこからなぜ「遊び込む子ども」の研究に移っていったのか，また，その頃私が副園長として何を考え，どのように研究を支える環境づくりを行ったのかを中心に述べてみたい。

第2節　生活科発祥の地の「子ども観」

　「優れた保育者とかけて何と説く？」

　当園の研究会講師の秋田喜代美先生（東京大学大学院教授）が聴衆に問いかけた。2014（平成26）年10月。前年のうちに秋田先生を講師に招聘していた。この問いかけに私は心の中で，「遠距離恋愛の上手なカップルと説く」と答えを決めていた。何故か？　その心は，「待つことができる」からだ。しかし，秋田先生の答えはこうだった。

　「『盆栽』と説く。」

　その心は？…「まつときくが多い」。「松と菊」が「待つと聞く」。私の答えも半分は正解だった。

　子どもの思いを受け止め，子どもから動き出すのを待ち，思いに寄り添って耳を傾ける。これは，上越市立大手町小学校に勤務し生活科に夢中になっていた時からの私にとっての，憧れの教師像と見事に重なるものだった。特に「待つ」ことは難しい。教師のペースで教え込む方がどれだけ楽か知れない。生活科と幼児教育を担当する指導者の心得の肝を学んだ気持ちになった。秋田先生の優しい笑顔とこの言葉'待つと聞く'は，この時以来，心に残っている。

　上越地域は生活科の発祥の地と言われ，生活科や総合的な学習を重視してきた歴史ある土地柄である。当時の大手町小学校では，「没頭」「追求」「自己表出」という子どもの姿が現れることを目指して単元構成を工夫していた。「遊び込む子ども」に共通する部分があると思う。当園の「幼小接続カリ

キュラム」の研究で小学校との交流活動や保護者向けプログラムで成果を確認できたのは，「子どもは自ら学んだ時にこそ一番吸収し，自信をもつ」という子ども理解の根っこが一緒だったからに違いない。入学間近の接続期の子どもであっても，小学校教育の前倒しで何かを教え込むようなことは全く無い。子どもをどのような存在であると考えているか，いわゆる「子ども観」が，幼小の教員や保護者に共有されていることが重要なのだ。

第3節　附属幼稚園に勤めるからには

　附属幼稚園は，国の拠点園であり，地域のモデル園でなければならない。現在の泉真理副園長が当時研究主任を務めており，本学はもとより大学の数々の著名な先生方に，赴任後すぐにお会いする機会をつくってくれた。お陰で私自身の研究への意識は急速に高まった。それだけではない。よい園があると聞けば，振替休日などに職員有志を誘って出かけて，その環境や園長の方針を学んできた。よく見て考える。いいものは真似る。とにかく学ぶ。ネットワーク，フットワークが附属幼稚園の研究には欠かせないと痛感した。

　そして，私は自分自身が園のために何ができるかが大事だと思った。ビジョンを持ち自ら速やかに動く校長たちの学校運営を見てきた経験を活かし，私も園のために自分のできる環境づくりを進んで行いたいと思った。

第4節　赴任1年目の「幼小の円滑な接続を促す幼児教育の推進」の研究について

　赴任した年の文部科学省研究開発指定3年次の研究副題は「幼小をつなぐカリキュラムと指導方法の提案」であり，幼稚園の3年間を通じてはぐくむ力を「小学校からの学びの基盤となる力」として，「好奇心」「探究心」「主体性」「自立・自律」「伝え合う力」「社会性・協同性」「見通しをもつ力」の7つに整理していた。またこの7つの力を土台として「言葉や文字への関心・感覚や気付き」「数や量，図形への関心・感覚や気付き」「自然事象への関心・感覚や気付き」という小学校からの教科学習につながる3つのリテラシー（実社会で活きてはたらく力）がはぐくまれることを土から芽が出る絵図に表現し，研究を進めてきていた。

　教師がこうした基盤形成を意識して，環境を整えたり子どもの気付きを広げる対話をしたりして保育にあたるようにし，事例を収集し，全職員で共有し，分析，考察してきたのである。

　この研究でわかったことは，簡単にまとめると「環境構成と教師の援助を大切にし，接続プログラムを工夫していくことにより，子どもは思い切り遊びながら言語や数量，科学といった小学校からの教科学習の学びの基盤を十分身に付けることができる」ということである。無理矢理，文字や数を教え込む

必要はない。まさに夢中で遊んでいる中で、真に学びの基盤は形成できる。つまり、小学校の学びを前倒しして一斉で教え込むようなことを一切しなくても、子どもたちが夢中で遊ぶ中に小学校以降の学びの芽が着実にはぐくまれることがわかったのである。嬉しいことに当園でたっぷり遊んだ子どもたちが小学校に進み、主体性や伝え合う力、社会性、協同性、集中性を発揮していることが本学の角谷詩織准教授の分析により明らかとなり、我々にとって大きな自信となった（Ⅳ-11，角谷論文）。

同じ年、研究紀要には「遊び」「みんなでかかわる活動」「生活行動」の3つを縦軸に、横軸には3歳～5歳までをⅫ期の発達過程に分けた年間指導計画を整理し直して掲載することができた。そして、5歳児9月から小学校1年生の5月までの接続期については、接続プログラムとして、全体プログラムの他に、保護者向けのプログラム、幼小交流のプログラムまで作成し掲載することができたのである（B, 2013）。

第5節　なぜ2013（平成25）年度から「遊び込む子ども」を研究テーマにしたのか

2012（平成24）年度の研究も締めくくりに近づいた頃、来年度からの研究テーマをどうしようかと職員で相談し始めた。結局その時の決断から6年間、当園では「遊び込む子ども」をテーマに研究が進められることになる。

子どもたちにとって「遊びは学び」そのものだ。このことはそれまでの研究で確信できていた。しかし、「遊び」と一言で括っているが、実際には、友達の遊んでいる所を眺めてはあちこちフラフラ歩いていたり、一つの遊びをすぐにやめて違う遊びに移ったりすることもある。そうした経験も大切とはいえ、その状態を「よく遊んでいる」とは思わなかった。学びにもつながりにくいように思えた。

我々の目指す姿は、「遊んでいる子」という言葉だけでは何か足りない。夢中になって遊ぶ、集中して遊ぶ、我を忘れて遊ぶ、没頭して遊ぶ…。はっきりしないが、遊びの中にも度合いがあるような気がして、その度合いが高いというか深いほど、学びも大きいということが漠然とわかっていた。そして、その度合いの高い時の子どもたちは情緒的な言い方だが、ひときわ生き生きと素敵に見えた。

その頃、あるいはもっと前からかも知れないが、秋田喜代美先生が「遊び込む」という言葉を使われていて、多くの保育現場で耳にしていた。改めて、この「込む」という言葉が我々の求めている、価値を置く遊びの姿にピタリと当てはまると感じたのである。「遊び込む」子どもにしたい、「遊び込む」体験をたくさんの時間子どもたちに経験させたいと私たちは思っている。そして、そこには多くの学びがあるのだ。

ちなみに当時の梅川智子研究主任が記述したことが、まさにその内容である。「私たちは、幼児が思う存分たっぷりと遊ぶ中で、体験を通して、豊かで鋭い感性やあらゆるものに対する探究心、仲間と協

同する力などがはぐくまれていく姿を目の当たりにしてきました。そして，幼児にとって「遊びは学び」そのものであるということを確信しました。幼児は夢中になって遊んでいるときに多くのことを学んでいます。幼児が３年間に，より多くの時間夢中になって遊ぶ経験を積むことは，初めての学校教育の場である幼稚園の使命であると言えます。」(B, 2014, p.2) と。

第6節　「遊び込む子ども」の研究をどのように進めていくのか

　こうして，目指す「遊び込む子ども」をテーマにした研究をすることに決定した。ところが，改めてその「遊び込む」姿とは具体的にどのような姿なのか，それをどう摑んでいいかがわからない。研究の進め方がわからない。新たな研究を任うことになった梅川主任も不安だったに違いない。そこで，小学校入学後も修了児が力を発揮していることを研究してくださった教育心理学・発達心理学が専門の本学の角谷先生に頼ることにした。すがることにしたと言った方が正しい。年数回の研究保育における研究協力者ではなく，もっと頻繁に定期的に研究に関わっていただけないかとお願いすることにしたのだ。角谷先生は当園の環境や保育の実態についてもすでによく理解されておられる。実際，先生は２週間に１度のビデオカンファレンスだけでなく，それ以外にも機会を得て園に来られ，子どもの遊びを観察されていた。こうして実際の子どもたちの姿をもとに，遊び込んでいる時に見られる彼らの特性や遊び込む姿を引き出す要因などについて語り合うことができた。研究手法を教えていただき，研究内容にも深く関与していただくことができた。その指導は的確で我々職員にとって光であった。なかでも，教師の素直な感覚を大事にして「これはいいな」と感じた子どもの遊びを付箋に書いて，「遊び込み度グラフ」なるものに貼り付けていくという手法を教えていただいたときは，そうした直感も研究につながるのかと本当に驚き，感激した (詳細については B, 2014, pp.4-5)。

　方向が決まった。2013（平成25）年度には，遊び込む姿を明らかにすること。そして，その姿を引き出す教師の援助と環境構成を２年次に，また遊び込むことで子どもが何を得るのかを３年次に探っていこうということにした。副題は３年間とも「～学びの基盤に着目して～」であり，４年目以降の副題とは異なる。これ以前の「幼小接続の研究」で遊びの中に小学校以降の学びの基盤があるとし，具体的にその発達の姿を見つめてきたことがベースにあったため，この副題にしたのであった。2013（平成25）年度は園長も研究主任も変わり，また教諭も３クラス中２人が変わる新たな出発の年となった。

第7節　副園長の視点で行った環境整備

　子どもの心の中から遊びたい気持ちが湧き出るような環境構成と教師の援助は，幼児教育にとって何より重要だ。その意味で当園の環境は素晴らしい。国立大学附属幼稚園で一番新しいことも一因かもしれない。すぐ裏に森が広がり，入ることのできる池，広い園庭，それぞれの保育室から外にとび出せる設計，３つの砂場と一つの土場，築山，職員室脇にはドングリがたくさん落ちてくる坂もある。

　森の中で落ち葉を踏みしめる子どもにかける言葉も，木の実拾いで子どもに手渡すビニール袋の大きさ一つとっても，最適のタイミングで，厳選した言葉や物を使って関わろうとする教師の姿がそこに

ある。どのタイミングで，どんな素材のどんな形のどんな大きさのものを子どもの前に，あるいは背景に置くか，あるいは出さずにしまうか，保育室のコーナーの模様替えをどうするか。担任も副担任も本当に日々真剣に考えている。

私も，豊かな遊びを生み出す環境整備を副園長の視点からできないかと考え，次のことを行った。

◆森の中の「遊びの広場」の拡張　すぐ裏の森の中に「遊びの広場」がある。木々を組んだ遊べるオブジェが設置してあり，子どもたちはよくそこに登って遊んでいた。しかし，周辺には背丈の高い笹等

が生い茂り，子どもが登りたくなるような周辺の広葉樹には近づけない状態だった。そこで，「パパじじの会」（母や祖母も大歓迎）の年数回の園庭整備活動時にお願いし，思い切って周辺の下草を刈って，広場を大幅に拡張した。さまざまな形の木々の根元に容易に近づけるようになり，森の中で走り回ったり，木に登って枝を揺すったりして楽しむ子どもの姿が見られるようになった。普段の遊びはもちろん，初めて森の中の活動を研究会で公開することができた。

◆植樹と樹木の名札（杭）　大学の創立記念の予算を活用して植樹を行った。自然溢れる園ではあるが，さらに実のなる木や香る木を増やすことでより感性も育つと考えた。11種類17本の木を本学の五百川裕教授にも相談して植樹した。現在園児があの時植樹したモミジバフウの実で遊んでいると聞き，嬉しく思う。長い目で見た環境構成だった。また，杭で木々の名前をひらがな表示したことは，遊びながら文字にも親しめるようにとの思いがあった。

◆手作り遊び道具の作成　PTAボランティアネットの皆さんにお願いして作っていただいた。白梅学園の附属幼稚園を訪問した際に見たものを真似た。遊びながら数や形，長さ，量，音を感じ，楽しむことにつながると思った。造形遊びでケーキに見立てたり，つなげて縄跳びにしたりと子どもの発想は豊かでいろんな遊びに活用でできていた。

◆砂場の砂の入れ替え　砂場は子どもにとってとりわけ大切な環境である。いくつかの砂を取り寄せ，固まり具合などを検討し，2カ所の砂場を着色できる白色の砂に変えてみた。色水をかけてカラフルにして楽しんでいる様子があったが，エステごっこのような初めて見る遊びも生まれた。大変な入れ替え作業も保護者の方々が厭わずに手伝ってくださったことは忘れられない。

第8節　その他の研究にかかわる環境づくり

当園の職員は，非認知的能力がある。きっと幼児期にしっかりゆったり遊んできた人たちだ。困難があっても目的に向かって諦めずに取り組み，協同する力がある。セルフコントロールもできている。しかし，副園長としては職員が，より楽しく，自信をもって研究に取り組める環境づくりを行わねばならない。私が行ったことは，前述の本学角谷先生へ特別な支援を依頼したこと，研修時間の確保，そし

て，副園長自身がいつも笑顔で保護者や地域にも開かれた園にすることである。お茶やお菓子，楽しい宴会設定ももちろん欠かせない。

「その対応に愛はあるか」が私の校長時代からよく使っているフレーズである。愛ある対応ができるには，職員の一人ひとりの心の安定が一番大事だと思っている。イライラは保育に似合わない。溜まったガスは抜くに限る。

◆研修時間の確保　用務員のいない当園では，毎週水曜日の午後は園庭整備作業を行わねばならなかった。池掃除や冬季のフード設置など大変な作業だ。最初の作業の日，これを研究一途と思っていた附属の職員が自ら行うのかと本当に驚いたことは忘れられない。大学に掛け合って，月2回の用務員派遣を月4回にしてもらい，職員の研修時間を少しでも長く取れるようにした。目には見えない環境づくり，これはやれて本当によかった。用務員の常時勤務がさらなる目標だ。

◆「.遊びcom」Tシャツとタオル　写真のような柄のTシャツとタオルを作った。私が園を去って6年が経ったが，今も園庭で遊ぶ子どもたちの多くが着ている。研究の初年度に，書家で現在は本学特任教授の荒川圭子さんに書いてもらった「遊び」の文字。その前後に．（ドット）とcom（コム）をつけてデザインしたTシャツで，カラーは10色以上。大人（職員，保護者）にも斡旋し

ほとんどの家庭が購入してくださった。「たかがTシャツされどTシャツ」である。毎日子どもの送迎をする保護者が，そのTシャツを着ている職員と会話し，自分の子どもにもそのTシャツを着せている。当園が遊びを何より大事にしていることが毎日実感できる。このTシャツを着たら遊びの質が向上するということは無いのだが，醸し出す雰囲気は確かに何か変わったと思うのは私だけだろうか。

◆自ら考え動く保護者の皆さん（開かれた職員室）　前述の環境整備でも述べたが，保護者とのつながりの濃さは当園の誇りといえる。2013（平成24年）9月から毎週火曜日は「絵本の日」と決め，朝の15分間はどなたでもおいでいただき，平均台の上，遊戯室の隅，玄関ロビー等々園内のいたる所で絵本の

読み聞かせをしていただくことにした。早速お揃いのエプロンを何着も作ってくださり，子どもたちが絵本に親しむことができた。これは主に言語に関する学びの芽を育むことにつながった。この「絵本の日」も現在継続されている。

木曜の園庭開放を地域に発信しようと，地元のケーブルテレビに出演を決めた時も，PTA会長はじめ役員の皆さんと職員室でグッズを持ってセリフを覚えながら楽しく練習した。「先生，森の木に

スラックライン付けてみませんか？」等，保護者の皆さんも頼まれたからではなく，子どもたちのため，研究推進のために何かできないかと自ら考えてくださる雰囲気ができたと思っている。保護者が園の方針を認め，笑顔で後押ししてくださることは，園全体の雰囲気を柔らかくし，担任と保護者の関係も良い方向に向くことにつながると実感できた。

◆FB（フェイスブック）による発信　2013（平成25）年8月21日から子どもの遊びの様子をほぼ毎日1〜2枚の写真によりFBで発信することにした。ホームページでの発信に並行して，FBを取り入れたわけであるが，FBは更新の手間も省け，見た方から「いいね」や返信をいただくなど双方向のやり取りにもつながった。現在も継続され，園の教育の様子について今も多くの反響を呼んでいる。当時，学校教育実践研究センターの研究協力を得て，この発信にいち早く取り組むことができた。

◆地域や学生とのつながり　学区のない附属幼稚園は地域との関係がともすると薄くなる。園開放デー等で当園の環境で近所の子どもたちが遊ぶ経験を提供しようと，園前のポスターにプラスして地域の

回覧板を利用し町内会長さんたちにも当園を意識してもらうよう努めた。地域との交流が深まり地元の「謙信公流太鼓」を子どもの前で披露していただくことができた時は，迫力ある本物の響きに興奮した子どもたちの間でしばらく太鼓遊びが流行した。大学生のダンスサークルにも声をかけ，熱気あるダンスを披露してもらった。ブレークダンスも子どもの心を捉えパーティーごっこにつながった。

第9節　笑顔で子どもの良さを語る職員

　さまざまなつながりの中で，園は，認められ支えられてきた。お陰で職員が子どもの姿を語るときに，いつも元気であったと思う。「このペットボトルロケットの遊び，すごいねえ」「そうなのよ，『あ，いいこと考えた！』の連発で，私も面白がって一緒にそばに居ただけだけれど本当に盛り上がったわ」「『ここはどうするの？』って私が声をかけるとまた作戦会議が始まって…結局10mも飛んだのよ」と子どもの姿を語る声も弾む。そして，遊び込み度5の事例は思ったほど多くはなく，貴重なものだとわかってきたり，それぞれが遊び込んでいると感じた遊びの事例の中に同じキーワードが見つかったりと，新しい発見が増えてくるとますます研究が面白くなっていった。絞り込んでいくと「没頭」「試行錯誤」「協同（仲間）」という言葉に整理できた。研究発表会の日，中学校校長出身の上越市教育長も深く頷きながら聞いておられた姿が忘れられない。

　「実践の場には『雑談』が生きる」とどこかの新聞で読んだが，その通りで，水曜の午後に限らず，職員の雑談には，「ねえ聞いて，○○ちゃんがね〜」「いいねえ，それって，こういうことなんじゃない？」と研究につながることも多かった。笑顔の絶えない，楽しい職場だった。園児一人ひとりのいいところ発見が日常会話の中身だったと思う。

職員室で子どもの悪口が聞こえる学校は学力が上がらないと，私自身が実感してきた。職員室の何気ない会話はその園の質の決め手になると思っている。

第10節　おわりに

　「改善は無限！　何が何でも楽しく！　金脈より人脈！」—こんな私自身のモットーを園や園の研究を支えるカリキュラムづくりに活かせないかと考えていた2年間だった。「遊び込む子ども」に関わらないものの，園で預かり保育をと動き始めたのも2年目からだった。最後に，私がお仕えした2人の園長の話を記したい。在任1年目の阿部靖子園長は，「みどりちゃん」という峯田敏郎上越教育大学名誉教授が創られたブロンズ像を園庭に寄贈の形で設置する大仕事をされた。子どもたちは「みどりちゃん」に話しかけ，その横に座り，お花や木の実をさり気なく置いていた。雪に埋もれると手で必死に掘り出していた。像一つでも子どもの心の拠り所になり，園の象徴となる。2年目の北條礼子園長は，いつもニコニコ子どもにも職員にも接し，「いいですね」とどんな提案も許してくださった。熱中症になりそうな夏，「塩飴舐めて子どもたち頑張ってます」と学長に掛け合い，全保育室にクーラー設置を実現された。振り返ればこうして私たちも子どもや職員を心から大切にする気持ちの園長に守られていたのだ。

　世界が幼児教育の重要性に気付き，日本でも要領・指針の改訂で「資質・能力」の3つの柱と「幼児期の終わりまでに育ってほしい10の姿」が示された。私は，幼児期にこそ思う存分，子どもたちに遊んでほしいと心から願っている。そして，常に学び続け，子らを見守り，共にあり，待つ，聞く，過程を褒めることのできる温かい心もちの保育者，そうした園が日本中にたくさん増えることを祈っている。

　そのためにも附属幼稚園の研究がさらに推進，発信されるよう期待したい。

第9章　変革期における国立大学附属園の環境整備

平間 えり子

第1節　はじめに

　私が勤務した2016（平成28）年度からの2年間は，幼児教育への期待や関心が高まり，その重要性にいっそう目が向けられた時であった。大学附属園の副園長として，国や県の幼児教育政策の動向を踏まえながら大学改革への対応を行った。

　まず，赴任した年の12月に中教審答申「幼稚園，小学校，中学校，高等学校及び特別支援学校の学習指導要領等の改善及び必要な方策等について」が示され，幼児教育から高等学校教育までを貫いて育成されるべき資質・能力として「知識及び技能」「思考力・判断力・表現力等」「学びに向かう力・人間性等」の3つの柱が示された。2018（平成30）年度より全面実施が予定された幼稚園教育要領，保育所保育指針，幼保連携型認定こども園教育・保育要領においてもこの3つの柱が採用されるとともに，就学前後の接続を円滑に行うために「幼児期の終わりまでに育ってほしい姿」が記され，そこに示された10の観点から幼児の成長を語ることが求められた。

　また，新潟県においても県内の関係者が準備を進め，2016（平成28）年4月に「新潟県幼児教育の振興に関する政策プログラム～子どもが輝く幼児教育の創造～」が策定された。このプログラムは「子どもの育ちを支える保育者の成長」「発達や学びをつなぐ保幼小の連携と接続」「子どもの笑顔が広がる家庭・地域・関係機関との連携」の3つの柱で構成され，県内各市町村の指針として各園・小学校の実態に合わせて活用されることが期待された。

　国においては内閣府・厚生労働省・文部科学省の3つの府省が，県においては総務管理部・福祉保健部・教育委員会の3つの部や機関が連携しながら，幼児教育に関する施策に取り組んでいる。幼児教育の重要性が社会的認知を得ることによって，その振興と充実が本格的に政策課題となりつつあったと言えるだろう。

　一方で，国立大学改革が進展していた。2016（平成28）年8月に設置された「国立教員養成大学・学部，大学院，附属学校の改革に関する有識者会議」の会合が回を重ねていたが，特に附属学校の在り方をめぐる審議内容からは，時には存続の危機さえも感じさせる，これまでにない大きな変革のうねりがうかがわれた。同会議の報告書では国立大学附属学校の課題として，公私立学校とは異なる「在り方や役割の見直し」「大学との連携」「地域との連携」と研究の「成果の還元」の4項目が示されてい

135

る。そしてその対応策として，中長期的には「存在意義，成果の提供先・活用方法の明確化」を図ること，「多様な選考方法」を採用すること，地域の「幅広い意味の『モデル』」となること，「大学によるガバナンス」が発揮されること，「教員研修に貢献する学校への機能強化」に努めるべきことが示され，さらに早急に対応すべきこととして「校長の常勤化」「教員の働き方改革のモデル提示」「地域住民等の参画を含む学校運営の改革」を進めること，研究の「成果の追跡と深化」を行うこと，「特色等の明確化のための仕組み」を示すことが提言された。

このような状況で，全国の国立大学附属校園では，自校園の特色を打ち出そうとしたり目に見える成果を築こうとしたりするなど，教育の質の水準を維持・向上させながら存在し続ける方策を検討，実践しなければならなかった。

当園ではこの時期，通常の教育活動に加えて，新たなテーマを掲げた研究の推進，定員の充足と適正化，全国国立大学附属学校連盟（以下，全附連）幼稚園部会が主催する幼稚園教育研究集会上越大会の運営という大きな課題を抱えていた。厳しい情勢の中，副園長としてできることを模索し続ける日々ではあったが，当園の課題解決に向かい，力を注いだ。たいへん多くの方々とつながり，そして支えられた2年間であった。深い感謝の思いを胸に，取り組みの概要を以下に述べる。

第2節　教育・研究活動を守り，支えるための環境整備

(1) 新たなテーマを掲げた研究のスタート

別記のように2015（平成27）年度までの3年間，当園では「遊び込む子ども―学びの基盤に着目して―」を研究テーマとして，「遊び込む」子どもの姿を明らかにしたり，そこで育まれる力や支援の在り方を探ったりして，成果を挙げてきた。「遊び込む」という言葉は，近隣の校園でも知られるまでになっていた。

この研究成果を礎として，次の3年間の研究テーマは「遊び込む子ども―教育課程の創造―」とした。新たな幼稚園教育要領に改訂されるこの時期には教育課程の再編成が課題となること，また，そこで重視されている「非認知能力」が「遊び込む」子どもの姿で見られること等が直接的な理由である。また，保育所保育指針や幼保連携型認定こども園教育・保育要領の改訂を受け，幼稚園のみならず，どの保育所，認定こども園でも，改訂内容や教育課程の編成について関心が高かった。有識者会議で求められている諸課題に応え当園の存在意義を確かなものにしていくためにも，研究の成果を発信していくことは重要なことであった。そこで，以下について力を入れた。

◆県教育委員会との連携強化　当園の研究成果を広く共有し，可能な限り活用してもらうために，県教育委員会主催の研修会の講師依頼を率先して受諾し研究主任を派遣するとともに，当園からも働きかけることによって，研修の機会を積極的に開いていった。

◆研究会の参会者の拡充　毎年10月に実施している当園の幼児教育研究会の参会者は幼稚園，保育所，認定こども園のほか，小学校からの教師・保育者が多くを占めていたが，幼児教育の基本的な方針や重要性を知ってもらうために他校種からの参会も必要と考えられた。そこで市内中学校長会と連携を図り，新たに中学校に対しても開催について周知した。

136　　Ⅲ　カリキュラム・マネジメント

◆**研究会当日の日程の改善**　幼児教育研究会では，それまで，保育参観の後に研究内容の説明を含む全体会を実施していたが，これは初めての参会者には理解困難な場合があると判断された。そこで当日の日程を見直し，参会者が視点をもって参観できるように全体会を参観前に行うことにした。この日程の組み方については2018（平成30）年度にさらに検討され，改善が加えられている。

◆**研究推進のための環境整備**　研究推進にあたっては研究主任の思いや意図を重視した。副園長としては研究が円滑に進むよう，OBや保護者，大学当局，関係団体等との調整，交渉を主に行った。

　幼児教育研究会では，各分科会で教育課程に関する協議が活発になり，新研究への関心度の高さがうかがえた。一方で，研究内容を広く周知することについては，教育委員会や保育所・幼稚園・こども園とさらに強く連携し，研究結果を広く地域に還元したり，地域のセンター的な役割を担ったりする取り組みを継続して推進する必要性を感じた。

(2) 定員の充足と適正化

　入園者の減少の問題は当園も例外ではなかった。教育・実習に加え研究をミッションとする大学附属園として，定員の充足と適正化の双方の課題に向き合い，解決する必要があった。

1）預かり保育の本格実施

　預かり保育の導入については，前々副園長の時期から大学当局や関係者の力を得ながら協議されてきていた。4年近くの準備期間を経て，実施場所，運営資金，保育者，保育内容等，さまざまな案件が整備され，2016（平成28）年度に至って待望の預かり保育が始まった。スタートした初年度は，保育自体を軌道に乗せることが大きな課題であった。毎日10名前後の利用があり，2年目は15名前後まで増えつつあった。しかし，実際に運営を始めるとさまざまな課題が生じ，その解決のため，以下について特に力を注いだ。

◆**保育方針**　当園ならではの保育を実施するため，日中の通常保育と方針を同じくし，子どもたちの興味・関心を大切にした，自由な遊びを重視するスタイルをとることにした。通常保育の流れや内容との連絡については課題を残した。

◆**職員体制**　保育支援員は3名で，朝預かりは1名，降園後は2名の体制である。研究を担う教諭が研究に集中できる環境を整えること，降園後の子どもたちの気持ちの切替えが大切であること，活動が多岐にわたる子どもたちの安全確保が必要なことから，大学の支援のもとで，保育支援員の休暇取得時や長期休業中に，教諭が携わらずに確実に2人体制をとることができるようにした。

◆**保育環境**　降園後の子どもたちの気持ちの切替えのために教室のレイアウトを日中と降園後で変える，午睡の環境を整えるために週1回実施する園開放の範囲を限定する，布団や着替え等のために不要になった物品を寄付してもらうなど，課題が生じるたびに，保護者や関係者の理解と協力を得ながら預かり保育が成立する環境を探り，整備を重ねた。

◆**PDCAサイクルの確実な実施**　保護者が利用しやすい運営を目指し，評価アンケートやPTA役員の声を重視した。その際，評価を定期的に実施し確実に保育の改善に生かすことができるよう，大学の幼年教育コースの准教授の支援を得た。そしてその中で，日々の利用申込みが簡潔かつ確実に行う方

法を確立することが重要となったため，申込みを紙媒体からwebに移行した。

◆**支援体制**　上記のように幼児教育を専門とする准教授の支援を得たり，web上の申込みを行うに当たり情報に精通している他の准教授の支援を仰いだり等，大学教員との連携を図った。また，預かり保育を実施している他大学の附属幼稚園との情報交換や参観を随時行ったり，附属校園担当課と関連情報を確実に共有したりする等，大学や他園との連携による支援体制の構築を目指した。

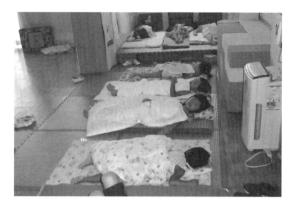

2) 定員の見直し

進展する周囲の情勢及び教育活動推進の観点から，定員の見直しについて検討した。赴任当時の定員は，年少クラス20名，年中・年長クラス30名であったが，定員充足率は60〜70%台が続き，定員充足は長年の課題となっていた。見直しを行うに当たっては，主として以下の観点を重視した。

◆**教育活動のために適正な規模か**　友達同士のかかわりやグループ構成等，教育活動を円滑に進めることのできる適正人数を考慮のうえ検討した。

◆**子ども一人ひとりの姿を追跡できるか**　当園の研究及び大学教員による当園での研究において，長期的に継続して子どもを追跡できるようにした。

◆**地域のモデル園として妥当な人数か**　研究成果を地域に還元するため，近隣の保育所や認定こども園の1クラスの平均人数に近づけることを念頭に置いた。

大学当局の指導を受けながら文部科学省と協議を進めた結果，年少・年中・年長クラスそれぞれにおいて，24名の定員に改正した。これに伴い，年度途中の入園や欠員募集の要件の整備も行った。

預かり保育開始及び定員見直し直後は入園希望者が増え，定員充足率も増になった。しかし，その数値を継続して安定させなければならない。それぞれの取り組みの趣旨や経緯を確実に引き継ぎ，教育活動面，研究面，地域への貢献面，充足率等，観点をしっかり定め，継続して評価していかなければならない。

(3) 幼稚園教育研究集会上越大会の運営

そして，例年にはない特別な事業として，第63回幼稚園研究集会上越大会の運営があった。全国の国立大学附属学校で組織している全附連のうち，幼稚園部会は毎年開催地を変えて7月下旬に幼稚園教育研究集会を開催している。2017（平成29）年度の開催地は上越であった。当園が運営する順番であったため，全国の国立大学附属幼稚園から200名程の参会者が集まる研究集会に向けて，通常の教育活動や研究，預かり保育の開始等の他に，大会準備を進める必要があった。当園の職員数は，園長以下，教諭，非常勤職員，事務職員等，計15名である。日々，全教職員の風通しがよく，皆が笑顔で気持ちよく勤務し，子どもに元気に向かうことのできる職場づくりを目指していた。その方針のもと，

大会準備においても下記のことを大切にし，日々の教育活動の優先を心がけた。

◆**計画は早めに，準備は迅速に**　日々の教育活動に支障が生じないよう大会準備の計画は早めに全教職員に提示する一方，実際の準備期間は6月からとし，短期で行った。その時までは，副園長が前年度・前々年度開催地の園及び事務局の副園長との情報交換を密にして準備を進めた。また，研究主任と養護教諭については早めに準備を開始し，全員が一斉に着手できるようにした。

◆**進捗状況の情報共有を怠りなく**　全員に関係しないことでも，進捗状況の情報については随時全員で共有し，教職員の誰もが集会に向けた現状を把握しているようにした。

◆**新たなアイディアを大切に**　大会開催に向けて，前例にとらわれすぎず，教職員一人ひとりのアイディアを生かし，当園らしさを出せるようにした。

開催日は盛夏の7月24日から26日であった。実施後，各地の参会者から教職員の気持ちのよい対応や研究集会自体の心地よさを認めていただいた。忙しさはあった。しかし当園の教職員の堅い団結力のもと有意義な研究集会を開催することができた。

第3節　おわりに

副園長として勤務していた2年間は，このように当園の，そして全国の国立大学附属園の，大きな変革期にあった。その中での取り組みは，こうして概観すると，環境整備に尽きていたように振り返る。どのような状況にあったとしても，とにかく日々刻々と進行している園の教育活動と研究活動を守り，支えることが必要であった。大学の方針のもと，園の課題解決のために，関係者や関係機関と調整や交渉を図ったり，教職員が研修しやすい体制を整えたりすることに努め，一人ひとりが気持ちよく働き，それが子どもに還っていくサイクルを生み出すための環境整備であったと考える。その結果がどうであったかは自信のないところであるが…。

何とか進んでこられたのは，それまでの副園長先生，OBの皆さんの周到な準備やご支援のおかげであり，園長先生のリーダーシップによる教職員の団結力，大学当局や関係者の方々の支援，保護者のご理解のおかげである。そして何より心強かったのは，「遊び込む」子どもたちの笑顔と成長であったようにも振り返る。その素晴らしさが当園の伝統であり強さであると感じている。

以下は，研究紀要の後書きの一部である。そんな思いを込めて記したものである。

「小春日和の中，金色の陽ざしを浴びて色鮮やかな落ち葉と無心になって戯れる子どもを見ていると，そのほのぼのとした姿に時の流れを忘れます。落ち葉の布団にもぐりこんだり，落ち葉を宙に舞わせたり…。さらによく見ていると，落ち葉をたくさんかき集めるための道具を探したり，広く舞わせる放り方を試したりする姿があります。その時間は，幼児期の今だからこその時のように感じ，だからこそ今この時を大切にしたいと思うのです。…

　子どもの遊ぶ姿はあたたかな時を感じさせますが，それに終始せず，教師の援助により確かに『非認知能力』が育まれているように実感しています。これまで本園が培ってきた真髄を見失うことなく，新たな教育課程の完成をめざしてまいります。」(B, 2018, p.104)

学びの基盤を保障する幼稚園カリキュラム研究

丸山　睦子（元副園長）

　研究紀要の文章を紐解くと，あのころの子どもたちと職員の熱さを思い出す。

　2014（平成26）年度はとにかく，事例の記録と意味付けに明け暮れた時間であった。子どもたちが繰り広げる質・量とも膨大な遊びを，記録し続け，記録の行間を読み，協議しつつ意味付けた。【研究協議―公開保育①―公開保育②―幼児教育研究会―研究紀要の執筆・編集】という１年サイクル，溢れる数多くの子どもたちの遊びから般化できる概念と文言を引き出し続けた。真夏の保育室や多目的室で付箋に書き出し，整理した毎日が懐かしい。

　「週間遊び込み度グラフ」をもとに日々の遊びを振り返り，遊びの変遷をグラフで追いながら，遊び込んだ事例の集積を行った。事例としてまとめる際には，遊び込む姿を支えた教師の援助と環境構成，それを通して幼児の内面に何が生み出されたのかに着目した。それらを分析していったところ，教師が行った言葉かけや働きかけ，環境構成は実にさまざまであるうえ，幼児の遊びは日々変化し，構成メンバーや幼児の生活経験などにより，同じ遊びでも異なる展開をしていくことから「こうすれば必ず遊び込む」というマニュアルのようなものを見出すことはできなかった。

　一方で，２年越しで集積した事例から「遊び込みやすい遊び」のあること，「本園の教育の特徴」として「待つ姿勢」「言葉かけ」があること，そして遊び込んでいる時の幼児の内面の分析から「幼児の遊び込みを支えるために大切なこと」を示すことができた。

　さらに，2015（平成27）年度には「遊び込みの空気」の存在やそれに触れることによる幼児の姿や集団，生活の変化が明らかにされ，その変化を積み重ねた幼児には小学校からの学びの基盤となる「がんばる力」「かんがえる力」「よりよくかかわる力」「ことばの力」が育まれるのではないかということが見えてきた。この３年目の集大成の年には，第23回幼児教育研究会に秋田喜代美先生をお招きした。そして先生から，「遊び込む空気感」という実践者からのオリジナリティーの高い提案が画期的であること，遊び込むことを通して何が育つのかを事例を通して明らかにしたことなど，本園の研究について多岐にわたり意味付けていただいたことは格別であった。

　附属幼稚園は保育・教育，研究の質的向上の手がかりを社会に還元するという大きなミッションをもっている。本園で子どもは遊ぶことを通して，自己の人生に対する肯定感を積み上げ，幸せになるために子どもとしての時代を生きている。そうした子どもの姿を見る度に，私は何とも言えない幸福感を覚えた。

　「遠くにある微かな灯は，頭を上げた者だけに見える」という言葉を聞いたことがある。私たちは「頭を上げた」者たちであった。「遊び込む子ども」をテーマに，追究し続けるという醍醐味を知った。これからも遠くに見える小さな灯にある「真理」を追い続けたいと考える。

第10章　カリキュラム・マネジメントの展開
―「遊び込む子ども」の研究を支える―

泉　真理

第1節　はじめに

　いま幼児教育の世界には，これまでに類のない変化の波が押し寄せている感がある。この時期の教育の重要性が海外の研究結果等の影響も受けて注目されるなか，子ども・子育て支援新制度への移行と幼保連携型認定こども園の普及，就学後への接続を視野に収めた新幼稚園教育要領の完全実施，幼児教育の無償化などの変革が次々と進められてきている。

　2018（平成30）年度の私の赴任当初は，大学改革の最中でもあった。前年に出された「国立教員養成大学・学部，大学院，附属学校の改革に関する有識者会議報告書」を受けた附属学校不要論，多忙化解消に向けた超過勤務時間の削減と教員の働き方改革など，解決に向けて取り組まなければならない課題が山積していた。附属学校園ではこうした課題に対する取り組みをこれまでしてこなかったわけではない。ただしこの状況にあっては，私たちの園の改革もより積極的に，スピード感をもって目に見える形で進めていかなければならないと感じた。

　とはいえ，課題は相互に複雑に絡み合っている。一つひとつ熟議を経て扱っていては時間がかかり，効果の現れるのが先送りになる。そこで現職員との情報共有と意思疎通ができさえすれば，その折々に可能なものから即実行していくこととした。私が着任した年は，当園での勤務年数が長く，改善すべき点が何なのかがわかる職員が複数いた。また，当園は職員が少ない。職員室で副園長以下全員が常に顔を合わせて仕事をしているので，気付いたことを話題にしたり協議したりするなど，情報共有が手軽にできる利点がある。ちょうど6年間にわたる「遊び込む子ども」研究の蓄積のうえに，その集大成を目指す年でもあった。だからこそ，園の職員に負担をかけすぎないことを念頭に改革に着手し，カリキュラム開発のための条件整備に向けた運営＝マネジメントを担うことが，2度目の勤務となる私の取り組むべき任務に思えた。

　着任早々から改善策を先送りしない姿勢を示した。そして，今の時代にあった園運営，将来の園の在り方を見据えた改革の内容について，共に考えてもらいながら歩んできた。

第2節　カリキュラム・マネジメントの実際

(1) 公開研究会 (幼児教育研究会) の改革

◆開催場所の変更の試み　開園以来，園舎を使って毎年一回の公開研究会を継続して開催してきている。しかし多くの参会者を迎えるにあたって，園舎の「狭さ」が最大の問題になっていた。普段は，こじんまりした園舎での保育が功を奏していることが多い。しかし，研究会には何かと不便であった。

当日は200人以上の参加者が一同に集まる。遊戯室は狭すぎて人が溢れることがある。また，トイレや昼食会場の不足，駐車場の確保，多くのパイプ椅子の収納場所の確保と移動，公開保育後の園内の仕様替

大学講堂で実施した全体会と講演会

え，駐車場への誘導のための多くの学生ボランティアの募集など，準備と実施の双方の段階で手間がかかる。その分，保育や研究発表に時間と労力を傾注したいのに，それ以外のあれこれに気を遣わざるを得ない一日になっていた。そこで，大学キャンパス内にある立地条件を生かして，午後の全体会や講演会については大学講堂で行う構想を立てた。

◆職員自身による改革の過程　4月には研究会の改革をめぐる話題が持ち上がった。講堂で行うことで上記の問題が解消するほか，保護者や地域の方，学生や院生が参加するスペースが得られ，当園の研究を知ってもらうことができる。また，関係者でなければなかなか足の踏み入れにくい大学にも入ることができ，講演会も空調設備の整った講堂でゆったりと聴いていただくことが可能になる…メリットが理解されれば，後は動くのみであった。研究会を大きく変えるにあたって職員は皆，「私たちはできる，今年が変え時」と志を高く掲げ，仕事を進めた。引き返すことを考える職員はいなかった。

実際には「変えるにはどうしたらよいか」を考え合ううちに新たな問題が生じてきた。たとえば，午前の公開保育を終えたあと午後に大学講堂へと移動することにしたが，園からの案内をどうするか，昨年までとは違う駐車場は確保できるか，昼食場所をどこにするか，悪天候への対応はどうすればよいか，新会場の設置はいつだれがどのようにするか，等々である。そして研究会の開催日が迫るにつれ多忙さは増し，夜遅くまでの業務が続くことになった。

しかし多忙さによる疲労で，職員が後ろ向きになる様子はなかった。「多忙化は多忙感から来る」ことを改めて実感した。やりがいは多忙感より充実感を高める。問題解決のための検討に時間を費やすことにはなったが，顔をつき合わせいろいろと論議したり，あちこちと交渉したりする過程を職員は楽しんでいるようにさえ見えた。自分に任された役割はもちろんのこと，互いに率直に疑問点を明らかにし，意思疎通を図りながら，次々と改善点を見出していった。その仕事ぶりを見ながら，私は感じた。「たとえうまくいかなかったことがあったとしても，それは来年度に向けての課題と捉えればよい。新たなものを創造しようとしているこの過程が既にそれぞれの職員の力量を育てているはずであるし，

職場のカリキュラム・マネジメントは成功している」――と。新たな試みに挑戦することが大変であっても，生みの苦しみを感じている職員はいなかったと思う。前進あるのみで，研究会に向かって歩みを止めない日々が続いた。

(2) 「関係ないよう」に見えて大いに「関係あった」物品・書類の整理整頓

全国の附属幼稚園に先駆けて始めた預かり保育が，3年目を迎えていた。大学には預かり保育の専任職員を雇用してもらっている。他の国立大学附属幼稚園の状況を聞いて，当初はたいへん恵まれた環境で順調に保育が行われていると思えた。

しかし唯一大きな課題として残ったのは，場所の確保であった。園舎の増改築などのないまま開始された取り組みであるため，正規時間に使用している保育室の共有などについて，やりにくさがある。預かり保育用の備品置き場

事ある度に園長室に移動していた荷物

や，職員の働く場所を確保するために，園全体が手狭になっていた。会議一つ行うにもその都度，たくさんの道具を移動して会議用の机を並べるなどの工夫をしなければならない状況が生まれていた。職員室も，私が教諭として勤務していた頃に比べると5人増で，それ自体は有難いことだが窮屈な環境にもなっていた。預かり保育を園舎以外の場所で行うことや，別棟を建てることをいくら大学に要請しても，大学全体の財政状況が逼迫しているので，到底かなえられない状況にある。しかし，これが多忙感を募らせる大きな要因になっていると感じた私は，4月のうちに，頻繁に活用しない備品の物置を確保することに着手した。

園舎の中にあって，普段，ほとんど使わないものは何か。それは年一回の公開研究会のために常備している300脚以上のパイプ椅子であったり，400足以上のスリッパ，研究会を運営するための長机や看板や表示であったりした。研究がミッションの一つである附属学校園にとって，公開研究会は大事な発信の場ではあるが，その年一回の開催のために残りの日々が働きづらい環境になっているとすれば，これは改善しなくてはならない。

公開研究会と働き方を，同時進行で変えていくこと，職員が目の前の子どもたちの教育や保護者の相談等に専念し，向き合える環境をつくることが，私の管理職としてのミッションである。200脚近いパイプいすを手放すことを決意し，新たな物置として園に隣接する大学宿舎の空き部屋を借用することを大学当局と交渉し，認めてもらった。現在は，常時使用しない多くの物品・書類の移動と整理をし終え，保管している。

(3) 人を大切にするマネジメント ――研修と交流の機会の拡充――

◆園内外における職員の研修と交流　さて，モノの交換は予算さえ付けばいつでも可能である。一方，人材育成には時間のかかるケースがほとんどである。学校園では施設設備に係る条件整備だけでなく，職員の研修と交流の内容をより充実させることがマネジメントの要となる。

第10章　カリキュラム・マネジメントの展開　145

当園での新潟県新規採用教員研修

　Ⅰ-1で概説したように当園には15名の職員がいる。新潟県教育委員会から人事交流で派遣されている教員と，大学が任期付きで雇用している職員からなり，保育担当の人数はおよそ半々の構成である。教育委員会に属する教員は小学校経験が豊富な中堅職員であり，その内訳はクラス担任3名と養護教諭1名，副園長1名である。いずれも幼児教育の経験は皆無の状態で赴任し，いわば幼小の連携と接続を身をもって経験している状況である。一方，クラス副担任や教育補佐員，預かり保育担当の職員は幼児教育・保育の現場経験があったり，大学等でこの分野を専門に学んできたりした者が多くを占める。とはいえ，研究に携わってきた者はほとんどない。

　附属学校園には，毎年研究テーマを掲げて研究会を実施し，授業や保育を公開するだけでなく，地域の教育振興への寄与も求められる。当園の職員は常に幼児教育の動向に敏感でなければ，研究会や研修会を通じて発信していくことはできない。書籍やネット等からの情報から得られるものもあるが，やはり他の先進園の保育や専門家の話を直に聴いて，現状に精通するとともに，今後の幼児教育が向かう方向を見極めながら，当園の教育と研究を考えていく必要がある。

　そこで園外研修の財源確保と情報収集に努めるとともに，他都県の附属幼稚園や県内の幼稚園・こども園・保育所における保育参観，保育体験，園内研修会や公開研究会への参加依頼を行い，職員に積極的な参加を促した。これは正規職員に止まらない。任期付きの非常勤講師や預かり保育担当者にも同様に研修の機会を提供している。

　また全国・県・市町村のレベルを問わず，研修会への講師依頼があれば快く引き受けて，当園の実践を発表させてもらった。口頭発表もあれば，紙面発表もあるが，多くの人に自分たちの実践を見聞きしてもらうことは，研修と同様に発表者自身の力量形成につながるからである。

◆**保育ボランティアによる支援**　こうした職員研修は多くの園で課題となっているはずである。しかし，どうしても時間と人員確保の問題がついてまわる。当然，目の前に幼い子どもがいれば無理，園外研修も代替要員がいなくては無理である。また，時間外保育が当然の昨今は，職場内の保育者全員による情報共有の機会さえなかなか確保できない。

　当園もこの問題と無縁ではない。ただし幸い大学のキャンパス内にあることから，幼児教育を専門に学ぶ学生や幼稚園教諭免許状や保育士資格等を有する大学院生に保育ボランティアを依頼しながら，職員を園外研修に派遣してきた。園に来る学生にとっては，保育現場での実際的な学びが可能となり，教育実習期間以外の自主研修の機会にもなっている。

◆**長期的な視点で行う研修と交流**　研修の機会を得た職員は帰園後，確実に成果を報告する。異なる保育現場で得た有意義な経験を還元し共有することは，自園の保育を相対的に見直したり，新たなアイデアを得たりする契機となるので，日常の実践を改善していくために重要である。

　ただし当園では，自園による自園のためだけの研修を追求してはいない。職員は当園に在籍し続け

るとは限らず，保育ボランティアの学生の多くもまた地元の園の保育者や小学校教師として巣立って
いくからである。人への投資は教育そのものの目的と同じである。成果をすぐ形や数値にできなくて
も，目先のことにとらわれず，全国各地で未来の幼児教育・保育に貢献できる人たちや，幼小接続・連
携の将来の担い手となる人たちにとって貴重な経験になることも期待しながら，長期的な視点に立っ
て研修と交流の機会を提供している。

◆職能成長を支える職員集団　そして何よりも職員の力量形成は，所属する集団の如何によって左右
される。当園の保育においては経験年数の多い職員から本学を卒業したばかりの若い職員まで，正規
も非常勤も関係なく意思疎通が図られている。正規職員よりも長年本園の保育に携わっている非常勤
職員もおり，正規のクラス担任とチームで相談しながら保育を行っている。非常勤職員も研究の一端
を担っている自負と自信をもっているし，クラス担任にとっても副担任は最も頼りになる存在である。

また，預かり保育の職員とも，子どもの育ちや家庭の状況等について日々情報を共有している。預か
り保育を日常的に利用する保護者との連絡は，預かり保育担当の専属の職員に任されていることが多
いが，クラス担任とも情報を共有し，日常の保育に生かしたり保護者への連絡をどちらがするかの調
整を図ったりしながら，正規時間と預かり保育の時間の保育のつながりを確保し，子どもへの援助に丁
寧に向き合っている。

これらの職員を全面的に信頼し，保育を任せることが各職員の職能の向上に直結し，職員集団の結
束力を強固なものにしてきた。出されたアイデアを取り上げ，後押しすれば，それを現実にしていく力
量は十分にもち備えている職員ばかりであった。それぞれに仕事を任せてよかったと思っている。ま
た，そうしなければ職員の自己有用感も高まらないだろう。させられた感が募り多忙感しか残らない結
果に終わってしまう。少人数で行う研究と研究会の良さは，それぞれに重責が任されること，またその
全体像を全員で共有し，一部で仕事をするのではなく全員で全過程を請け負えるということである。
これがやり終えた後の充実感，達成感につながる。誰もが縁の下の力持ちではなく当事者意識をもっ
て仕事に邁進できるという意味で，当園のカリキュラム研究は保育の質の向上と並んで職能の育成に
もつながり，それに大きく寄与していると考えている。

(4) 園行事の精選

◆園行事の意義と問題　園行事は子どもたちや保護者にとって楽しみなだけでなく，園生活や季節の
節目になる。また，子どもの成長のきっかけになることも多々ある。たとえば5歳児にとって異年齢グ
ループによる遠足や宿泊保育は，年下への思いやりの気持ちを高める，身辺自立を促す，自信をつける
といった効果が期待できる。当園の行事は日常の園生活と不可分の関係に立っている。これまで行っ
てきた数々の園行事は，それぞれの背景があって始まり，続けられてきたと思う。

ただし，園行事の内容や回数を見直し精選することによって，日々の「あそび」の時間の充実につな
げることもできる。行事のために遊びを中断させてしまったり，行事用の広い場所を確保するために遊
びかけのスペースを無理矢理片付けさせてしまったりといった，子どもたちにとって不本意に感じら
れることが，そのことによって減らせるからである。本来の園生活の流れをいつの間にかさえぎってい
る行事はないだろうか。子どもの遊びや生活そのものを充実させることを優先する視点から一つひと

つの行事の意味を改めて捉え直し，思い切った対応を行った。

◆バス遠足　たとえば，4歳クラスで春に予定していたバス遠足は止めた。初めての進級を経験する4歳児にとっては，クラス担任の交代や新たな転入園児を迎えることによる仲間関係の変化などがあり，この時期には心理的に不安定になりがちである。この遠足ではお花見をしていたが，それは園庭でも十分可能であるし，園舎裏の森には園庭とは異なるヤマザクラなどの品種の花を見つけることもできる。歩いて行ける大学のキャンパス内にもよいお花見の場所はある。4月当初の職員会議で話題に上った際，その効果よりも弊害が多いと判断し，春のバス遠足の中止を即決した。

◆家庭訪問　また，4月下旬に行っていたクラス担任による家庭訪問を，保護者が園に来てもらって行う個別面談に変更した。年度当初の保護者と担任の面識が目的であるならば，広域に及ぶ家庭を一軒ずつ歩く訪問よりも，その方が能率的である。職員が訪問ルートを考える時間の削減や移動に伴う危険の回避は，普段の保育について考える時間と心理的ゆとりを生み出し，子どもに向き合う気持ちのゆとりにつながった。春先には子どもと穏やかな気持ちで向き合い，保育に専念することが最優先である。その方が子どもとクラス担任，クラス担任と保護者の信頼関係を強くすると判断し，その趣旨を丁寧に説明したうえで保護者の理解も得てこの方式に切り替えた。

◆一日入園　さらに，入園式前日に行っていた新入園児の一日入園も取りやめた。そして3月初旬に保護者向け入園説明会を実施することにした。3月であれば慣れた職員が担当でき，ポイントを絞って話をすることができる。PTA役員も，年度末であれば1年間の流れがよくわかるため，PTA活動等について丁寧に説明し，質問にも応じることができた。新入園児の保護者にも，必要書類や通園バック等を時間をかけて用意することができたと好評であった。4月に着任した職員にも，新年度準備のゆとりが生まれた。全員で園の保育スタイルについて研修したり，環境整備をしながら園舎内外の保育環境について理解を深めたりすることができた。準備する側にとっても，当事者にとっても，好評な改革となった。「これまで通り」を疑ってみることは改善につながることを職員とともに実感した。

(5) PTA役員と進めたPTA活動の精選　―保護者自身によるマネジメント―

当園が設立されて27年が経過している。これは当時に園児だった者が，父母になる年月に匹敵する。PTA活動は，会員による自立的な体制の中で脈々と受け継がれてきた。しかし，設立時のように母親のほとんどが専業主婦であった時代ではなくなり，同様のPTA活動を継続するには困難な状況も多少生まれてきていた。年間を通じて預かり保育を利用する家庭は全体からみれば2割にも満たないものの，その保護者が参加できず気兼ねしてしまうPTA活動であってはならない。一方，常に専業主婦がPTA役員を引き受けさせられるようでも問題である。

設立当初と同じやり方が，保護者のライフスタイルに合致しづらくなってくるのは当然である。活動の本来の目的や意義は大事にしながらも，それを達

子ども連れのPTA活動

成するためのよりよいイマ風のやり方を模索する必要があった。引き受けてくださった役員はこのことに深い理解を示し，多様な会員に柔軟に対応できるように工夫をしたり，参加や情報共有が困難な保護者も後ろめたい気持になったりしないように心配りをして活動を支えてくださった。昨年度まではなかったPTA活動に対するアンケートも自分たちで作成，集約し，その全ての回答を職員や役員に包み隠さず提示された。その結果を踏まえてPTA活動を精選し，数年ぶりに規約も改正した。

　PTAでは各種の専門委員会による多様な活動のほか，自主的なボランティア活動も行われている。子どもたちの遊び道具を紙や布で手作りしたり，痛んだ絵本の修理をしたりといったことを保護者が行っている。やりたい人が集まって，笑顔で言葉を交わしながら活動している様子はとても楽しそうである。保護者同士，息が合ってくると子育ての不安や悩みも話題になり，未就園児もやってきて，園の部屋はミニ子育てひろばのようになる。

　その年の活動を企画するにあたっては，役員と副園長で協議を繰り返すとともに，臨時の保護者会も随時折り込み，丁寧に説明して会員から賛同を得ながら，内容や方法に改善を加えてきている。2018（平成30）年度の優良PTA文部科学大臣賞の受賞後は，それまでにも増して，役員会や総会で熱心な協議が繰り返された。園生活全体がカリキュラムだとすれば，間違いなくPTA活動もその一部であり，当園では保護者主体でマネジメントが進められているといえる。

(6) 子どもの多様性への対応 ―主体的な遊びを中核にしたマネジメント―

　開園以来，当園では「遊びは学び」というキャッチフレーズが職員から職員へ，職員から保護者へ，保護者から保護者へと言い伝えられてきた。毎日，園で好きなことをして遊べる子どもたちは，喜んで登園してくる。入園当初は母親と離れがたい様子を見せていた子どもも，次第に園での生活が自分の生活の一部になっていく。年齢が上がるに従って欠席も少なくなる。2018（平成30）年度の5歳児21名の一人あたりの欠席日数は，出席停止の日も含めてもたった4日であった。

　一人遊びが好きな子どもや，とことん自分のやりたい遊びを追求する子ども，同年齢より年上の友だちと遊んでいる方が安定する子どもや，雨の日も外でどろんこになって遊びたい子どもなど，それぞれにやりたいことがある。当園ではその一つひとつを大切にし，それに保育者が合わせ，援助するようにしている。そして，子どもたちの主体的な遊びが園生活のほとんどを占めていることが，保育者が彼らの多様性に柔軟に対応できることにもつながっている。

　何よりも，子どもたち自身が友だちの行動や様子に寛容になっていく。たとえば，アレルギーや家庭での食生活の違いから，自分たちと同じものが食べられなかったり食べようとしなかったりする様子を彼らは特別視することはない。

　また最近，日本語での生活歴がほとんどない子どもが入園してきた。入園を許可したものの，職員に不安や迷いがない訳ではなかった。しかし，受け入れた周囲の子どもにとって言葉の壁は全くといってよいほどなかった。言葉や生活習慣の違いなど気にせず，他の友だちと同様に園生活の仲間として受け入れていた。そして日本語もあれよあれよという間に習得していく子どもの限りない可能性には驚くばかりであった。もちろん言葉が通じなかった子どもが園生活で母親を求めたり，伝わらないもどかしさをかんしゃくや泣き叫ぶといった行動で表したりする日もあったが，遊び中心の生活の中で柔

軟に対応してきた。子ども同士が直接的にかかわる時間が長いため、仲良くなるのに時間はかからないのである。

　さらに、当園では年齢の仕切りが低い。毎日、園全体を使って全クラスが入り交じって遊んでいるため、おのずと年上の子どもの年下への思いやりの気持ちが育ったり、年下の子どもが年上の様子から遊び方や園生活のいろいろなマナーやルールを学んだりする機会にも恵まれている。

　特別な配慮を必要とする子どもへの配慮や異年齢の子ども同士の関係づくりを、保育者は日々さまざまな場面で、意識的に個別に行っている。ただし、あくまでそれを子どもたちの主体的な遊びを通して行おうとするのが当園の基本的な姿勢である。この姿勢は、園生活全体を通して子どもたちにも暗黙に受け入れられ、継承されてきている。この歴史的に受け継がれてきた当園の大きな流れの中に職員とともに身を置き、子ども一人ひとりを見つめながら互いの支え合いを促すことが、多様化する子どもたちへの対応の一つひとつをより適切なものにしていくと考えている。

第3節　おわりに

　「遊び込む子ども」の研究と彼らの主体的な遊びをより充実させるために、日々取り組む職員の研修と交流の機会の拡充、時間の絞り出しと施設設備をめぐる物的要件の改善など、さまざまな条件整備を大胆に試みてきた一年間であった。規模の小さな当園ができることは限られているが、園の中で繰り広げられている教育は本物だと確信している。これからの時代を支える子どもたちに、いかに充実した幼児期を過ごさせるかは、社会全体の課題にもなっている。幼児教育が大きな転換期を迎えている今、周囲の幼児教育関係者はもちろん、一般の方々にもこの教育の大切さをアピールする一端を担うのが、私たちのミッションの一つだと感じている。

　教育の結果はすぐに効果が現れるものではない。このことは、多くの人が承知しているところである。一方で、数値や成果物による評価を求められることが多々ある。幼児教育を通して培われるものを目に見えるようにしていくことは非常に難しいと感じている。たとえそれが見えるもので評価できなくても、遠い将来どのような社会が訪れても強く、しなやかに生きぬける基礎を培う本物の幼児期の教育に、そして自分がそれに携わっていることに、矜持を保ち続けられるよう職員のモチベーションを高く維持することが、当園に勤める副園長のカリキュラム・マネジメントの要であると考えている。

IV
「遊び込む」子どもを支える幼稚園カリキュラムの諸相

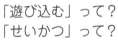

「遊び込む」って？
「せいかつ」って？
…

子どもってナゾの宝庫。
問い続けていると，みえてくる。

第11章 「遊び込む」姿の魅力

角谷 詩織

　本節では，2013〜2015年度に上越教育大学附属幼稚園で実施された研究を振り返りながら，その過程で見えた保育者の率直な思いや考えなどを盛り込みつつ，幼児の「遊び込む」姿とその意義を論じてみたい。

第1節 「遊び込む」とは：定義から姿の描写へ

(1) 価値あるものとしての「遊び込み」

　「遊び込む」経験が子どもの成長を強力に促していることを，当園の職員は実感していた。というよりはむしろ，「あぁ，こんなにも，この子のよいところが伸びていくんだ！　力が発揮されるんだ！」，「この子たち，こんなにも，お友だちと力を合わせられるんだ！」と感じるような，子どもの遊ぶ姿を表すことばとして，「遊び込む」がピッタリだと感じていた。保育者が幼児の「遊び込む」姿に惹きつけられるのは，そのなかでこそ，幼児がさまざまな力を発揮し，身につけ，伸ばすことができるという期待や経験知があるからだろう。研究テーマとして「遊び込む」を選んだのも，当時副園長だった長谷川敬子先生ご自身が，「遊び込む」大切さを身をもって体験されていたということも大きいかもしれない。副園長ご自身の幼稚園時代，活動を指定される幼稚園へ行くのが嫌で押し入れに閉じこもり，観念した親が自由遊びを大切にする幼稚園へ転園させたところ，嬉々として通園しはじめ，大雪の降りしきる真冬も，片道30分以上の道のりを一人で歩いて通い続けたという経験のもち主だった。その生きる構えは，60歳を過ぎた今でも面影が残っている。このような保育者たちが，秋田（2009）にある「遊び込んでいる」ということばと出会い，この意義を追究したいという意欲がわきあがった。

＊＊＊

　保育者の当初の実感は，的を得たものといえるだろう。質の高い幼児教育が，その後の人間の成長にポジティブな影響を与える（La Paro, Rimm-Kaufman & Pianta, 2006; Lee & Goh, 2012; OECD, 2011; Sylva, 2010）。また，幼児に協同的問題解決の課題を課した際，「プレイフルで子ども主導の課題は，構造化された状況や課題よりも幼児期の問題解決スキルを支援・促進する」（Ramani, 2012, p.183）ことが示されている。

　さらに，昨今大きな課題とされる小学1年生以降の適応には質の高い幼児教育が必要であることは，国際的にも実証されている（La Paro, Rimm-Kaufman & Pianta, 2006; Lee & Goh, 2012; OECD, 2011;

Sylva, 2010)。そして，幼児教育の中心的な役割を担っているのが遊びである。幼児期に遊びは必要不可欠であり，長期的にも短期的にも，個の成長，とくに自己調整力 (Holodynski, Seeger, Hartmann & Wörmann, 2013) をはじめとする非認知能力の発達に重要な意味をもつ (Pellegrini, 2013)。小1プロブレムなどで新しい環境への適応が課題となっている現状を踏まえると，これらの力の育成は，小学1年生の学びの基盤となる力の育成につながると考えられる。

　自己調整力は，個人にとって重要とされる欲求や意思を満たすために用いられる適応的な一連の自発的行動であり，社会的，物理的環境と切り離すことができない (Holodynski, et al., 2013)。より具体的に捉えるならば，内側から生じる激しい感情をコントロールしてものごとに対処する力や，自分の思いばかりを主張するのではなく，友だちなど他者との折り合いをつけながら関係を維持しものごとを推し進めていく力，また，多少の困難に出会っても，その時に生じるネガティブな感情に押し流されることなく，その先にある目標に向かって適切な行動をとることのできる力が含まれる。そして，そこには，ものごとに対する内発的な興味関心が必要不可欠である (Deci & Ryan, 2013)。また，自己調整力の高さは，後の心理的・学業的適応を促す (Deci & Ryan, 2013; Duckworth & Carlson, 2013; Józsa & Molnár, 2013)。そして，とくに幼児期には，自己調整力にかかわる脳の前頭前野が発達することから，幼児期に自己調整力を身につけることができるかどうかは，学びの基盤となる力の育成の面からも重要である (ポズナー＆ロバート，2012; Thompson, Lewis & Calkins, 2008; Thompson, Virmani, Waters, Raikes & Meyer, 2013)。

＊＊＊

　「遊び込む」ことの意義は大きそうだ。そして，何よりも，「遊び込んでいる」子ども自身が，「いま，ここで」夢中になっている。大人も，何かに「打ち込む」ときは，それ自体が好きで楽しく，そこに意義を感じ，そうしている自分の存在価値を感じられるときなのではないだろうか。小学校に入ってからの適応によい影響をもたらすためというよりは，「いま，ここで」，この二度と経験できない幼稚園生活の一日一日を，「遊び込んで」過ごすことができているということの結果として，小学校以降の充実した人生の基盤をつくることができる，という捉えかたが的確だろう。遊びは「未来を志向することによって今の瞬間を楽しむもの」(伊藤，1988) だ。

　少し話はそれるが，その時その時を夢中に一所懸命過ごすという姿勢の結果が次につながる基盤をつくるという視点の大切さを考える意味で，年度末の幼稚園や学校の情景が思い浮かぶ。「年長さんになるのだから」，「1年生になるのだから」，「2年生になるのだから」，「最上級生になるのだから」というセリフを切り札のように使い，「きちんとしましょう」というメッセージを伝えている先生を見かける。先生からすれば，引き継ぎが頭をよぎる時期で，ご迷惑のかからないようにしたいという思いがあるのかもしれない。ただ，子どもからすれば，これは困惑するメッセージ以外の何ものでもない。このメッセージは，「大きくなったら○○になりたい。だから，その夢をかなえるために，今，○○を頑張ろう！」という自発的な未来志向とは異なる。目指すところがわからずに，強制的に頑張らされている状態となる。年齢が低ければ低いほど，そのようなセリフをまともに受け，強烈なプレッシャーを感じ「萎縮」してしまう子どもがいる。そのような子どもに，私は「年長さんになるための年中さんではないんだよ。年中さんは，今しかないんだ。だから，今日，一所懸命やりたいことを見つけて，今日，夢

中になって，たくさん考えて，たくさん遊んでいれば，自然に素敵な年長さんになれるんだよ」と伝えるようにしている。これは，小学1年生にも5年生にも，6年生にも同じだ。ただ，子どもが大きくなれば，「毎年，毎年，キリがないね」(3年生)と言い始めたり，「また，始まった」(5年生)と感じたり，教師の切り札の効果もなくなるのではあるが。

「遊び込む」意義を考えるうえでも，まず，その時どきの子どもの主体的な活力あふれる姿そのものがこのうえなく価値あるもので，その価値あるものを積み重ねていくと，結果的に生き生きとした小学生，中学生，やがては成人へと成長する基盤となるという構えでいたいものである。

(2) 定義の探索から描写へ

研究を走らせるための最初の研究協力者会議，研究協力者も交えての最初の話し合いを，諸事情が整わずに欠席した私のもとに届いた先生方からの声には，戸惑いの色がありありと見て取れた。

「『遊び込む』という状態の定義をどのようにしたらよいのでしょうか。何をもって『遊び込んでいる』と判断したらよいのでしょうか。」

その会議では，「遊び込む」とは何ぞやという議論が喧々諤々となされたようだった。研究を始めるにあたり，まずは，その定義から考えねばという，いわば「研究」のイメージに縛られた窮屈さも見て取れた。

＊＊＊

「遊び込む」とは幼児のどういう姿を指しているのかを捉えることは容易ではない。そもそも「遊び」の定義すら確固としたものがない。幼児の遊びはその種類も多様で，その都度偶然性が多々含まれており(比嘉, 2009)，そこに何らかの共通要素があるのかどうかは明確に捉えられていない。遊びという単位での研究の試みは，その定義や分類の難しさから行き詰まりも見せている(無藤, 2013)。

ただし，質の高い遊びを具体的に捉える試みも続けられている。岡・阿部・中坪・山縣・渡辺・松河・津川・宮里(2011)は，日本保育学会員の考える質の高い遊びについて質問紙調査を行い，その様相を捉えた。大人の想起した遊びという限界はあるが，質の高い遊びとして，「協働協同協力」，「自主自発自律」，「集中熱中没頭」，「共有共感イメージの共有」が見出された。

＊＊＊

「先生方の直感で良いのではないでしょうか。日々の実践のなかで『遊び込んでいるなぁ』と感じた遊びの記録を，まず，集めてみてはいかがでしょうか」と私は答えた。「『遊び込む』とは，こういう状態を指します」という応答を期待していたであろう保育者は，この答えに拍子抜けしたかもしれない。私がこのようにお答えした理由としては，常日頃から，保育の場や学校教育の場というのは保育者や教師の感覚の働きがとても大きいと強く感じていたということがある。直感のなかに何か法則性のようなものや共通項が見えてきたら，それは，現場の保育者・教師の直感，瞬時の判断が，決して感覚的な頼りのないものだったり，あるいは，教師の性格によって大きく左右されるものではなく，ある一貫した根拠のある経験知からなるものだとも考えていた。

そして，「遊び込み度グラフ」を月ごとに作成したらどうかという提案も活かし，日々の実践の振り返りのなかで記録された遊びを5段階(1.遊べていない〜5.遊び込んでいる)に分類した(図11-1)。5段

階のどこに位置付けるかは，もっぱら保育者の感覚によった。一通り分類した後，「遊び込み度5」と位置付けられた遊びに該当する事例の詳細な記録を作成し，事例のなかに見られる子どもの様子のキーワードを付した。そこから，保育者自身がなぜ「遊び込み度5」と感じ，分類したのかが見えてくるのではないかと想定したためだ。

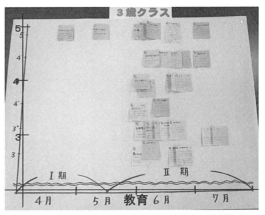

図 11-1　遊び込みでの変化を重ねることによる育ち
出所）上越教育大学附属幼稚園（2016）p.3 より

当時の保育者による「遊び込み」の基準は厳しく，非常に厳選された数の事例にとどまった（「遊び込み度5」の総事例数は，3年間で，3歳24事例，4歳24事例，5歳20事例）。保育者自身も口々に，「こんなに少ないのか…」という感想を漏らしていた。一方，「遊び込み度4」の事例は多く，これらについても，同様に事例分析を行った。

キーワードをKJ法を用いて分類した結果，保育者の厳しい感覚的基準をクリアした「遊び込み度5」の事例には，すべて，「集中・没頭」，「試行錯誤」，「協同」（4歳児以上）が含まれるという発見に至った（図11-2）。一方，惜しくもその基準をクリアできなかった（この言い回しの響きに違和感を覚えるかもしれないが）「遊び込み度4」の事例はというと，その数は多いが，いずれも，「集中・没頭」，「試行錯誤」，「協同」のいずれかが不足しているということが見えてきた。

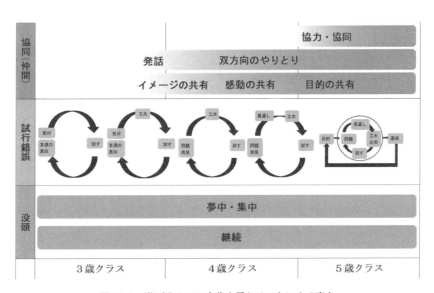

図 11-2　遊び込みでの変化を重ねることによる育ち
出所）上越教育大学附属幼稚園（2016）p.4 より

「遊び込み」と言われる，保育者の実践知として大切にしたいと思う遊びの特徴として，没頭，試行錯誤，協同の要素がすべて含まれる遊びということが見えてきた。これは，岡ら（2011）の「協働協同協力」，「自主自発自律」，「集中熱中没頭」，「共有共感イメージの共有」と共通する点がある。

この３つの要素が見えてきたということの意味は大きいのではないだろうか。まず，それまで感覚的な捉えに止まっていたものが，保育者に自覚的・意識的に見え，さらに，保育にあまりかかわりのない人々にとっても理解しやすいことばを用いて表現できたからだ。（幼稚園教諭や保育士にとってみれば自然な響きをもつ「遊び込む」という語は，実際，小学校の先生などにとってみれば，非常に馴染みのない，捉えどころのないことばと感じるようである。）また，教師の直感で選び出された遊びに共通するものとして抽出されたことが，経験知の価値を証明するものといえるのではないだろうか。

第２節 「遊び込み」を支えるもの

(1) 偶然の背後にある必然へ

「遊び込み」の姿をより明確に，言語的にとらえることができたところで，次に，どうすれば子どもが「遊び込める」のかを考えるに至った。やはり，「遊び込む」ことの威力と意義とを肌で感じている保育者にとっては，できる限り，子どもが「遊び込める」ようにしてあげたいと思うのは，ごく自然なことだろう。

そのような思いを抱きつつ振り返りながらの保育のなかで，再び，戸惑いの声があがった。「このとき，たまたま５歳児さんが通ったから…。」「たまたまイチゴの苗に使う藁を持ってきてあったんですよ。それを，たまたまＡくんが見つけて…。」「砂場の力でしょうか。水の力でしょうか。」

保育における「偶然性」の壁だった。子どもの「遊び込み」を支える保育者の役割が何であるのかを考え，その遊びを振り返れば振り返るほど，自分たちの意図とはまた別のところ，「偶然」の出来事によって成り立っている部分が多いという感覚が，保育者たちのなかで膨れ上がっていった。そして，傍から見ていても，それは否定できない事実だった。

それでは，「遊び込んだ」状態は，「たまたま」うまくいった実践となってしまうのか。そうではなさそうだし，そうだとしたら，教師は何を目指して日々子どもとかかわればよいのかわからなくなってしまう。そこで，注目する対象を，目に見えるものから目に見えないものへ，つまり，子どもの内面へと移してみてはどうかと考えた。

そして，2013年度と同様にKJ法を用いて，遊び込んでいる子どもの言動が，その子のどのような内面を反映しているのかを捉えようと試みた。そこに見えたのが，「安心感」を土台とする，「自信・達成感」，「意欲の持続」，「仲間とかかわりあう心地よさ」，「気づき・思考の深まり」であった。子どもの安心感を保証することがまず何よりも大切で，その上で，「自信・達成感」，「意欲の持続」，「仲間とかかわりあう心地よさ」，「気づき・思考の深まり」を生み出すような働きかけをする必要があることを確認できた。「遊び込む」姿は，偶然の出来事やたまたま出くわした環境のおかげで成り立っているように見えることがある。保育者は，その偶然性を意識的・無意識的に見極め，反応する。いわゆる，チャンスを逃さないようにするとでもいうべきだろうか。それが可能になるのは，子ども個々の特性を真に理解し受け入れているときだろう。この理解と受容があって初めて，５つの内面のうち，目の前の子どもにとって足りないものは何かを見極めることができる。これは偶然には起こらない。そして，それを充足させようと創り出す環境には幾通りもの可能性があり，その可能性の中から，ある意味偶然によっ

156 Ⅳ 遊び込む子どもを支える幼稚園カリキュラムの諸相

て促された環境や保育者の支援により「遊び込み」が可能になるのだろうということが，具体的な事例データをもって確認できた。

　この気づきのもつ実践的意義は想像以上に大きかった。その後の保育で「目先の出来事や子どもの状態に慌てなくなり，これまでより大きく構えることができるようになった」と，自らの変化を実感する教師もでてきたからだ。

＊＊＊

　古くは遊びの中の偶然は排除される傾向にあった（伊藤，1988）が，実際，遊びと偶然性は切り離せない。その偶然を保育者がどうとらえるかにより，そこでの関係性や活動の価値が大きく変わってしまう（田島，2015）。田島（2015）は，「『環境を通して』『遊びを通して』と思うがあまり保育者の意図性や計画性ばかりが重視され，計画をこなす保育になってしまったり，実態の子どもたちの声をあまり聞き入れにくい状況になり教師が敷いたレールにのせていこうとしていく保育がしばし行われている」と指摘している。

　そもそも，構造化されていることと対峙したものという観点でプレイフルをとらえると，そこに偶然性が多分に含まれていることも意味するのであるから，偶然のできごとと多く出会うことそのものが，幼児のポジティブな発達を促す要因でもあるのだろう。戸田（2007）も，保育のなかでたくさんの偶然が起こり，それを予測することは不可能だとしている。ただし，「保育は基本的に，偶然に対して開かれていなければならない。（略）偶然が，ひとりの子どもの心持ちを変えることも多いからである。しかし，その偶然を，子ども一人ひとりにとって意味のある経験につなげていくことのできる必然が，保育のなかには，たくさん用意されている」（戸田，2007）。

＊＊＊

　当園の保育者から発せられることばかけで非常に多いのが，「（つぎ，）どうする？」である。これは，子ども自身が主体的に考え，追究する姿勢を大切にし，保育者が子どもからの動きを「待つ」訓練がなされているためだ。また，自由遊びの時間は，各保育室，遊戯室，園庭いたるところで年少児から年長児までが混在している。これが，もし，保育者がすぐに答えを教えてあげてしまう，子どもに指示を与えてしまうようだったらどうだろうか？　年長児が遊んでいる砂場には年少児は入れないような暗黙の了解のようなものがあったらどうだろうか？　偶然を支える必然が，ここにも見えるように思う。

(2) 砂・土・水の魅力

　一方，保育者は，実際子どもが「遊び込み」やすい遊びもあるのではないかという感覚も抱いていた。それを第一印象でまとめると，砂，土，水を使った遊びや，ごっこ遊びということになるようだった。砂や土を使えば，そこにはイマジネーションの世界が広がり，遊んでいる自分はもはや幼児ではなく，工事現場で働く人，船の操縦士，コックさん，お母さんになるなどということも考えると，すべてがごっこ遊びにつながる部分もあるが，遊び込みやすい場や素材があるらしいということが，保育者たちの共通の感覚だったようだ。勿論，ブランコやすべり台なども大切な遊具で，幼児の身体的発達に重要な役割を果たすし，絵本を読むことも幼児の生活のなかには欠かせない。ただ，「遊び込む」姿が見られやすいのは，砂，土，水，ごっこ遊びだというのだ。

＊＊＊

　それでは，砂，土，水，ごっこ遊びには，何か共通した性質があるのだろうか？　第一に，それは，やはりイマジネーションの世界が共有（箕輪，2009; 内田，1986）され広がるということだろう。ごっこ遊びでは，同じすべり台を使っていても，それはもはやすべり台ではなく，家であり，登頂困難な山であり，ブランコは空飛ぶカーペットとなる。これは，幼児の内的な世界を幼稚園という外的な世界のなかに反映させ，現実と空想を両立させる世界といえる（今井，1992）。

　第二に，砂，水，土には可塑性が備わり，子ども自身が自在に内的世界をつくったり修正したり終わらせたりできる（箕輪，2009; 2011）。また，相互に混ざり合うことで，新たな性質をもった世界が生まれ，さらに内的世界を表現するにふさわしい外的世界を創り出すことができる。

　第三に，このようなイマジネーションの世界やそれを半ば現実のものとしてくれる砂，土，水を，幼児がコントロールできるということがあるだろう。「あそび」ではなく「せいかつ」の場面では，子どもたちのためとはいえ，大人からの指示や社会的な要請に沿った行動ができるかどうかが問われる面が大きい。幼児にとって，一日の生活の大半は，「せいかつ」のために膨大なエネルギーを費やしている。靴を自分で履く。服のボタンをはめる。道路は気をつけて右側を歩かなくてはいけない。食事の前には手を洗う…。ただ，イマジネーションの世界を現実の世界で表現している間こそ，自分が世界をコントロールし，自分の内的な世界をのびのびと表現できる場となる。砂，土，水がそれを支えるのだろう。

第3節　「遊び込み」の意義

(1)「遊び込む」ことで培われる力

　「遊び込む」子どもがどのような力を身につけているのかは，「遊び込み」の意義を考えるために明らかにすべきことだろう。「遊び込み度5」の事例を，保育の振り返りとして記録に起こし，そこで幼児が発揮している力のキーワードを付し，KJ法を用いて分類した。その結果，どのような力を発揮するかについては，「がんばる力」，「かんがえる力」，「よりよくかかわる力」，「ことばの力」が大きく発揮されていることが見出された（図11-3）。さらに，それらの力がどのように発揮されるのかについては，普段の生活，あるいは，遊び込み度5以外の場面では見られないほどに飛躍的で，集団の「あうんの呼吸」，主体性，その場の子ども同士のハーモニーに乗った協同的な活動の生成という形をとって発揮されることが見出された。

＊＊＊

　図11-4〜8は，Sumiya, Umekawa, Kameyama & Watanabe（2017）のFiguresの邦訳図である。本節で取り上げている2013〜2016年度の3年間に実施した，保育者による幼児の遊びの姿アンケート調査結果を分析している（T1が2013年度，T2が2014年度，T3が2015年度を示す）。分析対象となった園児数は，T1〜T2の追跡可能児32名，T2〜T3の追跡可能児27名，T1〜T3の追跡可能児11名であった。T1〜T3すべての時期において，各クラスの担任保育者が，担当クラスの幼児の2学期までの様子を振り返り，自己調整力（個人的自己抑制，個人的自己促進），社会性（主張スキル，自己統制スキル），好奇心・探究心，見通しを持つ力，粗大運動能力，表現力，遊び込み度について，各3〜5項

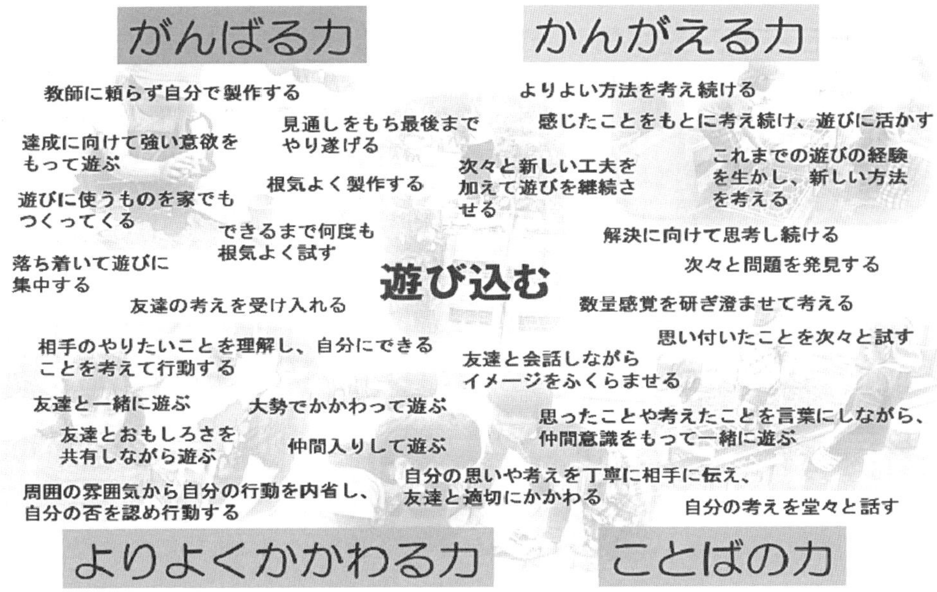

がんばる力

教師に頼らず自分で製作する

達成に向けて強い意欲を
もって遊ぶ

見通しをもち最後まで
やり遂げる

遊びに使うものを家でも
つくってくる

根気よく製作する

落ち着いて遊びに
集中する

できるまで何度も
根気よく試す

遊び込む

友達の考えを受け入れる

相手のやりたいことを理解し、自分にできる
ことを考えて行動する

友達と一緒に遊ぶ

大勢でかかわって遊ぶ

友達とおもしろさを
共有しながら遊ぶ

仲間入りして遊ぶ

周囲の雰囲気から自分の行動を内省し、
自分の否を認め行動する

よりよくかかわる力

かんがえる力

よりよい方法を考え続ける

感じたことをもとに考え続け、遊びに活かす

次々と新しい工夫を
加えて遊びを継続さ
せる

これまでの遊びの経験
を生かし、新しい方法
を考える

解決に向けて思考し続ける

次々と問題を発見する

数量感覚を研ぎ澄ませて考える

思い付いたことを次々と試す

友達と会話しながら
イメージをふくらませる

思ったことや考えたことを言葉にしながら、
仲間意識をもって一緒に遊ぶ

自分の思いや考えを丁寧に相手に伝え、
友達と適切にかかわる

自分の考えを堂々と話す

ことばの力

図 11-3　遊び込みでの変化を重ねることによる育ち

出所) 上越教育大学附属幼稚園 (2016) p.105 より

目ずつ回答した (表 11-1　Sumiya ら (2017) の邦訳再掲)。回答は,「1. まったくみられない」～「4. よくみられる」の 4 段階評定で行った。これらの力は, 保育者が小学校入学までに身につけてほしいと願う力について話し合い, 項目数を加味した結果抽出された力である。分析の詳細は Sumiya et al. (2017) に譲るが, これらの図から読み取れることを概観したい。自己調整力のうちの個人的自己抑制は「よりよくかかわる力」, 個人的自己促進は「がんばる力」, 社会性の主張スキルと自己統制スキルは「よりよくかかわる力」, 好奇心・探究心は「かんがえる力」や「がんばる力」, 見通しを持つ力は「かんがえる力」と共通する要素を含んでいることがわかる。

　図 11-4～8 における, 水平方向のパスの値は,「見通しをもつ力」,「個人的自己促進」,「好奇心探究心」,「個人的自己抑制」,「自己統制スキル」,「遊び込み度」において, もともと (この場合は T1) の高い子どもは, その後も各々の要因の得点が高い (力がある) ことを示している。それに対して,「遊び込み度」から各要因への正のパスは, 前年度「遊び込み度」が高かった子どもの次年度の各要因の力の高まりを示している。つまり, 正のパスを引くことのできた時期は異なるが, 前年度の「遊び込み」の高さが, 次年度の「見通しをもつ力」,「個人的自己促進」,「好奇心探究心」,「個人的自己抑制」,「自己統制スキル」を高める可能性が示された。「遊び込む」ことが, その後の子どもの成長をさまざまに促していることが, とくに非認知能力において支持されたといえる。

　各要因から「遊び込み度」へのパスは, 前年度の各要因の高さが次年度の「遊び込み」の高さを予測したことを意味する。つまり,「個人的自己促進」や「好奇心探究心」の高い子どもの次年度の「遊び込み度」の高さを予測した。これは,「遊び込みやすい」子どもがいるという保育者の感覚を支持する分析結果だろう。実際, 探究の原動力となる好奇心の強さは, 生まれ持った特性として現れることも示されている (Webb, Gore, Amend & DeVries, 2007)。

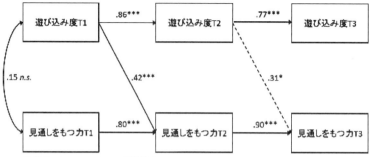

破線は，SampleT2T3 の分析結果。

図 11-4 「遊び込み度」と「見通しをもつ力」の縦断的パス解析結果
***p < .001, *p < .05.

Sumiya, Umekawa, Kameyama, & Watanabe (2017) の Figures の邦訳再掲

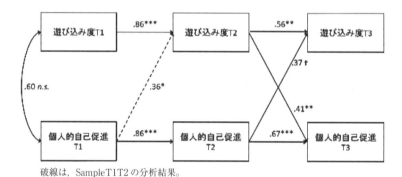

破線は，SampleT1T2 の分析結果。

図 11-5 「遊び込み度」と「個人的自己促進」の縦断的パス解析結果
***p < .001, **p < .01, *p < .05, †p < .10.

Sumiya, Umekawa, Kameyama, & Watanabe (2017) の Figures の邦訳再掲

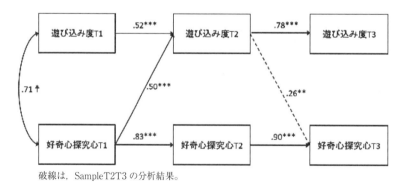

破線は，SampleT2T3 の分析結果。

図 11-6 「遊び込み度」と「好奇心探究心」の縦断的パス解析結果
***p < .001, **p < .01.

Sumiya, Umekawa, Kameyama, & Watanabe (2017) の Figures の邦訳再掲

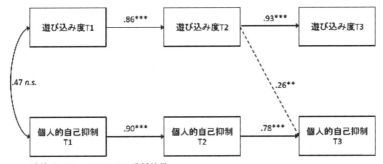

破線は，SampleT2T3 の分析結果。

図 11-7　「遊び込み度」と「個人的自己抑制」の縦断的パス解析結果
***p＜.001, **p＜.01.

Sumiya, Umekawa, Kameyama, & Watanabe (2017) の Figures の邦訳再掲

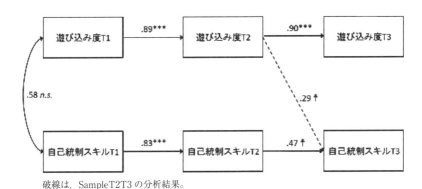

破線は，SampleT2T3 の分析結果。

図 11-8　「遊び込み度」と「個人的自己抑制」の縦断的パス解析結果
***p＜.001, **p＜.01.

Sumiya, Umekawa, Kameyama, & Watanabe (2017) の Figures の邦訳再掲

(2) 現象としての「遊び込み」にかかわることの意義

　「特定の子どもだけの力を伸ばしているのではないか」という壁が見えてきた。とくに，事例として追いやすい子どものタイプが似ていたことにより，その印象は強くなった。保育者としては，これではいけないという思いもよぎる。保育・教育の場には，フェアであることが強く求められる。

　そこで，教師が「遊び込んでいる」と感じる遊びは，その中の誰か一人でも「遊び込んでいる」遊びであることを再確認したうえで，その遊びの中心ではない子どもに敢えて注目した。つまり，現象としての「遊び」では「遊び込んでいる」遊びにかかわっているが，おそらく，本人のなかでは，「遊び込んでいる」状態には，あと一歩，あるいは，傍観者に近い状態でかかわっている子どもが，そこで何を得ているのかを捉えようとした。

　すると，中心的な子どもではなくても，「遊び込んでいる」子どもの遊びにかかわること（上越教育大学附属幼稚園の用語でいえば，「遊び込み」の空気に巻き込まれること）で，その子の潜在的な力が発揮され

表 11-1　保育者に行った「幼児の遊びの姿アンケート」構成項目

	項目
	クラス（そら 1　やま 2　うみ 3）
	番号（個人追跡用）
	性別
	生年月日（各 2 桁，計 6 桁で）
個人的自己抑制	自分の思い通りにならないと，すぐにかんしゃくを起こす
	悲しさ，悔しさ，怒りなどの自分の感情を爆発させずに抑えることができる
	気に入らないことがあると人や物にあたる
個人的自己促進	自分でやろうと思ったことがうまくいかない時でも，すぐに援助を求めず，自分で工夫して何とか達成しようと努力する
	少しぐらいけがをしても，泣かずに我慢する
	ちょっとした困難があるとすぐあきらめてしまう
主張スキル	友だちをいろいろな活動に誘う
	支持しなくても，遊びや活動の集団に加わる
	不公平なルールには適切なやり方で疑問を唱える
自己統制スキル	仲間からいやなことを言われても，適切に対応する
	批判されても，気分を害さないで気持ちよくそれを受け入れる
	仲間と対立した時には，自分の考えを変えて折り合いをつける
好奇心探究心	不思議だな，なぜ？と考える
	探究したり試行錯誤を繰り返したりする
	自然の事象や事物，物体などの変化に敏感に気づく
見通しを持つ力	憧れや「こうしたい」という目標に向かって，そのために適切な行動をとる
	時間の目途を立てて行動する
	その時々の感情や欲求に流されずに行動できる
表現力	ダンスをするときは，身体をいっぱいに使って踊る
	音楽の調子に合わせた動きを巧みにする
	気持ちが乗ってくると，歌や音楽を口ずさむ
粗大運動能力	外で身体を動かして遊ぶ
	俊敏だ
	身体をしなやかに使う
	力がある
遊び込み度	遊びこんでいる
	集中して遊んでいる
	工夫して遊んでいる
	友だちと建設的なやり取りをしながら遊びを持続発展させている
	ふらふらと色々な遊びに顔を出しては別の遊びに移ってしまう

出所）Sumiya, Umekawa, Kameyama & Watanabe (2018) を邦訳

ること，さらには，年齢が上がるにつれ，それが子ども同士の士気を高め，クラスの成長をもたらすことが見えてきた。

　2015 年度には，上越教育大学附属小学校の 1，2 年生の担任教師に，クラス児童の姿アンケートのご協力をいただいた。その結果，上越教育大学附属幼稚園出身児童には，「なぜだろう？　なんだろう？」と感じる傾向が高い，ものごとの規則・法則性などに興味を示す，これまでの知識や経験をつなげて新しい課題を解決していこうとする，という特性が顕著に見られた。これもまた，「遊び込み」の空気に触れる経験を蓄積した結果の一側面と考えることもできるだろう。

第4節　おわりに

　子どもの「遊び込む」姿に大人は惹かれ，魅力を感じる。上越教育大学附属幼稚園の研究を通して，この魅力には，確固とした望ましい発達を伴うものであることが裏付けられた。また，遊び込めるかどうかは偶然の要素が大きいように考えられがちだが，その背後にある子どもの安心感，自信，友達とかかわることの心地よさなど，必然的要素に目を向けることで，目先のことに右往左往しない保育が可能になることも示唆された。さらに，砂，土，水，ごっこ遊びなど，幼児の遊び　遊び込む経験を通して育まれた幼児の力を，その後の環境でも十分に発揮できるようなまなざしと環境が必要となる。なによりも，子どもがその時どきに夢中になり，友だちと力を合わせながら没頭できることで，結果的にその後の成長がもたらされるという視点で日々の教育環境を整えることが重要だろう。

引用・参考文献

秋田喜代美（2009）『保育の心もち』ひかりのくに

Deci, E. & Ryan R. M.（2013）"The importance of autonomy for development and well-being," In B. W. Sokol, F. M. E. Grouzet & U. Müller（Eds.）, *Self-regulation and autonomy: Social and developmental dimensions of human conduct*, New York, NY: Cambridge University Press, 19-46.

Duckworth, A. L. & Carlson, S. M.（2013）"Self-regulation and school success," In B. W. Sokol, F. M. E. Grouzet, & U. Müller（Eds.）, *Self-regulation and autonomy: Social and developmental dimensions of human conduct*, New York, NY: Cambridge University Press, 208-230.

比嘉佑典（2009）.『遊びと創造性の研究―遊びの創造性理論の構築』学術出版会

Holodynski, M., Seeger, D., Hartmann, P. K. & Wörmann, V.（2013）"Placing emotion regulation in a developmental framework of self-regulation," In K. C. Barrett, N. A. Fox, G. A. Morgan, D. J. Fidler, L. A. Daunhauer（Eds.）, *Handbook of self-regulatory processes in development: New directions and international perspectives*, New York, NY: Psychology Press, 27-60.

伊藤美代子（1988）「遊びにおける「偶然」の役割」『日本保育学会大会研究論文集』41, 516-517

今井和子（1992）『なぜごっこ遊び？―幼児の自己世界のめばえとイメージの育ち―』フレーベル館

上越教育大学附属幼稚園（2016）『遊びこむ子ども―学びの基盤に着目して』vol. 3

Józsa, K. & Molnár, É. D.（2013）"The relationship between mastery motivation, self-regulated learning, and school success," In K. C. Barrett, N. A. Fox, G. A. Morgan, D. J. Fidler, L. A. Daunhauer（Eds.）, *Handbook of self-regulatory processes in development: New directions and international perspectives*, New York, NY: Psychology Press, 265-304.

La Paro, K., M., Rimm-Kaufman, S. E. & Pianta, R. C.（2006）"Kindergarten to 1st grade: Classroom characteristics and the stability and change of children's classroom experiences," *Journal of Research in Childhood Education*, 21, 189-202.

Lee, S. & Goh, G.（2012）"Action Research to Address the Transition from Kindergarten to Primary School: Children's Authentic Learning, Construction Play, and Pretend Play," *Early Childhood Research and Practice*, 14, http://files.eric.ed.gov/fulltext/EJ975650.pdf

箕輪潤子（2009）「特集子どもと土　砂場の魅力」『幼児の教育』108, 13-17

箕輪潤子（2011）「砂場遊びに関する研究動向と今後の展望」『川村学園女子大学研究紀要』22, 197-204

無藤隆 (2013)『幼児教育のデザイン―保育の生態学』東京大学出版会

OECD 編著, 星美和子・首藤美香子・大和洋子・一見真理子訳 (2011)『OECD 保育白書―人生の始まりこそ力強く：乳幼児期の教育とケア (ECEC) の国際比較』明石書店

岡健・阿部和子・中坪史典・山縣文治・渡辺英則・松河秀哉・津川典子・宮里暁美 (2011)「質の高い遊びとは何か？―遊びの質を規定するための条件 (第64回大会課題研究委員会企画シンポジウム報告，第2部 委員会報告)」『保育学研究』49, 291-300

Pellegrini, A. D. (2013) "Play. In P. D. Zelazo (Ed.), *The Oxford handbook of developmental psychology*, Vol. 2: Self and other, New York, NY: Oxford University Press, 276-299.

ポズナー, M. L.・ロスバート, M. K. 著, 無藤隆監修 (2012)『脳を教育する』青灯社

Ramani, G. B. (2012) "Influence of a playful, child-directed context on preschool children's peer cooperation" *Merrill-Palmer Quarterly*, 58, 159-190.

Sumiya, S. Umekawa, N., Kameyama, T. & Watanabe, N. (2017) "Developing Toddlers' Cooperative Problem-Solving Abilities Through "Totally-Absorbed Play": Integrating Quantitative Data and Educational Practices" *Educational Studies*, 59, 63-76.

Sylva, K. (2010) "Quality in early childhood settings," In K. Sylva, E. Melhuish, P. Sammons, I. S. Blachford, & B. Taggart (Eds.), *Early childhood matters: Evidence from the effective pre-school and primary education project*, Oxon, OX: Routledge, 70-91.

田島大輔 (2015)「保育における偶然性と意図性の狭間を考える―さまざまな体験への出会いや葛藤を通して」『子ども教育研究』7, 31-38.

Thompson, R. A., Lewis, M. & Calkins, S. D. (2008) "Reassessing emotion regulation," *Child Development Perspectives*, 2, 124-131.

Thompson, R. A., Virmani, E. A., Waters, S. F., Raikes, H. A. & Meyer, S. (2013) "The development of emotion self-regulation: The whole and the sum of the parts," In K. C. Barrett, N. A. Fox, G. A. Morgan, D. J. Fidler, L. A. Daunhauer (Eds.), *Handbook of self-regulatory processes in development: New directions and international perspectives*, New York, NY: Psychology Press, 5-26.

戸田雅美 (2007)「子どもと保育の情景 (11) 保育における偶然と必然」『幼児の教育』106, 42-45

内田伸子 (1986)「ごっこからファンタジーへ―子どもの想像世界」新曜社

Webb, J. T., Gore, J. L., Amend, E. R. & DeVries, A. R. (2007) *A Parent's Guide to Gifted Children*, AZ: Great Potential Press.

第12章　幼稚園カリキュラムにおける「あそび」の意義
―子どもの主体的な遊びを促す教師の援助に着目して―

山口　美和

第1節　はじめに

　幼児期の子どもの学びは，遊びと密接に結びついている。

　2017（平成29）年に改定された幼稚園教育要領においては，「幼児の自発的な活動としての遊びは，心身の調和のとれた発達の基礎を培う重要な学習であること」（第1章総則　第1「幼稚園教育の基本」）が指摘されている。また，幼稚園教諭を始めとする，幼児を取り巻く大人には，「幼児の自発的な活動としての遊びを生み出すために必要な環境を整え，一人一人の資質・能力を育んでいくこと」（前文）が求められてもいる。

　このように，子どもの「自発的な活動としての遊び」が十分に展開されるように適切な配慮を行うことは，幼稚園に課された重要な課題であると言える。ただ，自発的に行われる子どもの自由な遊びを，幼稚園のカリキュラムに整合的に取り入れることは，なかなか難しいのもまた確かである。カリキュラムとは，卒園時の子どもの姿を予想しつつ，こんな子どもに育って欲しいという教師のねがいを込めながら立てられる総合的な指導計画であるが，子どもの自由な遊びは，ときに教師の意図や予想を大きく超え出て発展していく可能性があるからである。子どもが大人の意図や予想を逸脱してしまう可能性にいつでも開かれた状態にあることは，集団をまとめる教師の側に漠然とした恐れや不安を抱かせる。その恐れや不安は，時として，カリキュラムの中で，行事や設定保育など教師が統制しやすい時間を増加させ，子どもの自由な遊びの時間を圧迫することへと向かいがちである。カリキュラムの中で自由な遊びの時間をたっぷりと確保することには，幼稚園側にある種の「覚悟」のようなものが必要であるし，それを見守る教師にも，予想外の展開を喜びつつ学びへと繋げていけるような，高いスキルが求められるのである。

　上越教育大学附属幼稚園は，伝統的に自由な遊びを中心とした保育を大切にしてきた幼稚園である。子どもの自発的な遊びを大切にしようという当園の理念は，子どもたちが生まれながらに持っている力への深い信頼に基づいている。すなわち，周囲の事物や出来事に興味や好奇心を持つこと，見たり触れたり味わったりして世界に能動的に関わろうとすること，さまざまな方法や道具を駆使して試行錯誤すること，一人でうまくいかない時には仲間と力を合わせ協力して成し遂げようとすること―こうしたもともと子どもの内に秘められている力が，好きな遊びに没頭する時間の中でこそ，大きく花開

いていくことへの確かな信頼である。

　子どもへの信頼に基づく当園の実践のスタンスは，2013（平成25）年度から採用されている「遊び込む子ども」という研究テーマに象徴的に現れている。「遊び込む姿」は，遊びに夢中になったり集中したりして一つの遊びが継続していく「没頭」の様相，気づいたり真似したり試したりしながら工夫して目的を達成していく「試行錯誤」の様相，発話によるイメージや目的の共有をしながら仲間とともに遊ぶ「協働（仲間）」の様相の，3つの側面から捉えられている[1]。

　このように，「遊び込む姿」とは，徹底的に子どもの自発性と主体性によるものであり，教師が子どもを「遊ばせる」こととは根本的に異なっていることは言うまでもない。そして，ここにこそ，子どもが遊び込んでいる時の，教師の援助や配慮の難しさの理由もある。子どもの自発性や主体性が「遊び込む」ことの根幹にあるのだとすれば，教師が遊びを方向づけたり助言したりすることが，子どもたちが作り上げた「遊び込みの空気」を台無しにしてしまうことにもなりかねないからである。教師は，子どもたちが自分で気づいたり発見したりするプロセスを邪魔しないようにしながら，ちょっと難しい課題にもあきらめずに挑戦し続けることができるよう，必要な道具や素材をさりげなく用意するなど，適切な環境を整える必要がある。また，教師は直接的な助言や指示を行うのではなく，子どもが考えたり試したりしたことについて，励まし称賛するような間接的な声がけをしながら，子どもを見守り，子どもと一緒に歩む人でなければならない。つまり，「遊び込む」ことを支えるためには，あくまでも子どもの主体的な活動の流れを阻害しないようにしながら，道具や素材などの物的環境を適切に整える援助と，人的環境として教師が適切な働きかけをする援助の両面が必要なのである。

　本章では，このような観点から，「遊び込む」子どもを支えるための教師の配慮と援助の具体的なあり方について考察を試みる。以下では，まず当園の実践事例の中から，廃材を用いた製作遊びの場面を取り上げ，そこで起こっている子ども同士及び教師と子どもとの相互作用を確認する。次に，この場面で，子どもたちの遊びが豊かに発展していくために行われている教師の配慮について，物的環境の構成という側面と，人的環境としての教師の役割という側面の2つの観点から分析する。最後に，自由な遊びを支える教師の援助が，当園のカリキュラムにどのように位置付けられているのかを概観した上で，幼児の学びにつながる質の高い遊びとは何かについて，若干の考察を試みたい。

　なお，本節で取り上げる事例の記述は，2018（平成30）年度幼児教育コース卒業生の関屋日菜実が，卒業研究のために行ったビデオによる製作遊びの観察に基づいている（関屋 2019）[2]。事例における教師と子どもとの詳細なやりとりについては，当日撮影した映像データとフィールドノートをもとに，関屋が書き起こした記述からの引用を基本とする。

第2節　4歳児クラス（やま組）における製作遊びの事例

(1) 事例の概要

　本事例は，2018年11月22日（火）の4歳児クラスにおける製作遊びの様子である。

　A児は，家で段ボールを使って「宇宙ホテル」を作成してきた。登園時にそれを持参し，自分のロッカーの前に宇宙ホテルを置いたことから，遊びが展開していった事例である。

この遊びは，クラスの子どもたちを巻き込んで，1週間以上にわたって続くことになった。最終的には，クラス担任の渡邉典子が平成30年度の研究紀要でも報告しているとおり，ホテルの周囲に駅や線路などさまざまな施設を配置し，魚がたくさん泳ぐ海に面している設定にするなど，クラスの多くの子どもたちが関わって，大きな「町」を作ることへと発展している[3]。「ホテル」という言葉からさまざまなイメージが喚起され，複数の子どもたちがホテルに関係するものを製作したいという意欲を持った。A児がイメージを膨らませて製作に取り組む姿が，周囲で見ていた他児にも影響を与えて，遊びが大きく広がっていった事例であるといえる。

　ここでは，「宇宙ホテル」に関連する一連の遊びが，最初に始まった場面を取り上げる。「宇宙ホテル」をめぐる製作遊びが，子ども同士や教師とのやりとりの中でどのように発展して行ったのかを，いくつかの場面に分けて確認していこう。

(2)「宇宙ホテル」という言葉から子どもたちがそれぞれにイメージを膨らませている場面

【場面1】子どもの言動と教師の援助

A児：宇宙ホテルをイメージして段ボールで作ってきた建物を，保育室の床に置く。

　　　興味を持ったB児が寄って来て，A児に宇宙ホテルについていろいろ尋ねる。

B児：「これもホテルにすればいいじゃん！」と言いながら，まだ何も手を加えていない段ボールを広げて，部屋を想像する。

　　　A児とB児のもとに，C児も加わって，宇宙ホテルのイメージについて話し合いはじめる。D児は，赤い画用紙とプリンカップ，トイレットペーパー芯を持ってくる。宇宙ホテルで使うためのゲームを作ることを考えたようだ。C児は，D児が持ってきたプリンカップからアイスを作ることを思いつき，教師にお花紙を出してほしいと訴える。

C児：「せんせーい！　えっとさ，ふわふわっぽい茶色とかちょうだい」

教師：「ふわふわっぽい茶色…？」

C児：「あのさ，こういうさ」と言いながら，手でお花紙の大きさを説明する。

教師：「あー，分かった！　お花作るやつ？　いいよいいよ，分かった分かった，今出すね」

C児：「それで，アイス作るの！」

教師：「あー，そう！」

C児：「チョコレート色と，ぶどう色と，あと青」

　　　教師はお花紙を出して，C児に渡す。しばらく外に行っていたA児が保育室に戻ってきて，C児がお花紙を手にしている様子を見る。

A児：「先生，ふわふわちょーだい」

　　　教師は，かごの中に多めにお花紙を入れて渡す。A児は，しばらくお花紙を見つめた後，ちぎってホテルの中に入れ，ホテルの壊れた部分を直したりする。

　【場面1】は，A児が作ってきた「宇宙ホテル」に興味を持ち，集まってきた3人の男児が，宇宙ホテルについてのイメージを膨らませている場面である。B児は，もう一つの段ボールをくっつけてホテルに新たな部屋を作ることを提案する。D児は「宇宙」という言葉からゲームを連想したようで，さま

ざまな廃材を組み合わせて"ゲーム"を作り始めた。C児はさらに，D児が使っている廃材に触発されて，"アイス"作りを始める。B児，C児，D児は，お互いの行っていることや，使っている材料，「宇宙ホテル」という言葉などに触発されながら，自由にイメージを広げている。しかし，この時点では，3人はそれぞれのイメージを楽しみながら独自の工作に取り組んでいるだけであり，A児の考える「宇宙ホテル」の中にどう位置付いていくのかは明確でない。また，この段階では4人の子どもたちは，時折，この場を離れて園庭や遊戯室に遊びに行くなど，他の遊びと並行しながら，比較的緩やかに製作に取り組んでいる。

　教師は，C児からの要求を受けて，"アイス"の材料となるお花紙を提供している。C児はプリンカップに色鮮やかなお花紙を入れて"アイス"を表現しようと考え，そのイメージを教師に伝えている。また，C児がお花紙を使っている姿にA児も触発されて，"ホテル"に利用しようと思いつく。教師は2人の訴えを聴き，共感を示しながら，この後の展開を考えつつ，さりげなくお花紙を多めに場に出している。

(3) 教師との対話を通してA児がイメージを具体化していく場面

【場面2】子どもの言動と教師の援助

　　A児は，教師と他児が会話をする様子をしばらく見つめているが，近くに行き声をかける。

A児：「宇宙ホテルがなかなかできない！」

教師：「宇宙ホテル？（A児と一緒に観に行く）おー！　どれどれー？　どういう風にしたいの？」

A児：「んー。ここがくっついてないんだよ」段ボールで作った2つの建物を近づける。

教師：「あー，くっつけたいの？」

A児：「うん。ここ庭。で，ここが階段で。」

教師：「ほー，いいじゃん。じゃあ先生ここ押さえてる。」

　　A児は「これ持ってくるの大変だった！」と言いながら，2つの建物をテープでくっつける。教師は，A児の言葉を受け止めながら，周りに散らばったペンやはさみをまとめている。教師が，「ここは何？」と作品を指差しながらA児に尋ねると，A児は「ここが窓で，これは電気」など自分のイメージを説明する。建物には傾斜させた細い段ボールが取り付けてある。A児はそこを指差し，「ここがジャーって…」と言いながら，先ほど建物の中に入れた，ちぎったお花紙を取り出して水のように流す仕草をする。

教師：「ジャーって流れるの？　ほーん。すごいなあ。」

　　A児は自分の近くにある段ボールを持ち上げて，「これ大きいから使う」と言う。教師が「あーそうなの。もう一個作るのね？」というと，A児は具体的なイメージがまだできていない様子で「うーん。まだ考えてないんだよね…。」とつぶやく。

教師：「あー，ほんと。残ってるとこ何があるかなあ。」

A児：「（少し考えて）…お食事場とか？」

教師：「あー，そうだよ！　レストランだよ！　いいね。どんなレストラン作るの？」

A児：「こことここがホテルだから，こっちがレストランかな。」

A児は笑顔で「もうちょっとでっかく，幼稚園みたいにしたい！」とイメージを語る。

教師：「いいよ！　じゃあどんなふうに大きくするかな。」

A児は，"レストラン" を作るための材料を探し始める。A児は，自分が以前に廃材で製作した作品の中からトイレットペーパー芯などで作った "武器" を見つけ，「これ壊して，これ（に使われている材料を）全部使えばできるかも」と言う。教師は，「いいの？　これ使って」と言いながら，"武器" から一つひとつトイレットペーパーの芯やガムテープの芯などを取り外し，A児に渡す。

【場面2】は，A児が教師との対話を通してイメージを広げながら，さまざまな廃材を使って，ホテルを拡張していこうとしている場面である。教師は，A児の作ったホテルを見て，一つひとつA児に尋ね，具体的なイメージを聞き出そうとしている。A児は，もっとホテルを拡大したいと考えているが，何を作れば良いか悩んでいる様子である。教師は，自分からアイデアを示すのではなく，「残っているとこ何があるかなあ」と問いかけて，A児自身が何かを思いつくまで，一緒に考える姿勢を示している。A児から "レストラン" という具体的なアイデアが出てくると，「あー，そうだよ！」「いいね」など，支持する声がけをしている。また，別の工作に使われた廃材を再利用できるよう，その解体を手伝い，A児がスムーズに製作に取り組みやすい環境を用意している。

(4) 3人の子どもたちが意見を出し合いながらホテルの中にアイス屋さんを作る場面

【場面3】子どもの言動と教師の援助

A児は，"武器" を壊して再利用したトイレットペーパーの芯やガムテープの芯の，細長い円筒形の形から "煙突" や "テレビのアンテナ" をイメージし，教師の助けを得ながらどんどんホテルに取り付けていく。そこへ，外遊びから戻ってきたC児とD児が合流する。

A児：「見てー！　先生とやってるうちにこんなんできたよー！」

D児は先ほど作っていた "ゲーム" を取り出してくる。C児は，先ほどプリンカップとお花紙で作った "アイス" を持ってくる。

C児：「このカップアイス，いろんな味するよ。チョコとブルーハワイまであるよ。」

A児は，C児に教わりながら，お花紙を破いて丸め，一緒にアイスを作り始める。A児は縦に2つに切られたトイレットペーパー芯を見て，スプーンのようにカップアイスに刺す。それを見てC児も，近くのトイレットペーパー芯を手に取り，曲線を利用してスプーンを作る。他児に呼ばれて遊戯室に行っていた教師が戻ってくると，C児は，切ったトイレットペーパー芯を少し曲げ，カップアイスに刺して，教師に向かって「ねー，先生，アイスできたー！」と差し出す。

教師：「それサーティーワンにありそうなやつ！　いろんな色混ざってるね！」

C児：「うん！」

教師：「それおいしそう，ポッピングシャワーみたい！」

C児：「ポッピングシャワー！」

教師：「ホテルにサーティーワン作るの？　わー，すごいね！」

C児は教師の言葉を聞いて，「じゃあさ，ここ冷蔵庫にしたら？」とホテルの隣の一角を指差す。

A児はそれを聞いて，あまり納得できないような顔をする。C児は，A児に向かって心配そうに「だめ？」と尋ねると，A児は「ううん」と言いつつ首を傾げる。

教師：「アイス屋さんだって。（A児に向かって）レストランでしょ？　ここ。」

C児：「冷蔵庫にする…」

A児：「冷蔵庫はここにある。」ホテルの中を指す。

教師：「レストランだから，レストランでアイス出たらいいね。すごーい！」

D児：「じゃあさ，デザートにしたら？」

C児：「じゃあさ，A くん良いこと思いついた。こっちアイスにしてこっちレストランにしたら？」

A児：「じゃあここ（とレストランの右側半分を指差して），アイス屋さんにする。」

教師：「あー！　良かったじゃん。」

C児は“アイス屋さん”と“レストラン”の間に，長い芯2本をを柱に見立てて立て，「こうする？こうするとさ，冷たい熱い分けられるよ。」と言う。

教師：「良かったねー！　アイス屋さん，ホテルの隣にできて。」

D児は，もらったトイレットペーパー芯を指して，「これはね，サーティーワンの看板。」と言って“アイス屋さん”の横に立てる。

【場面3】は，再びC児とD児が加わり，いろいろなアイデアを出しあいながら，A児の作った“ホテル”と“レストラン”に，“アイス屋さん”ができていく場面である。A児は，C児とともに“アイス”やアイスを食べる“スプーン”を作ることを楽しみながらも，それが自分の“ホテル”や“レストラン”と結びつくとは思っていない様子であった。しかし，教師がC児のアイスを見て，「ホテルにサーティーワン作るの？　すごいね」と声をかけたことが，A児とC児の世界を繋ぐきっかけとなった。C児は，“ホテル”に“アイス”を入れるための“冷蔵庫”を作ると言いだすが，A児のイメージでは，ホテルの中にすでに冷蔵庫は設置されていることになっており，2人のイメージがすれ違っている。また，A児にとっては，あくまで“ホテル”作りをしているという意識があるため，なぜ“ホテル”に“アイス”が必要なのかが，納得できなかったのかもしれない。

ここで教師が，「レストランでアイス出たらいいね！」と，“ホテル”に併設された“レストラン”と“アイス”を結びつける声がけをしたことが，D児の「デザートにしたら？」という具体的なイメージを思い浮かべた発言を引き出すことへとつながっている。また，C児は，A児が思い描くイメージとの違いに配慮しながら，“レストラン”と“アイス屋”さんの区画を分けることを提案している。A児は，それらの会話を聞いているうちに，“冷蔵庫”ではなく，“アイス屋さん”の区画を“レストラン”内に作ることで納得することができ，3人は共通のイメージと目的を持って製作遊びを広げていった。

第3節　子どもの製作遊びが豊かに発展していくための配慮と援助について　～事例に基づく考察～

上記の事例では，A児を始めとする子どもたちが徐々に遊びに入り込み，「宇宙ホテル」をめぐってさまざまな製作遊びが繋がっていく様子が見られる。また，“ホテル”の施設や設備などを製作してい

く中で，以前作った作品に使われている廃材を再利用するなど，多様な素材を使いながら試行錯誤していることが見て取れる。さらに，"アイス屋さん"を作る過程で3人の子どもたちは，お互いに意見を交わしながらイメージを共有し，仲間とともに「宇宙ホテル」をより魅力的なものにしていこうとしている。この日は，まだ「宇宙ホテル」遊びが始まったばかりの段階であるが，「遊び込み」を構成する条件である「没頭」「試行錯誤」「協働」という3つの要素が垣間見られ，「遊び込み」へと発展していく萌芽がすでに見られると言える。

ただ当初子どもたちは，他の遊びと並行しながら，それに飽きると，この遊びに戻ってくるなどしており，「宇宙ホテル」作り一つに集中しているという様子ではなかった。この遊びが大きく展開し，子どもたちが集中して取り組むようになったことの背景には，教師が適切な材料を用意し，必要に応じて子どもに声をかけるなどの援助が存在したことが大きく影響している。

以下では，本事例の中で，幼児の遊びが発展していくために，教師が行っている配慮と援助について一つひとつ確認していこう。

(1) 物的環境の構成

事例の中で教師は，製作遊びがより発展していくように，物的環境の構成を行っている。その一つが，適切なタイミングでの素材や道具などの提供である。

たとえば，【場面1】では，教師はC児の要求に応じてお花紙を出している。この場面のC児のように，自分のイメージを表現するために，明確に欲しい材料を指定してくる幼児もいるが，子どもによっては，作りたいもののイメージはあるものの，どんな素材を使うか迷っていたり，何を使えばうまく表現できるのかわかっていなかったりするケースもある。そのような場合には，教師は，作りたいもののイメージを幼児に尋ねながら，製作のヒントになりそうな素材を一緒に探したり，考えたりする必要があるだろう。ただ，そのような場合でも，他児と一緒に遊んでいる時には，子どもたちの中から「これを使ったら？」「あれの方がいいよ」というアイデアが出てくることがあるという[4]。そのため，教師の方からは，積極的に素材を提案したりはせず，子どもの中で具体化してくるまで待つことが多いようだ。

遊びが豊かに発展していくためには，提供する素材の量や種類の多さについても，適切な配慮を行う必要がある。【場面1】では，A児，C児，D児はそれぞれ，思い思いのものを製作している。C児が，"アイス"を作ることを思いついたのは，D児が手にしていたプリンカップを見たからである。また，A児は，C児が持っていたお花紙から，それを流れる水に見立てることを思いついている。このように，子どもが製作するもののアイデアは，お互いが使っている素材に影響され合って生まれていることがわかる。素材から子どもが想像するイメージは多種多様であり，同じ素材を使って，さまざまな作品を作る活動が同時に発生しうる。この場面では，教師は，その後の展開を考えて，少し多めの量を提供する配慮をしている。

幼児の製作遊びの場面では特に，素材の形や質感，色などに触発されて，製作が発展していくことが多い。このため，幼稚園は普段から，空き箱や牛乳パック，トイレットペーパーの芯などの廃材や，画用紙，折り紙，紙テープなどの多様な素材を，豊富にストックしておくことが必要である。

とはいえ，幼児がいつでも使えるように，とにかく数多くの素材を保育室に出しておけばよいというわけではない。浅沼（1991）は，保育の現場において準備されている製作素材は多種多様であることを指摘し，「時には多量であるがためにかえって子どもの活動に混乱を引き起こす」[5] 可能性に言及している。また，幼稚園教育要領解説においても，教師が「物的・空間的環境を構成する際には，様々な遊具や用具，素材などを多く用意すれば遊びが豊かになるとは限らないことをまず自覚すること」[6] が大切であると述べられている。したがって幼稚園では，幼児の遊びを豊かにし，製作活動を促進する適切な素材を取捨選択する必要がある。

関屋（2019）による附属幼稚園教諭を対象としたインタビュー調査によると，当園では，ペットボトルや厚紙でできた箱，紙袋などは，加工がしにくいことから，4歳児クラスの保育室内には出さないようにしているとのことである。また，プラスチックトレーやプラスチックのスプーンなどは，あらかじめ形が決まってしまっていて，それ以上の工夫ができないので，利用しない。もちろん，割り箸や竹串など，尖っていて持って走ると危険であるような素材は置かないようにしている。また，人気のある素材でも，ペットボトルキャップなどは，置いておくとあるだけ使ってしまったりするため，数を制限しているとのことであった。当園では，素材の安全性の他に，幼児にとって加工や工夫のしがいがあるかどうかを基準に選んでいることがうかがえる[7]。

幼児の遊びが発展するために，当園の教師が日頃から心がけている環境整備上の重要な配慮の一つとして，素材については「多くを出しすぎない」ということが挙げられる。これは，保育室に置く素材の量を少し足りないくらいにしておくことで，子どもたちが他の素材を代用したり組み合わせたりするなど試行錯誤し，工夫を試みようとするためである。こうした教師の配慮は，遊びを通して，子どもたちがさまざまな気付きや学びを得ることができる機会を確保することにつながっていると言える。

(2) 人的環境としての教師の役割

子どもの遊びが発展していくために，人的環境としての教師の役割は重要である。教師は，遊びの状況に応じて，さまざまな役割を果たしたり，子どものイメージが豊かになるよう，工夫した声がけを行っている。ここでは，事例の中で見られる，教師から子どもへの発話行為がどのような特質を持っているのかを，言語行為論[8] 的観点から分析してみたい。本節では，発語に伴う言語行為のうち，発語と同時に遂行される「陳述，質疑，命令，約束など」（Searle, 1969, 23f = 1986, 41）の行為，すなわち「発語内行為（illocunary act）」[9] に着目する。Searle（1979 = 2006）及び，久保（2002），山口（2010）による発語内行為のカテゴリーに基づき，教師の発語内行為の意味を読み解くことを試みる。

まず，【場面2】におけるA児と教師との言語的な相互作用を見てみよう。

A児：「宇宙ホテルがなかなかできない！」

教師：「宇宙ホテル？　おー！　どれどれー？　<u>どういう風にしたいの？[①]</u>」

A児：「んー。ここがくっついてないんだよ」

教師：「<u>あー，くっつけたいの？[①]</u>」

A児：「うん。ここ庭。で，ここが階段で。」

教師：「ほー，いいじゃん[2]。じゃあ先生ここ押さえてる。」

　（中略）

教師：「ジャーって流れるの？　ほーん。すごいなあ[3]。」

Ａ児：「これ大きいから使う」

教師：「あーそうなの。もう一個作るのね？[1]」

Ａ児：「うーん。まだ考えてないんだよね…。」

教師：「あー，ほんと[2]。残ってるとこ何があるかなあ[1]。」

Ａ児：「（少し考えて）…お食事場とか？」

教師：「あー，そうだよ！　レストランだよ！[4]　いいね[2]。どんなレストラン作るの？[1]」

Ａ児：「こことここがホテルだから，こっちがレストランかな。」

Ａ児：「もうちょっとでっかく，幼稚園みたいにしたい！」

教師：「いいよ！[2]じゃあどんなふうに大きくするかな。」

　上記のやりとりの中で，教師の発言として最も目立つのは，①の上付き数字で示した，子どもに何かを「尋ねる」発語内行為である。「尋ねる」という発語内行為は，相手の発話を促す言語行為の一つで，「話し手にとって未知の情報を相手に求める」ための行為である。教師は，「どういう風にしたいの？」「くっつけたいの？」「どんなレストラン作るの？」など，頻繁に子どものイメージを尋ね，どんなことを実現したいと思っているのかを理解しようとしていることがわかる。

　次いで多いのは，②の上付き数字で示した「受け止める」発語内行為である。「ほー，いいじゃん」「あー，ほんと」「いいね」など，教師は，子どものアイデアを肯定的な言葉で受け止めながら，共感を示している。「受け止める」という発語内行為は，話し手の感情を表現する言語行為の一つで，「相手の気持ちを理解し，共感していることを表明する」ための行為である。

　また③で示した「すごいなあ」という発話は，「誉める」という発語内行為である。「誉める」という発語内行為もまた，話し手の感情を表現する言語行為であり，「相手の言動の優越性を認め，誇らしい気持ちを表明する」ものである。

　そして，④で示した「あー，そうだよ！　レストランだよ！」には，子どもが思いついたアイデアに同意しながら，その考えを進めるよう「励ます」という意味が込められていると解釈できる。「励ます」は，相手の行動を促す言語行為の一つであり，「相手の感情に訴えて，相手の言動を進めさせる」ための発語内行為である。

　いずれも，直接的に子どもに指示したり，提案したりするのではなく，子どもの思いを聴きとり，それを受け止めたり，励ましたり，称賛したりして，子どもの行動を間接的に促そうとする発語内行為であることがわかる。この場面では，漠然とではあるが，Ａ児自身が抱くホテルのイメージがありそうだということを教師も感じており，それをじっくり引き出そうと試みていると言える。Ａ児よりも先に，教師が何らかのアイデアを言葉にしてしまうと，Ａ児の抱くイメージが損なわれてしまったり，教師のアイデアに引きずられてしまったりする恐れがあるため，このように間接的な声がけを選んでいると考えることができる。

　次に，【場面3】の言語的相互行為から，一部を抜粋して検討してみよう。

C児：「ねー，先生，アイスできたー！」と差し出す。

教師：「<u>それサーティーワンにありそうなやつ</u>⑤！いろんな色混ざってるね！」

C児：「うん！」

教師：「<u>それおいしそう，ポッピングシャワーみたい</u>⑤！」

C児：「ポッピングシャワー！」

教師：「<u>ホテルにサーティーワン作るの？</u>⑥わー，すごいね！」

C児：「じゃあさ，ここ冷蔵庫にしたら？（A児に向かって）だめ？」

A児：「ううん」(首を傾げる)

教師：「<u>アイス屋さんだって</u>⑦。（A児に向かって）<u>レストランでしょ？ここ</u>⑧。（中略）レストランだ
　　　から，<u>レストランでアイス出たらいいね</u>⑥。すごーい！」

D児：「じゃあさ，デザートにしたら？」

C児：「じゃあさ，Aくん良いこと思いついた。こっちアイスにしてこっちレストランにしたら？」

A児：「じゃあここ（とレストランの右側半分を指差して），アイス屋さんにする。」

教師：「あー！良かったじゃん。（中略）良かったねー！アイス屋さん，ホテルの隣にできて。」

　この場面では，【場面2】に比べて，教師が積極的に自分のイメージを語ったり，より具体的な提案をしていることがわかる。

　たとえば，⑤で示した「それサーティーワンにありそうなやつ！」「それおいしそう，ポッピングシャワーみたい！」という言葉は，C児の作った"アイス"を見て，教師が抱いたイメージを「説明する」発話である。「サーティーワン」や「ポッピングシャワー」という言葉を使うことによって，C児が作ったアイスが，まるでアイス屋さんで売っている本物のようだということを説明しようとしている。

　そして，⑥の「ホテルにサーティーワン作るの？」という発話は，見かけ上は「尋ねる」発語内行為であるが，相手に未知の情報を求めているというよりは，遊びの進展の具体的な方向性を示していることから，この場面では，「誘う」あるいは「提案する」といった意味を持っていると考えられる。「誘う」も「提案する」も，話し手が聞き手に対して，あることを実現するように求める発語内行為である。

　なぜ，この場面で教師は，自分のイメージを語ったり，提案を行ったりしているのだろうか？　ここまでの遊びのプロセスを見てくると，C児やD児はたしかにA児の作っているホテルに触発されて"アイス"などを作っているのだが，それが"ホテル"とどのように関わるのか曖昧なまま遊びが進行している。教師は，微妙にずれた3人のイメージをすり合わせ，"ホテル"という場所の中に，明確に位置付け直そうとする意図を持って，この場面に関わっているのである。

　その意図が明確に表れているのは，⑦の発言と⑧の発言である。

　「アイス屋さんだって」という⑦の発言は，C児の「冷蔵庫」という言葉の意味を，A児に向かって「代弁する」発語内行為である。C児の提案に納得できないA児に向かい，教師は，C児の意図を当人に代わって説明しているのである。

　また，「レストランでしょ？ここ」という⑧の発言は，A児に向かって作品の意味をあらためて「確認する」発語内行為である。この発言は，A児が作っているものが"レストラン"という食事を提供

する場所であることをA児に再確認させることによって，C児が作る"アイス"のイメージと関連していることに気付かせ，そのことによって両者の遊びが結びつく可能性を示唆した発話であると考えることができる。

　⑦と⑧の2つの発話の後にある，「レストランでアイス出たらいいね」という発話は，お互いのイメージを融合させつつ，"レストラン"に"アイス屋さん"を併設することをあらためて「提案する」ものである。このように【場面3】で教師は，子どもたちがそれぞれに作ったものを，お互いに結びつけることによって，共通のイメージを持って遊びに取り組むことができるような声がけを行っているのである。

第4節　おわりに

　本節では，附属幼稚園における製作遊びの事例を手掛かりに，「遊び込む」姿を支えるための教師の配慮と援助の具体的な姿について，検討してきた。最後に，本節で紹介した教師の援助が，当園のカリキュラムの中ではどのように位置付いているのかを確認しておこう。

　本事例は，4歳クラスで11月に起こった遊びの事例であった。当園の年間指導計画ではⅦ期にあたる時期である。Ⅶ期の指導計画では，この時期を「友だちと思いを伝え合う時期」とし，同年齢児の仲間関係の様相として，「葛藤経験を積み重ね，仲間とイメージを共有しながら遊びを広げる」時期であるとしている[11]。具体的な指導計画は「あそび」「みんな」「せいかつ」の3つに分けて示されているが，このうち「あそび」における「幼児は」の欄には，この時期に予想される「あそび」の姿や期待される学びとして，「自分のしたいあそびやなりたい役割を主張し，友達の思いも受け入れながら，数人で同じ遊びを楽しむ」などが示されている。この姿は，本節で検討した事例の子どもたちの姿にも合致している。

　指導計画には，こうした子どもの予想される姿に対して教師が行うべき援助が示されているが，本事例中にも見られた援助を抜粋してみよう。

・タイミングを見計らって，新しい遊びの道具や素材を提示し，遊びが広がるようにする。
・自分の考えやしたいことをうまく伝えられない場合は，言葉や伝え方を知らせたり代弁したりして，友達との関係がつながるようにする。
・遊びを広げたいという思いを実現できるような道具や素材などを用意する。
・遊びを見守りながら，問題を焦点化する言葉をかけたり，問題に気づき解決方法を考える姿を称賛したりして，幼児の意欲を支える。

　すでに前節で，教師が行っている環境構成の意図や，幼児に対する発語内行為の意図については，詳細に論じたので繰り返さないが，教師が適切な道具や素材を提示するとともに，言葉によって幼児の考えを代弁したり，問題を焦点化したりすることが，幼児の遊びを発展させていくための援助としてカリキュラムに位置付けられていることがわかる。そして，こうした教師の働きかけは，幼児の意欲を支え，試行錯誤を保障し，仲間とともに学びを深められるような，質の高い遊びの継続に寄与しているのである。

河邉 (2019) は，子どもたちが有能な学び手として育つためには，「遊びの質」が重要であることを指摘した上で，遊びの質を支えるのは，「保育者による適切な子ども理解とそれに基づく周到な援助」[12]であると述べている。遊びの質が高まるとは，河邉に言わせれば「自分とモノ，コト，人との間のネットワークの密度が高まっていくプロセス」[13]であるが，子どものきまま遊びはときに停滞し，遊び手の中に「変容」が起きない場合もある。遊びが学びへと高まっていくためには，子どもたちが面白さを追求する過程で，遊びの課題が更新されていくことが必要である。そのために，教師は子どもが遊びの中で何を経験しているのかを読み取り，次に必要な経験は何かを考え，それに基づいて「子どもの志向性の延長上に援助の可能性を探る」[14]ことが求められるのである。

附属幼稚園のカリキュラムにおけるⅦ期の「こんなふうに育ってほしい」というねがいには，「自分の目的をもって，したい遊びに挑戦しようとする」「したい遊びに向かって新しい工夫を加えながら，遊びを継続させる」「共通のイメージをもち，友達の考えを受け入れながら自分が考えたことも試し，一緒に遊びを進める」などが示されている。「宇宙ホテル」の製作に取り組む子どもたちの姿には，まさにこのような育ちを見てとることができる。そして，それを支えているのは，子どもたちの潜在的な力に対する深い信頼と，適切な子ども理解に基づく，教師の的確な援助なのである。

注

1）上越教育大学附属幼稚園 (2017)『平成 28 年度研究紀要　遊び込む子ども―教育課程の創造』vol.1, 3-4.

2）本章への事例の引用にあたっては，調査を行った関屋本人の承諾を得ている。事例の詳細については関屋日菜実 (2019)『造形遊びにおける廃材利用の実態』を参照のこと。

3）上越教育大学附属幼稚園 (2019)『平成 30 年度研究紀要　遊び込む子ども―教育課程の創造』vol.3, 31-33.

4）関屋 (2019) が附属幼稚園の教師を対象として行ったインタビューにおいて，「作りたいもののイメージを説明された場合，どのように廃材を提供しているか」と尋ねたところ，年中クラス担任から，以下の語りが得られている。「それは一緒にすごく考えるよね。… (中略) 作りたいものって，もう子どもの中でイメージがね，割とあるのよね。…あまり一対一で相談することってなくて，だいたい誰か〔周囲の子ども〕が聞いてて必ず何か言うから，『△△の方が良いよ』とか言って。〔だから保育者は〕言われたものを出すだけ」（〔　〕は引用者による補足）(関屋 2019, 39)。

5）浅沼拓郎 (1991)「保育内容『表現』についての一考察―幼児の造形遊びと素材」『中国短期大学紀要』第22 号，159-160.

6）文部科学省 (2018)『幼稚園教育要領解説』40.

7）関屋 (2019), 48.

8）言語行為論とは，J. L. オースティンが提唱し，J. R. サールらが発展させた言語論で，文の発語が持つ行為遂行的側面に注目する理論である。

9）オースティンは，言語行為を「発語行為」「発語内行為」「発語媒介行為」の三つの次元に分類した (Austin, 1960 = 1978) が，サールは，これを継承しつつ，話し手は文を発語する際に，少なくとも以下の 3 つの行為を遂行していることを指摘した (Searle, 1969, 23f = 1986, 41)。

(a) 語 (形態素・文) を発語すること＝発語行為 (utterance act) を遂行すること。

(b) 指示と述定＝命題行為 (propositional act) を遂行すること。

(c) 陳述，質疑，命令，約束などを行うこと＝発語内行為 (illocunary act) を遂行すること。

サールは，これにオースティンが示した発語媒介行為 (発語内行為が聞き手の行動，思考，信念などに対して何らかの帰結を及ぼすこと) を加えて 4 類型としている。

10) サールは，発語内行為を，①言明型（「説明する」「否定する」など），②行為指示型（「提案する」「指示する」「尋ねる」など），③行為拘束型（「約束する」など），④感情表現型（「誉める」「謝る」「訴える」など），⑤宣言型（「宣言する」）の5つの型に分類している。本節ではサールの分類を日本語に当てはめた久保（2002）のカテゴリを参照し，さらに保育者の言語行為に適した形に改変した山口（2010）のカテゴリを利用している。

11) 上越教育大学附属幼稚園（2019）『子どもの育ちを支える〜教育課程と年間指導計画〜』41.

12) 河邉貴子（2019）「保育における遊び論」（無藤隆・大豆生田啓友・松永静子編著『教育・保育の現在・過去・未来を結ぶ論点　汐見稔幸とその周辺』エイデル研究所，所収）39.

13) 河邉，同上書，42.

14) 河邉，同上書，39.

引用・参考文献

Austin, John L.（1960）*How to Do Things with Words*, Oxford University Press.（＝坂本百大訳（1978）『言語と行為』大修館書店）

上越教育大学附属幼稚園（2017）『平成28年度研究紀要　遊び込む子ども―教育課程の創造』vol.1

――（2018）『平成29年度研究紀要　遊び込む子ども―教育課程の創造「みんな」「せいかつ」に着目して』vol.2

――（2019）『平成30年度研究紀要　遊び込む子ども―教育課程の創造』vol.3

――（2019）『子どもの育ちを支える―教育課程と年間指導計画〜』

河邉貴子（2019）「保育における遊び論」無藤隆・大豆生田啓友・松永静子編著『教育・保育の現在・過去・未来を結ぶ論点　汐見稔幸とその周辺』エイデル研究所

久保進編著（2002）『発語内行為の意味ネットワーク―言語行為論からの辞書的対話事例分析』晃洋書房

Searle, John R.（1969）*Speech Acts: An Essay in the Philosophy of Language*, Cambridge University Press.（＝坂本百大・土屋俊訳（1986）『言語行為―言語哲学への試論』勁草書房）

――（1979）*Expression and Meaning: Studies in the Theory of Speech Acts*, Cambridge University Press.（＝山田友幸監訳（2006）『表現と意味―言語行為論研究』誠信書房）

関屋日菜実（2019）『造形遊びにおける廃材利用の実態』平成30年度　上越教育大学　学校教育学部　初等教育教員養成課程　学校教育学部　幼児教育コース　卒業論文

山口美和（2010）「幼稚園児同士のトラブル場面への介入における教育実習生の言語行為論的特質―実習生のプロセスレコードを分析対象として」『乳幼児教育学研究』第19号

――（2011）「教育場面における言語行為の特質に関する予備的考察」『上田女子短期大学紀要』第34巻

第13章 幼稚園カリキュラムにおける「みんな」の特質
―「遊びの三角形」による事例分析を通して―

白神 敬介

第1節　はじめに

　上越教育大学附属幼稚園の教育課程において，「みんな」(の活動) とは，「幼児の育ちや対象との関係性から必要と思われる多様な体験を積み重ねるために，また個々の幼児の姿を踏まえてより「あそび」が豊かになることを期待して，教師が活動内容を決め，クラス全員または異年齢グループに提案して，「みんな」の時間に行う活動のことです」と書かれている。

　この書き方は一見すると，これまで保育学・教育学等において論じられてきた保育形態としての設定保育あるいは一斉保育をパラフレーズした (言い換えた) ものであるかのように捉えられる。はたして，「みんな」とは，設定保育あるいは一斉保育と同等のものとみなしてよいだろうか。あるいは，設定保育や一斉保育とは異なるものといえるのだろうか。もし，そこに異なる様相が含まれているのだとすれば，それは今後の保育の在り方を考えるうえで，重要な示唆を含む可能性がある。本章では，まず，上越教育大学附属幼稚園の「みんな」の活動と，旧来から用いられてきた保育形態の区分である設定保育や一斉保育との異同について検討したうえで，「みんな」がもつ今後の保育・教育活動への示唆を議論してみたい。

第2節　設定保育・一斉保育と自由保育とは

　設定保育や一斉保育について『保育用語辞典』[1]では，以下のように説明されている。

一斉保育：同年齢の子どもたちに同じことを，同じ方法で行うことによって，保育者が身につけて欲しいと願うことを子どもたちが効率よく身につけ，また指導の平等につながるという保育者の指導上の利点から発想される保育が一斉保育である。

設定保育：一般的には，保育者が一定の指導目標をもって子どもの活動を計画し，設定して行う保育の方法である。幼児の興味や関心に基づく自発的な活動だけでは，活動にかたよりができたり，質的に高いものに発展していく可能性が阻まれるために，保育者が一定の指導意図をもって，さまざまな活動を幼児に経験させる必要があるという考えに基づいている。

他にも，一斉保育を「保育者の立てた指導計画にそって複数の幼児を集団的・一斉に指導する保育形態」，設定保育を「保育者がある指導意図をもって計画した活動に，幼児を参加させること」という記載[2]や，「設定保育とは，一般に，保育者が一定の指導目標をもって，幼児の遊びを計画し，設定して行う保育であると考えられている」，「一斉保育とは，幼児の欲求・興味をあまり考慮しないで，保育者の指導意図を前面に打ち出して，同一内容の活動を同一方法で指導するというように，保育者中心主義の保育観によって行われる保育を指している」という記載[3]が見られる。

　設定保育や一斉保育は，自由保育と対比されるかたちで用いられることが多い。自由保育が子どもの興味や意欲を大切にし，「子ども中心」であるといわれる一方，一斉保育は保育者が積極的に働きかけることで，保育者主導であるとされる[4]。ここに示した定義（説明）は，多少の表現の違いは見られるが，設定保育や一斉保育が，保育者の主導によるものであり，同じ方法や活動で子どもたちに保育する点で概ね共通している。

　また，「一斉保育」については「保育者が身につけて欲しいと願うことが効率よく身につけられ，保育の平等にもつながるという指導上の利点がある」[5]という記載がみられ，保育者が活動を構成するうえでの効率性や公平性を担保するうえでのメリットがあるとされる。この点からも，「一斉保育」などは保育者主導あるいは保育者中心主義によって行われる保育の形態という傾向は明らかである。

　ただし，浜口[6]が指摘するように，「自由保育」や「一斉保育」という方法が理論的に整理されているわけではないということには留意が必要であろう。つまり，子どもが個々に自発的な遊びを行っている時間を自由保育とし，保育者の主導のもと，子どもたちが同じ活動を行っている時間を一斉保育とするような，子どもが自由に動くのかあるいは集団で同じように動くのか，といった活動の形態のみで区分されている場合があるということである。このことは保育活動の根拠であり背景となる保育理念なしに，保育の形態（活動）を考えることにほかならない。

　こうした考えに対して，小田[7]は「保育方法（理念）」としての一斉保育か「保育形態」としての一斉保育かの捉え方による混乱があると指摘する。保育方法として捉えれば，その手順や考え方，表現の仕方までが保育者によって決められ，子どもたちがその通りに活動することが求められる。そこでは個人の自由はなく，自発性・自主性・想像性などは育ちにくい。一方，保育形態として捉えれば，同年齢児が同一の活動を一斉に行うことには変わりがないが，その活動をどのように表現し展開していくかは子どもたちに任されることとなり，そこでは子どもの自発性等が現れるだろう。したがって，保育形態としての一斉保育は，かならずしも保育者中心とはいい切れないのである[1]。

　このように考えると，一斉保育・設定保育という言葉に捉われてしまうのではなく，その言葉を用いる保育者がどのような理念や保育形態を抱いているのか，その実践の在り方を詳細に見ながら，その良し悪しを評価していくことが重要であるだろう。保育者が活動を構成するうえでは何らかの保育理念が含まれているはずである。その保育理念がどのように保育形態に反映されているかを見ていくべきである。この点を踏まえ，「みんな」の活動には，どのような保育理念や保育者の態度が含まれているのかを考えていく。

第3節 「みんな」と「一斉保育・設定保育」との異同

(1) 「みんな」を形作る教師の働きかけ

　上越教育大学附属幼稚園の「みんな」は「教師が活動内容を決め，クラス全員または異年齢グループに提案して，『みんな』の時間に行う活動」であり，ある時間のなかで同一の活動が子どもたちに行われるという点で，いわゆる「一斉保育」と同一であり，教師が活動内容を決めるという点からは「設定保育」と同一であると捉えられる。以下は，「みんな」の時間に行われた3歳クラスの「緑の小道散歩」と4歳クラスの「フルーツバスケット」の開始時点の様子である。

3歳クラス　「みんな」の時間　緑の小道散歩　4月25日①

　「あそび」の時間が30分程度過ぎた頃，教師は保育室や遊戯室，園庭で遊んでいる幼児に「そら組さん，お散歩に行くからお部屋に集まるよ」と声をかける。

教師：「みんなでお散歩に出かけようと思うんだけど」保育室に集まった幼児に言う。

4歳クラス　「みんな」の時間　フルーツバスケット　5月11日

　教師：「いつも遊戯室で鬼ごっこをしているけど，遊戯室はどのクラスも使うからいつもやまさん（4歳クラス）が使えるとは限らないよね。お部屋でできる『フルーツバスケット』というゲームがあるんだけど，やってみる？」

　「みんな」の活動の始まりにおいて，教師からの働きかけが大きな役割を果たしていることは間違いない。教師は時期や子どもの様子を踏まえ，子どもたちに必要と思われる経験が得られるよう活動を方向づける。ただし，「みんな」の活動のプロセスを丁寧に見ていくと，最初は教師の提案から始まる活動であっても，その活動の随所に子どもが自分を発揮できるポイントがあった。さきほど例示した3歳クラスの緑の小道散歩の事例では以下のような活動の流れがみられた。

3歳クラス　「みんな」の時間　緑の小道散歩　4月25日②

（教師からのお散歩の誘いに対して）

幼児：「いいよ」「行く行くー」

教師：「じゃあ，オレンジ色の帽子をかぶって。そして，ヘビが出るかもしれないから。長靴を履いてね」

（中略）

　教師は一足先に園庭に出て，池の近くで幼児が保育室から出てくるのを待つ。保育室から準備ができた幼児が教師のもとへ走って来る。教師と集まった幼児5・6人で，まだグラウンドや園庭で遊んでいる3歳クラス児に「おーい」と声をかける。

幼児：「どうしたの？」「なあに？」走ってやって来る。

> 教師：「お散歩に行こうと思うんだけど，みんなも行かない？」
>
> 幼児：「行く！」
>
> 教師「じゃあ，お部屋に行ってオレンジの帽子を被って来て」
>
> 幼児：「分かった」走って保育室に向かう。

　まだグラウンドや園庭で遊んでいた子どもたちに散歩に向かってもらうため，教師は「お散歩に行こうと思うんだけど，みんなも行かない？」という言葉を伝えた。それに対して，子どもたちは「行く！」と答え，自らの意思を発揮したうえで散歩（「みんな」の活動）に参加したのである。この時にたとえば，「みんなで散歩に行くから，（あなたも）早く準備して」という言葉かけをすることはありうるだろう。「早く準備して」のような子どもを促す言葉と比べると，「みんなも行かない？」という教師の言葉は，（全員参加の活動と教師が考えていたものでも）子どもが散歩に行くことを当たり前のものと捉えていない。「私たちは散歩に行きますが，あなたはどうしますか？　一緒に行きませんか？」という教師自身と子どもをそれぞれの別々の存在と位置付け，行きたい人が相手を誘うというかたちのなかで，3歳の子どもの主体性を非常に意識したものと言えるのではないだろうか。

　このやりとりは絵本『うさこちゃんとうみ』（ディック・ブルーナー（文・絵）いしいももこ（訳）福音館）のうさこちゃんとお父さんのやりとりを想起させる。絵本の冒頭，お父さんは「きょうは　さきゅうや　かいのある　おおきな　うみに　いくんだよ。いきたいひと　だあれ？」と言う。それに対して，うさこちゃんは「あたし　あたしが　いくわ！」と言う。このやりとりに対して，作家である五味太郎は「しゃれてる」誘い方と評しつつ，お父さんの「いきたいひとだあれ？」という言葉がうさこちゃんの「我」を揺さぶる問いかけであると捉える[8]。この「我」を揺さぶる，というやりとりが附属幼稚園の教師の言葉のなかにも垣間見られ，子どもの主体性が発揮される土壌を形作っているのではないかと考えられる。

　このように見ていくと，「みんな」の活動は，教師の都合やクラス全体の動きを優先した考えによって行われるものではなく，むしろ，子どもの主体性を大事に考える保育理念を内在していると言えるだろう。

(2)「みんな」と「あそび」を結ぶ教師の働きかけ

　次に，附属幼稚園の「みんな」の記述のなかに見られる以下の記述に注目したい。

①幼児の育ちや対象との関係性から必要と思われる多様な体験を積み重ねるために，また個々の幼児の姿を踏まえてより「あそび」が豊かになることを期待

②幼児の興味や実態，「あそび」とのつながりを考慮し，幼児が主体的に取り組めるよう配慮しています。

③5歳クラスになると，友達と一緒にルールのある遊びをすることを好む幼児が増え，この時間に行った遊びが「あそび」の時間の中でも見られるようになります。教師はそのような姿を捉えて，自分たちでルールをつくり出したり変更したりすることをねらいとした活動を計画します。幼児の興味や実態，「あそび」とのつながりを考慮し，幼児が主体的に取り組めるよう配慮しています。

上記①と②の記述からは，「みんな」の活動と「あそび」の活動とのつながりが非常に意識されていることが読み取れる。さらに言えば「『あそび』が豊かになることが期待」されているということから，「みんな」は「あそび」を高めるためのブースターのような役割をもつ活動であり，附属幼稚園の生活全体のなかでは，「あそび」の活動が主であることを強調しているともとれる。

　また，③の記述からは，「あそび」と「みんな」の活動が有機的につながることを企図しているものと読み取れる。具体的な例としては，5歳クラスで4月から5月にかけて行われた「ドンじゃんけん」では，「みんな」の時間と「あそび」の時間のそれぞれで行われた活動が，子どもたち自身が主体的に取り組み，試行錯誤を通して自分達でルールを考える姿になっていた（本事例については後ほど詳述）。教師は以下のように考察している。

　　　幼児は，「みんな」の時間に易しいルールである「ドンじゃんけん」でルールのある遊びの楽しさを味わい，その後「あそび」の時間に行ったときに相手チームの同意なくルールを変更すると遊びが停滞するということを体験した。そして，自分達でルールを決めて遊ぶ楽しさを「みんな」の時間の「鬼ごっこ」を通して味わった。幼児は，自分たちにとっても最も楽しめる活動にするためにルールを考えることができた。試してみて変更するということを繰り返すことはとても大変なことであるが，幼児は常に真剣に話合いをし，より楽しい遊びにしようとしていた。このように幼児の実態を見ながら，教師が活動を計画したことで，幼児は教師が提案した遊びであっても主体的に取り組み，「ドンじゃんけん」も「鬼ごっこ」も幼児自身の活動となっていった。そのことが，ルールのある遊びを楽しみ，さらにより楽しいものにするためにルールについて真剣に考える姿につながったと考える。（B, 2018, p.79. 以下，事例は同紀要から引用した）

　こうした様子は，秋山が『幼児保育学辞典』のなかで「自由遊びと設定保育のバランスを保つことと，二つの種類の活動の有機的な連携を保つような配慮が必要になってくる。自由遊びでの活動が設定保育の必要性を誘発し，設定保育で行った活動が自由遊びの活動を充実させるといった連携である」[2]と指摘したことを実現しているような様子だと考えられる。

(3)　「みんな」の特質

　以上，「みんな」の活動事例における教師の行動を整理すると，子どもの実態を踏まえて教師が必要だと考える経験をもとに活動が構成されること，教師が主導する活動であっても子どもたちの主体性を重視していること，「みんな」や「あそび」の活動を相互に関連した全体的な保育活動のなかで構想していることがわかる。こうした教師の行動には，子どもの主体性を重視し，主体性が遊びや子どもの発達をより豊かなものにするという保育理念があると理解できる。

第4節　「みんな」の活動は「保育の質」を高めているのか

　ここまで，附属幼稚園の「みんな」の活動が，旧来の設定保育・一斉保育と同型の活動形態でありながら，自由保育と設定保育・一斉保育が対比的に捉えられてきた状況に内在する課題を乗り越える可能性をもった営みであることを示してきた。それは，子どもの実態を見ながら，教師が子どもに提案

することで，自由保育と設定保育の有機的なバランス[2]を保つような連携が実践されていたこと，そして，教師主導一辺倒ではない，子どもの主体性を常に意識した教師からの働きかけ・言葉かけが「みんな」の活動のなかでの教師の振る舞いに見られ，その振る舞いが「あそび」を主とする，つまり子どもの主体性を第一に考える保育理念が存在していることである。

　しかし，これらの点が本来的に「保育の質」に貢献しているのかどうかは改めて問われるべきである。教師の働きかけが良いものに見えたとしても，その働きかけが子どもたちの世界を見る見方を拡げ，世界との出会いや子ども自身の発達へとつながっていなければ，やはり一方的な保育者の働きかけでしかないという指摘はありうる。ゆえに，「みんな」の活動を通して，子どもがどのような姿を見せていたのか，そのことを「保育の質」として「評価」することが必要だろう。

第5節　保育の質をどのように評価するか

　ここで「保育の質」について簡単に整理しておく。「保育の質」を評価することについてはさまざまな議論がなされている。OECDは，質の高い幼児教育・保育の重要性について指摘するなかで，幼児期の全般的な教育システムを評価する際の視点として，方向性の質，構造の質，実施運営の質，相互作用またはプロセスの質，子どもの成果としての質といった側面をあげている[9]。海外では，効果的な幼児教育法調査（REPEY STUDY）のように，良い保育をしているとされる施設の分析から，質の高い保育とは何かを取り上げ，より良い保育実践を行っていくためにどんな特徴を保育者が備えていることが重要かについて検討されてきた[10]。それらの成果は，保育を評価するためのスケール（測定指標）の開発に役立てられている。

　日本においては，主に「保育者の専門性」が保育の質を問うものとして取り上げられているが，保育の質の定義が明確でないことから，それぞれが独自の観点で質を検討することとなり，保育者の専門性が共有されにくく，保育の質の向上に結び付くものとはなっていない点が指摘されている[11]。こうした背景を踏まえると，山下[12]が指摘するように，保育の質は多面的であり，保育の質の検討あるいは保育活動を評価する際には，どのような「質」を扱うかを明確化することが必要である。

　本章では「みんな」の活動という遊びの形態を取り上げていることから，保育の質を考えるうえでも特に遊びの質に注目して考察を深める。日本保育学会の課題研究委員会では，遊びの質に関する検討が行われ，第2期委員会の研究では，遊びを目に見えるものに限定した成果主義的な立場の問題点だけでなく，「集中している」や「没頭している」のように，遊ぶ子どもの「様態」を評価することの限界を指摘し，「それぞれの子どもが遊ぶことによって有能な学び手として育つプロセスを『質の高さ』として捉えること」を挙げている[13]。つまり，子どもの遊びの良し悪しを検討するうえでは，子どもの「できる・できない」といった成果に注目しすぎてしまうことや，遊びのなかでのある特定の姿を良いものと捉え（集中している・没頭していることが良い），それだけを切り出して良し悪しを論じてしまうことで，子どもの姿を十分に捉えられない点が指摘されている。それは，子どもの「できる・できない」や「没頭している姿」において，子どもの内面に何が生じているのかを見過ごしてしまうことだといえるだろう。

第6節　子どもの遊びを評価する視点としての「遊びの三角形」

　保育活動を評価するうえでの課題を踏まえ，川田[14]は，「遊びの三角形」を用いて子どもの遊びのプロセスを評価することを提案している。「遊びの三角形」は，子どもの姿だけを観察するのではなく，子どもが何を媒介にして対象や目的とどのような関係を結んでいるのか，そしてその三角形（遊びの三角形）がどのように変化したかを分析することで，遊びを通した発達を評価するためのものである。

　遊びの三角形のアイデアは，ヴィゴツキー（Lev Semyonovich Vygotsky）の媒介理論に基づいている（図13-1）。川田によれば，ヴィゴツキーは，「人間の生活活動の特徴は，対象（世界）に対して直接的な関係を持つのではなく，常に何らかの道具を媒介した間接的関係を構成しているとし，人間の精神の媒介性を根本原理に定めた」[14]とされる。たとえば，人間は他者との関わりにおいて，言葉やジェスチャーを用いて自分の意志を伝える。このとき，他者という対象（世界）に対して，言葉やジェスチャー（身振り等）を道具（媒介）として用いることができるからこそ，自分の意志を相手に伝え，関わることができるのである。たとえば，何かを欲しいものがあるにもかかわらずそれが満たされない状態にある子どもの場合，言葉が未修得であれば，泣きや身体的動作（相手をたたく，その場にうずくまる）ことによって他者に自分の意志を伝えるが，言葉が習得されつつある段階においては，「○○がほしい」「くれないなんてイヤだ」という発声をすることとなる。つまり，どのような道具を使うかということは発達の状態を表していると考えられる。ゆえに，遊びの三角形が変化していくことは，子どもが自分と世界との関係を結びなおすことであり，子どもの発達を遊びの姿のなかで捉えることになる。

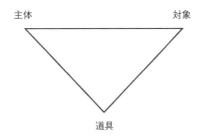

図13-1　ヴィゴツキーによる人間の精神活動の分析単位の図式

　この遊びの三角形を用いて発達を評価するという視点は，保育という営みの特性に適したものであると考えられる。保育を構成する要素は，保育者の言葉かけや姿勢，子どもの見方（子ども観），あるいは保育環境，カリキュラムや教育課程，施設の理念，保護者や地域との関係などのさまざまな要素があり，それらの要素が複雑に作用し，その相互作用関係のなかで保育活動のプロセスが進んでいく。何らかの要素一つに注目して，その部分だけを丁寧に検討したとしても保育活動の全体を把握することはできない。また，それぞれの要素が関係しあっているため，一つの要素がどのように子どもの発達や遊びの質に関わっているのか（影響しているのか）を具体的に観察することは難しい。

　こうした保育の特性を踏まえながら，子どもの発達を観察するためには，「遊びの三角形」においてプロセスを記述すること，そして記述されたプロセスを解釈するための視点が必要である。その視点

としては，ロゴフ（Barbara Rogoff）の社会文化的発達理論のなかで提唱された「導かれた参加」(guided participation) を用いることが有益ではないかと考えられる。ロゴフは，発達を個人とコミュニティ（関係対象）がお互いに影響を与え続けながら，お互いが変化していくプロセスであり，個人やコミュニティが含まれる文化（文脈）のなかで進んでいくものであると捉えている [15]。そのため，発達を捉えるためにはその文化（文脈）のなかで見ていくことが重要である。それには「参加の仕方」を見ることが重要な観点となる。

　「みんな」の活動もしくは設定保育・一斉保育といった保育実践は，いずれも子どもにある経験をしてほしいという保育者の願いによって構成される。大人の願いに基づき構成された環境や活動のなかに，子ども自身が自分の興味関心に基づいた参加をし，そこで新たな発見をし，その発見に自分なりの意味や楽しさを見出していくことは保育者が目指したい子どもの姿だろう。大人が一方的に経験を押し付けるのではなく，子ども自身が参加していくことが保育では重要視される。ゆえに，子どもが保育活動にどのような「参加の仕方」をしているのかを捉えることが重要なのである。

　くわえて，これらの保育活動は保育者の願いによって構成されるが，その願いの通りに子どもは行動するわけではない。むしろ，その願いに反する行動や保育者が思いもよらない行動を子どもが示すとき，より豊かな子どもの経験につながっている可能性はある。鯨岡らはこういった可能性を指して，「『設定保育』といえども保育者の願いどおりにことを運ぶのがベストかと言えば決してそうではなく，むしろ子どもの出方次第でその後の展開を柔軟に変更していけるかどうかが，『設定保育』の良し悪しを評価する重要な岐路」[16] になると指摘している。この保育者が意図をもって構成した活動のなかで子どもがどのように参加しているかを見ていくことができたならば，子どもの発達の姿を捉え，その保育活動が発達にどのような影響を与えたのかを見ることができるだろう。その意味で，「遊びの三角形」によるプロセスの記述と「導かれた参加」を用いた解釈は「みんな」の活動がもつ意義を見るうえで有用なのではないかと考えられる。以下では，2つ事例をもとに「遊びの三角形」と用いた分析を進めることとする。

(1) 5歳クラス「ルールのある遊び」活動

　5歳クラスで4月から5月に行われた「ルールのある遊び」に関する事例を取り上げる。まず，上越教育大学附属幼稚園の研究紀要に記述された一連の事例を紹介する（なお，事例内の記述については一部表現等を要約した）。

〈「みんな」の時間に行われたルールのある遊び〉
　暖かな春の日の「みんな」の時間にクラス全員がグラウンドで「ドンじゃんけん」をする。「ドンじゃんけん」のルールを知っている子どもと知らない子どもが半分ずつという状況のなか，最初に基本的なルールの確認をする。グラウンドの丸田橋を使い，2チームにわかれて行う。最初はルールを理解できていない子どももいるが，友だちの動きを見たり，教え合ったりしながら，徐々に理解していく。開始から5分程度で相手陣地に到達する子どもが現われ，勝ったチームは歓声を上げて喜び，負けたチームは静かになるが，すぐに「もう一回やりたい」という声が出て，3回戦まで

186　Ⅳ　遊び込む子どもを支える幼稚園カリキュラムの諸相

行うこととなる。

　4日後の「あそび」の時間に，A男の誘いにより，数名の幼児で「ドンじゃんけん」が行われる。A男のチームは3人，B子のチームは5人となったが，そのまま開始され，最初から両チームとも大きな声で応援する。1回戦はB子チームが勝つ。2回戦になると，A男チームは全員が予め丸田橋の上に乗って待機するという作戦を始める。それに対して，B子が「ちょっと，前の人が負けてないのに他の人が乗っちゃだめなんだよ」と指摘し，B子のチームメンバーも同調して非難をする。しかし，A男チームは全く気にせず，全員が丸田橋の上にいる。すると「そっちがずるするんだったら，こっちもやろう」といってB子のチームも同じ作戦を始める。A男は「あー，ずるいんだ。こっちにはだめって言いながら！」というと，B子は「そっちから先にやったんでしょ！」と怒った表情で言う。A男は「そんなずるするんだったら，僕やめた」といって，A男チームのE男も「僕も」と言って同調し，A男チームは全員丸田橋から下りて，よそに行こうとする。B子から「なんで勝手にやめるの！」と言われると，「だって，そっちがずるしただろう」とA男がいい，そのまま両チームで言い合いになってしまう。そこに最初から近くで見ていた教師が仲介役になる。そこからは次のような対話が行われる。

教師：「どうしたの？　楽しそうにやっていたのに」

A男：「そっちがね，ずるしたの」

B子：「違うよ。先にしたのはあっちだよ」

教師：「先生も見ていたよ。確かに先にしたのはA君のチームだよね。どうしてしたの？」

A男：「だって，その方が早く次の人がいけると思って」

教師：「すごいことに気付いたんだね。それで作戦を立てたんだ。じゃあ，E君は？」

E男：「先にA君がやったから…」

教師：「A君のせいにするの？　なんか変だね。ところで，どんなルールでやってたの？」

B子：「前にみんなでやったときと同じ」

A男：「違うよ。そんなこと誰も言ってないよ」

教師：「はじめにルールを確かめてないの？　それでA君チームはそんな作戦考えたんだ。どうしたらいいかな？」

B子：「ルールを確かめてから始める」

　B子チームの意見をA男チームもうなずきながら聞く。ここで片づけの時間になる。

　それから数週間後，「みんな」の時間に教師の「今日はみんなで鬼ごっこをしよう」という提案から鬼ごっこを行うこととなる。「今日は最初だから，普通の鬼ごっこにしよう。鬼は何人にする？」と教師が問いかけると，子どもたちは「6人」や「2人」「3人」など思い思いに好きな人数を言う。話し合いの結果，鬼は2人で行うこととなり，鬼になった幼児が区別できるようゼッケンをつけて鬼ごっこを行った。逃げる子どもはグラウンドに散らばり，ジャングルジムや築山に上がる幼児もいれば，ヒューム管に隠れる幼児もいる。鬼役の幼児は追いかける。3分程してから，教師が終了の合図を出す。

教師：「みんなちょっと集まろうか」「やってみてどうだった？」

Ａ男：「鬼が全然追いかけてこないからつまらない」

Ｇ男：「僕，鬼やったんだけど，隠れたりしている人がいるから捕まえられない」

Ｆ子：「隠れたら，鬼ごっこじゃなくて，『かくれんぼ』だよ」

Ｂ子：「あと，高いところに上がっている人もいた」

Ａ男：「高いところに上るのはいいんだよ」

Ｂ子：「鬼ごっこは，走って逃げる人を捕まえるんだよ」

教師：「そうか，鬼ごっこは隠れたり高いところに上ったりする遊びじゃないんだ」

　多くの幼児が教師の意見に賛同する。

教師：「それでは，もう１回やろうと思うけど，高いところへ上ったり隠れたりするのはいけない，でいいかな」

幼児：「いいよ」

教師：「あと，変えた方がいいところはある？」

幼児：「ない，大丈夫」

教師：「それでは，新しい鬼を決めて２回目を始めようか」

　新しい鬼を２人決めて，２回目が始まる。新しく決まったルールを守り逃げている幼児がほとんどだが，高いところへ上ろうとしたり，隠れようとしたりする幼児が時折いると，その幼児に注意をする姿がみられる。２回目が終わり，新しい問題点が発見され，その解決策を話し合う。そして，次回行うときのルールが決められる。さらに鬼ごっこをし，話し合いをする，ということを繰り返すうちに，活動場所の範囲がグラウンド全体から約４分の１までになる。鬼の人数を２人から３人にするという意見も出てくる。

　５歳クラスで行われた「ルールのある遊び」の展開を「遊びの三角形」に整理したものが図13-2である。最初は，ルールに不慣れな子どもがいるなかで，基本的なルールの確認が中心的な主題となって遊びが行われた。まだ，ルールが十分に理解されていない段階での遊びであるため，丸田橋の端に到達した子どもが勝ちというわかりやすいかたちでみられる勝ち負けが子どもたちにとって最も重要であった。相手チームに勝つためにはルールをチーム全員が理解することが不可欠だと気付いたために，ルールの理解と確認が子どもたちのなかに意識されていた（(1)-1）。

　次に，「あそび」の時間でみられた「ドンじゃんけん」では，勝ち負けが意識され過ぎるあまりに，勝つことを優先してルールを守らない行動がみられた（(1)-2）。その結果，「ずるをした」と言い合いになり，遊ぶこと自体が崩壊しそうになった。この状況は，「ルールのある遊び」はその遊び自体を楽しむことを目的としたものではなく，勝って喜ぶための手段となっていたと解釈できる。そうした場面に対して，教師はルールを守らなかった行動に否定的な言動を示すのではなく，「すごいことに気付いたんだね」と子どもなりに考えて行動することに価値を付与したうえで，「…変だね。ところで，どんなルールでやったの？」という言葉がけにより，子どもたち自身が改めてルールに目を向けるようにしていた。それにより，子どもたちは，お互いにルールの確認をし，あらためてルールのある遊びを楽しむためには，ルールを大切にしなければならないという気持ちが現われていったと考えられる（(1)-3）。

日をあらためて,「みんな」の時間では教師の提案により,鬼ごっこが行われることとなった。ここでは,すでに子どもたちのなかにルールを守ることの大切さが共有されていることを意識した教師は,さらに,ルールを自ら作ったり変更したりすることから,より楽しい遊びへと発展することを経験してもらうため,いったん,子どもたちから提示されたルールを採用して,鬼ごっこをすることとした((2)-1)。その結果,鬼役の子どもがほとんどタッチすることができない状況となった。教師からの「やってみてどうだった？」という質問から,子どもたちは鬼ごっこという遊びが成立していなかったことや,楽しむことができなかったという体験をしたことがわかる。そうした子どもたちの感じ方を表現してもらい,子どもたち同士がその状況を共有したうえで,「変えた方がいいところはある？」という教師の発言があった。子どもたちの状況を踏まえながら,子どもたちにルールの変更に目を向けてもらうような言葉がけがあったことで,子どもたちは話し合い,新しいルールを提案したり,さらに新しいルールに基づいて遊んだ後で,ルールの問題点が発見され,その解決策を話し合うというプロセスとなったのだろう((2)-2)。

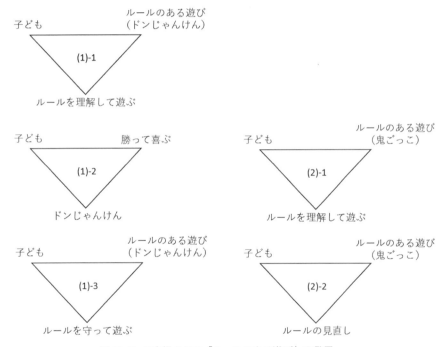

図13-2　5歳児クラス「ルールのある遊び」の発展

(2) 4歳クラス「プール遊び」活動

　附属幼稚園では,毎年6月の運動会後から1学期の最終日(7月中旬)までの期間に深さ30cm程度のプールを設置する。プールは子どもがいつでも利用可能なかたちで存在しているわけではなく,教師によって設置され,教師の意図に沿って設定された活動としてプール遊びが行われる。4歳クラスで連日行われたプール遊びの事例を紹介し,考察する(下記の事例内の記述については研究紀要に記載された表現等を一部要約したものである)。

〈「みんな」の時間に行われたプール遊び〉

　（7月7日）進級して初めてのプール遊びであるため，着替え時に脱いだ服を置く椅子の使い方や着替えの仕方を確認してから水着に着替え始める。着替え終わると遊戯室に行き，教師の動きを真似しながら準備体操をする。

教師：「じゃあ，まずは外に出て水遊びをしよう」

A男：「これ，知ってる。水鉄砲でしょ。3歳クラスのとき，やったことある」

　教師が用意した水を張ったタライと水鉄砲で子どもたちは遊び始める。歓声をあげながら，遠くに水を飛ばしたり，友達に水を当てたりする。その後，教師の「そろそろプールに入ろうか」の声により，全員でプール再度に移動すると，幼児は順番に並び，一人ずつ背中やおなかにシャワーで水をかけてもらってからプールサイドに並ぶ。教師が「自分に水をかけるよー」と言ってやってみせると，幼児も真似をして自分の体に水をかける。「じゃあ，そうっと入ろうね」と教師が言うと，「きゃー，冷たーい」「深ーい」と歓声をあげながら子どもたちもプールに入る。しばらく子どもたちは水の中を歩いたり，座ったりしている。そこに教師が「あれ，Cくんの泳ぎ方，何だか面白いね，ワニみたい」と言うと，C男は「うん，そうだよ。僕，ワニ泳ぎができるだよ」と言い，それをみて，他の子どもも真似をする。ほかにも仰向けの状態で底についた手で移動する「ラッコ泳ぎ」をする子どもも現れる。

　（7月11日）前回のプール遊びのときに確認したように，子どもたちは服を脱いで水着に着替える。準備体操やシャワーを素早く済ませ，プールサイドに並び，プールに入ってからは，前回のようにワニ泳ぎやラッコ泳ぎを始める。「今日は，ボールを入れてみるよ」と言って，教師が次々と直径5cmほどのプラスチックのボールを入れていくと，幼児はプールの中を歩いたり走ったりして，水が顔にかかるのも気にせずボールを取ろうとする。E子は手にいっぱいのボールを抱えて，教師に見せるくる。G子とH子は手に持ちきれないボールを水着の中にはさみ，それを見た幼児が真似をする。「ボールを全部集めたら，次はこれを入れるよ」と言いながら，教師は水に入れると沈む貝殻型のゴム製のおもちゃを見せる。沈んだ貝殻型のおもちゃを水の中に手を伸ばして拾う子どももいれば，水の中に潜って拾う幼児もいる。

　（7月12日）プール遊びも3回目となり，プールに入るまでの準備にかかる時間が早くなる。プールに入ると，すぐに思い思いの動きを試したり，水をかけあったりしている。A男が「先生，水鉄砲がしたい」というと，教師は「いいね。じゃあ，持ってこようか」と言って，水鉄砲を用意すると，子ども全員が水鉄砲を使って水を飛ばし始める。教師はその間に，プールから2mほど離れたところにビールケースを用意し，その上に空の水差しと少し水を入れた水差しを置いて的をつくる。A男が「あれ，狙っていいの？」と聞き，教師が「いいよ」と答えると，子どもは一斉に的を狙い始めるが，当てることが難しく，的に当たっても倒れない。「あっちにある動いた方をみんなで狙ったら倒れるんじゃない？」というI男の言葉に，みんなが空の水差しを狙い始める。しばらくして，からの水差しが倒れると，「やったー」と歓声が上がる。

（7月13日）プールに入ると，ワニ泳ぎやラッコ泳ぎなどを楽しんだりお風呂のように座って水をかけあったりして子どもたちは自分がしたいことを楽しんでいる。

教師：「今日は，こんな輪っかを用意したよ。どうすると思う？」とフラフープを見せながら尋ねる。

C男：「わかった。水の中にいれてくぐるんだ」

教師：「そう。水の中に入れてみるから，その中を通ってみようか」

　　子どもたちは喜び，さっそくプールの壁沿いに一列に並ぶ。教師2人がプールサイドの2か所に分かれて，水の中にフラフープを立てて待つ。幼児は，最初は歩きながら，フラフープをくぐっていたが，次第にワニ泳ぎやラッコ泳ぎをしたり顔を水につけて泳いだりしてくぐっていく。そんななかでJ子は「私，怖い」と不安そうに言う。教師が「J子ちゃん，お顔を水につけなくてもいいんだよ。ただくぐるだけでもいいんだよ。大丈夫だよ」と伝えると，J子は安心し，恐る恐るではあるが，頭を低くしてフラフープを通っていく。幼児はフラフープをくぐることにだんだん慣れてくると，毎回フラフープをくぐるときの動きを変えて，自分がやりたい方法でくぐるようになった。

　4歳クラスで「みんな」の時間に連日行われた「プール遊び」を「遊びの三角形」に基づき整理した結果を図13-3に示した。この事例のなかでは，教師は，プールに入ることで，子どもたちが全身で水の感触を楽しんだり，水に親しんだりしながら，友だちとさまざまな水遊びを楽しむことをねらいとしてプール遊びの時間を設定した。

　最初のプール遊びのときには，プールに入る前に水に慣れるためあらかじめ水鉄砲を用意し，水遊びをすることから始めた。そうして子どもたちに水で遊ぶことへの期待やこころの準備が整ったうえで，プールに向かう（(3)-0）。プールに入る際には，教師が自分に水をかける様子を見せることで，プールへの入り方を確認するとともに，教師と一緒に入れることでの安心感をもたらしている。また，この行動は結果的に，あとで現れる子ども同士がお互いの泳ぎをまねするという行為の下準備になっていたと考えられるかもしれない。

　そして，子どもたちがそれぞれの仕方でプールを楽しんでいる様子のなかに，「C君の泳ぎ方，何だか面白いね。ワニみたい」と教師が言葉をかけたことで，さまざまな泳ぎ方をマネしながら試すという子どもたちの姿につながった（(3)-1）。これにより，水中の動きや感触を味わうことがより体験されていったと考えられる。次の日にはボールを用意したり，子どもの求めに応じて水鉄砲を取り入れることで，より多様な水との関わりを生み出している（(3)-2，(3)-3）。こうした教師の働きかけは，子どもの姿をよく見ることで，より多様な体験につながるようなモノ（環境）を用意したり，設定保育の状況の中でも子どもの主体性を導き出したりしていることと言えるだろう。

　4日目にはフラフープを取り入れることで，水の感触を楽しむだけでなく，水中で子どもがさまざまな動きに挑戦できるような活動へと展開している（(3)-4）。水中でフラフープをくぐることは，水に苦手意識をもつ子どもにとっては難易度の高いものであるが，他の子どもがくぐっていく様子を見ながら，自分も少し挑戦したいという意欲を引き出すことになり，苦手な子にはフラフープを調整し，「顔

を水につけなくてもよい」と伝えることで，その子に合わせた状況を教師は作っている（(3)-5）。それにより，フラフープという道具は，ある子どもたちにとっては水中での自分の動きをさまざまに試すものであり，水に苦手意識をもつ子どもにとっては水に慣れるための道具として機能することとなる。それは，設定された一つの活動のなかでも，個々の子どもに応じた状況を教師が適切に構成していることに他ならないだろう。

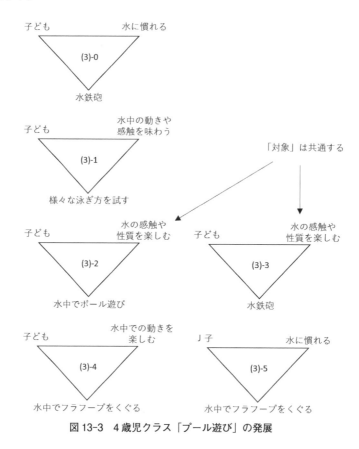

図13-3　4歳児クラス「プール遊び」の発展

第7節　今後の保育・教育への示唆

　ロゴフの提示した「導かれた参加」とは，共同行為の文脈のなかで大人のかかわりや教示によって子どもが共同行為へ参加していく過程である。田島[17]の整理によれば，大人が子どもの課題や現状への理解度を評価し，それに基づく援助（足場づくり）の調整が行われる一方で，子どもも大人からの教示にペースを合わせながら，大人に要求をするなどして，大人の援助を調整する。そこでは大人と子どもが共同的・補完的なかたちで共同行為がなされる。そして，大人の援助のもとで実現されていた子どもの行為や達成状況，心理的作用が，子ども自身の力で行われるようになっていく。つまり，子どもの活動を支えるような文脈（状況・環境設定）のなかで，最初は大人の助けを借りながら，徐々に子どもは単独で活動を行うことができるようになる。それは環境のなかで有能さを発揮したり，自分自身を表現したりできるようになっていく子どもの発達の姿であると言える。

先の「遊びの三角形」をもとに分析した事例を踏まえると、上越教育大学附属幼稚園の「みんな」の活動は、「導かれた参加」を実現するようなものであったと言えるだろう。そのように考えられるポイントの一つには、子ども同士もしくは子どもと大人が関わり合うような共同行為の機会が発生しやすい活動が存在していることである。いわば設定保育・一斉保育の枠組みである。二つ目に、教師が子どもの実態を踏まえて、これから積み重ねてほしい経験を意識しながら全体の活動を構成するなかでも、個々の子どもに合わせた目標の調整を行っていることである。プール遊びにおけるJ子の姿や最初の導入で水鉄砲を用意していたことは、子どもそれぞれの実態を踏まえたものといえる。そして、教師による子どもの主体性を引き出す働きかけがあり、それに応えるように自分を出していく子どもたちの様子が確認されたことである。設定された保育活動のなかでも子どもたちは自分のやりたことを教師に伝えながら、教師や子ども同士のかかわりのなかで活動が発展していた。

その結果として、プール遊びのなかで多様な動きの開発や模倣のような運動や認知面での発達、ルールのある遊びの中でのルールの理解ならびにルールの変更、もしくはそれらを子ども同士の話し合いのなかで理解を促し、お互いの意見の調整を行うといった言語面や社会性の側面での発達を見て取ることができる。

ゆえに、子どもたちの「参加」を拡げ、発達につながる「みんな」の活動は、質の高い保育活動の形態だと言えるのではないだろうか。もちろん、前述したように「みんな」の活動は、「あそび」との対応関係があるからこそ、教師の提案する活動のなかでも子どもが主体性を発揮し、教師主導型の保育に留まらないものになっていることを忘れてはならない。それは、「あそび」を中心とし、子どもの主体性を第一に考える附属幼稚園の保育理念が浸透した文化（文脈）が根付いているからこそである。こうした「みんな」の活動は、教師主導の活動が中心になりがちであったり、クラスの大勢の子どもを安全かつスムーズに活動に参加させるため設定保育・一斉保育が多くなったりしがちな他の幼稚園・保育園にとっても有益な示唆を与えるものではないかと考えられる。

最後に、「みんな」という活動名称は、教師主導ではなく、教師も子どももそれぞれの主体性の存在を感じさせる名称であり、こうしたネーミングにも上越教育大学附属幼稚園が大事にしていることがしっかりと表われているように感じられる。

引用・参考文献

1）森上史郎・柏女霊峰編（2013）『保育用語辞典 第7版』ミネルヴァ書房
2）村山貞雄監修，松原達哉・萩原元昭・小林恵子編（1980）『幼児保育学辞典』明治図書
3）西久保礼造（1990）『改訂 保育実践用語事典』ぎょうせい
4）浅川繭子（2009）「子どもと保育者がともに主体である保育についての検討―自由保育と一斉保育の比較から」『植草学園短期大学紀要』10, 67-78
5）谷田貝公昭監修，林邦雄責任編集（2007）『保育用語辞典 第2版』一藝社
6）浜口順子（2002）「第4章 幼児教育の方法」小田豊・榎沢良彦編『新しい時代の幼児教育』有斐閣, 89-113
7）小田豊（2001）『新しい時代を拓く幼児教育学入門』東洋館出版社
8）五味太郎・小野明（1999）『絵本をよんでみる』平凡社

9 ）OECD（2006）*Starting Strong II*. OECD Publishing.

10）Siraj, I. Kingston, D. & Melhuish, E 著，秋田喜代美・淀川裕美訳（2016）『「保育プロセスの質」評価スケール：乳幼児期の「ともに考え，深めつづけること」と「情緒的な安定・安心」を捉えるために』明石書店

11）秋田喜代美・箕輪潤子・高櫻綾子（2008）「保育の質研究の展望と課題」『東京大学大学院教育学研究科紀要』47, 289-305

12）山下京子（2018）「保育の質と保育者養成に関する研究」『広島女学院大学幼児教育心理学科研究紀要』（4），9-21

13）課題研究委員会報告（2014）「遊びの質をどう捉えるか」『保育学研究』52（3），105-118

14）川田学（2018）「エコロジカルシステムとしての『保育』の評価試論」『保育学研究』56（1），21-32

15）Rogoff, B. 著，當眞千賀子訳（2006）『文化的営みとしての発達』新曜社

16）鯨岡峻・鯨岡和子（2004）『よくわかる保育心理学』ミネルヴァ書房

17）田島信元（2003）『共同行為としての学習・発達―社会文化的アプローチの視座』金子書房

第14章 「遊び込む」子どもの育ちに 「せいかつ」は何ができるか

吉澤 千夏

第1節　はじめに──「せいかつ」とは

　子どもの育ちに注目するとき，保育や幼児教育について論じるとき，必ず挙げられるキーワードがある。それは「遊び」であり，「環境」であり，「生活」である。そもそも，保育・幼児教育においては，この3つのキーワードが有機的に結びつき合い，それらが機能し合うことで成り立つといっても過言ではない。保育・幼児教育とは，「環境」を通して行われるものであり，子どもたちの育ちにふさわしい「生活」が展開され，子どもたちの自発的な活動としての「遊び」を通して重要な学びがなされ，子どもたち一人ひとりの育ちに応じたかかわりを行うものである（厚生労働省，2017；文部科学省，2017）。ここでいう「生活」とは，まさに子どもたちの日々の幼稚園・保育所等での活動そのものを示しており，その中には当然のことながら「遊び」も含まれている。

　しかし，当園での取り組みを捉えるとき，「せいかつ」は「生活」とはイコールではない。あえて示すならば，このような式を立てることができる。

> 「生活」＝「あそび」＋「みんな」＋「せいかつ」

　これについて，「せいかつ」に注目するならば，

> 「せいかつ」＝「生活」－（「あそび」＋「みんな」）

と置き換えることもできる。

　「あそび」「みんな」「せいかつ」の3つの視点は，2002（平成14）年度までルーツを遡ることができる。その経緯はⅠ-1の「カリキュラム開発の経緯」を，またこれらの具体的な内容について詳しくはⅠ-2の冒頭に示した「一日の教育時間」を参照してほしい。そこには，「遊び込む」子どもたちの日々の活動を支えていくために，子どもたちの「生活」をどう捉え，理解すればいいのか，当園の教師が悩み，考え，見出してきた，その苦難の道程を感じることができる。

　研究紀要によれば，当園での「せいかつ」は，子どもたちの日々の「生活」から，当園が大事にしている「あそび」や，その「あそび」が「より豊かなものとなることを期待して，教師が活動内容を決め，クラス全員または異年齢グループに提案して「『みんな』」の時間に行う活動」（＝「みんな」）を除い

たものとされている (B, 2018, p.12)。「あそび」「みんな」は，子どもたちの成長発達や日々の興味関心の変化に伴い，姿かたちを変えていく。多くの園児たちは，「きょうは，なにをして，あそぼうかな？」「きのうのつづきで，けーきやさんをやろう！」等の意欲をもって登園し，さまざまな遊びを展開する。さらに，クラス毎に「みんな」でしっぽりをしたり，緑の小道（当園裏手の森とそこに向かう道）に行って遊び，あるときは異年齢のなかよしグループで，大学まで遠足に出かける。このような子どもたちにとって興味があり，楽しく，おもしろく，やってみたいな，やった！ できた！ と思うことのできる，そんな豊かな活動が，この「あそび」「みんな」であるといえる。

　これに対して一般にいう「生活」は，「生存して活動すること。生きながらえること。」(広辞苑, 2018)を意味し，「あそび」「みんな」のように強く意識されることなく，日々繰り返し行われ，ルーティン化していく活動である。幼児の生活は，明確に区分することは難しいながらも，食事，衣服の着脱や片付け等のような生活習慣に関わる部分と遊びを中心とする部分とに分けられ，幼児の意識や必要感，あるいは興味や関心と関連し，連続性をもちながら生活のリズムに沿って展開される。さらに，十分な睡眠やバランスのよい食事，全身を使った活動と休息等の生活の流れの中で幼児は健康な生活のリズムを身に付け，自立の基礎が培われていく（文部科学省, 2018）。このことは，生活リズムの獲得が子どもたちの園生活にとって重要な意味を持ち，それにより自立が促されていくことを示しており，「生活」は子どもたちの育ちにとって極めて重要な意味を持つといえる。

　現代社会において「生活」は，「仕事と生活の調和（ワーク・ライフ・バランス）」のように，重要な意味を持つものであると認識されつつある。しかし一方で，保育の場における「せいかつ」はその重要性を指摘されながらも，日々繰り返される当たり前の活動として，特に問題等が起きない限りは，まさに「生活」の一部として，注目されないことも少なくないのではないだろうか。

　たとえば，「せいかつ」のなかには，登園時の持ち物の整理等の活動が含まれている。当園では，子どもたちがそれぞれの場所がわかるように，個人のマークを示し，子どもたちはそれを目印に靴をしまい，バッグや帽子をロッカーに入れる。このとき，これらの活動がうまくいけば，そのことを子どもたちも教師もそれほど意識せずに，「あそび」へと移行していく。しかし，靴をしまわずに保育室に入る，自分のロッカーに間違って友だちの持ち物が入っていて，自分の場所がわからなくなる等，いわゆるトラブルが起こったときに，はじめてこの「せいかつ」に関わる活動が強く意識される。そして，子どもたちが「せいかつ」を習得していくためのかかわりを教師が日々行い，子どもたちもまた，「せいかつ」のための活動を繰り返し行うことで，意識せずに行うことができる状態（＝ルーティン）になっていく。さらに，生活は日々繰り返されるものの，いつもまったく同じことの繰り返しではない。そうでありながら生活をスムースに営むことができるのは，生活活動そのものそれ自体を獲得していくからではなく，その活動はなぜ，ここで行うべきか・行うべきではないか，といった意味を理解していくからである。しかしその意味はすぐに理解されるのではなく，まさに日々繰り返し，さまざまな経験をする過程の中で，理解されていくのである。

　そこで本節では，保育・幼児教育の場における「せいかつ」の持つ意味について，「遊び込む」子どもの育ちを支えるという視点から明らかにするとともに，「せいかつ」場面における子どもの姿とそれを捉え，支えている教師のかかわりについて，事例を交えて提示したい。

第2節　変わっていく「せいかつ」の力点

　「せいかつ」は日々繰り返され，身体化していくルーティン化された活動である。たとえば当園の場合，朝，子どもたちが登園し，各自，持ち物等を整理すると，それぞれが思い思いに「あそび」に興じる。しばらくすると，「○○ぐーみさーん，おーかたーづけー」の声とともに，子どもたちは遊んだ場所や使用した道具等を片付け，保育室に戻り，手洗いやうがい等をして，席に着く。その後，クラス毎に，ときには他の年齢の子どもたちとともに「みんな」で活動し，それが終わると，排泄，手洗い，うがい等をし，昼食やおやつの時間となる。おやつの日は，「あそび」をせずに，降園準備の後に，挨拶を交わして帰宅する。昼食の日はその後，また「あそび」，降園前になるとクラス毎にお話を聞いたり，絵本を読んでもらったりし，挨拶をしてそれぞれ帰っていく。

　この一連の流れは，まさに日々繰り返されており，日によって多少の変化はありつつも，おおよそこの流れに沿って園での一日が始まり，終わっていく。この中で，「あそび」と「みんな」に相当する活動以外が，先にも述べた通り，「せいかつ」に該当する。これを大人の一日の活動に置き換えてみるならば，「あそび」は仕事の時間といえるだろうし，「みんな」は職場の人たちとの共同作業，家族や地域の人たちとの活動等に相当すると考えられる。そして「せいかつ」は，私たちの生活において毎日繰り返されているにもかかわらず，おそらく意識化されることのない活動である。目が覚めれば，「顔を洗わねばならない」等と思うことなく洗面所に向かい，気づけばタオルで顔を拭っている。職場につけば，同僚に挨拶をし，カバン等を片付け，仕事に取り掛かる。わざわざ「挨拶の言葉は何にしよう」「カバンをどのようにしまおうか」等と考えることは皆無である。トイレに入って，「はて，このトイレをどう使ったらスッキリと排泄できるか」と試行錯誤をすることもなく，トイレから出れば自然と手を洗う。このように大人にとっての「せいかつ」は，ルーティン化され，身体化されたものであり，その点において，改めてその意味を問われたり，考えたりすることはあまりないのではないかと思われる。はたしてそれは，子どもたちにとっても同様なのであろうか。

　ここで改めて，当園の研究紀要等に目を通すと，非常に興味深いことがみえてくる。たとえば，当園において「みんな」「せいかつ」という表記が最初に登場したのは，2017（平成29）年の研究会資料においてである。同年度の紀要に記載されている年間指導計画の「せいかつ」に注目すると，入園間もない3歳児の4月から5月中旬にあたる「Ⅰ期」では，「せいかつ」に関わる幼児と教師の活動は，園での生活（＝「あそび」＋「みんな」＋「せいかつ」）の3分の1以上を占めているものの，3歳児の後半であるⅢ期（9月から12月）になると，そのボリュームは生活全体の4分の1程度となる。さらに進級し，新しい生活に慣れてくるであろう4歳児Ⅵ期（5月下旬から7月）になると，園生活の5分の1以下となる。その後，5歳児Ⅸ期（4月から5月中旬）に一旦，生活上の「せいかつ」の重みが増加するものの，5歳児Ⅹ期には再び全体の5分の1以下となり，そのような状況は修了まで続く（B, 2018, pp.20-27, pp.40-47, pp.66-73. 本書前掲の年間指導計画でそれを確かめることができる）。

　以上の点を大人の「せいかつ」と比較して考えるならば，入園間もない時期，集団保育の場での「せいかつ」を熟知していない幼児は，幼稚園・保育所という新しい生活の場に身を置き，その場で日々を

過ごしながら，そこでの「せいかつ」の仕方をときに教師に支えられながら，獲得していく。そして，それらは次第にルーティン化され，身体化され，保育の場の「指導計画」として意識化されなくなっていく。つまり，園生活全体の活動における「せいかつ」の減少は，子どもたちの発達や生活経験の増加に伴って，「せいかつ」を獲得している証であるといえる。

　ではなぜ，5歳児Ⅸ期（4月から5月中旬）には「せいかつ」の割合が一旦増加するのか。それは，そのときの子どもたちの姿や育ちへの期待，教師の子どもたちに対するかかわりに注目するとわかる。5歳児は進級によって名実ともに園のリーダー的な役割を果たす存在となる。それに伴い，園生活や当番活動に進んで取り組んでほしいという願いが，教師にはある。それを実現するために，教師は当番を自覚できるように明記したり，進んで活動する子どもを励ましたりする等のかかわりを行っている。また，5歳児の1年間は園生活の集大成であり，就学に向けての育ちを支えていくとの観点から，1日のスケジュールを意識し，生活の見通しを持てるように，時計を明確に意識させ，それによって生活の区切りを理解させようとしている。つまり，5歳児Ⅸ期は，これまでの2年間の育ちを踏まえ，新たな「せいかつ」の課題を組み込むことから，一時的に「せいかつ」活動の重要性が増したと考えられる。

　このような「せいかつ」課題の変化は，この5歳児Ⅸ期に留まらない。たとえば，3歳児Ⅰ期（4月から5月中旬）では，「自分の保育室やトイレ，遊戯室等の位置を覚え，園生活の大まかな流れがわかる」ことが，身につけてほしいと期待される生活習慣・行動として記載されている。しかし，この生活習慣・行動は3歳児Ⅱ期（5月下旬から7月）には記載されていない。この生活習慣・行動は，言い換えれば3歳児Ⅰ期の子どもたちに対する課題であり，それは入園後一月半ほどでクリアされていくのである。また，たとえば，食べることとその片付けに関する生活習慣・行動について，3歳児Ⅰ期には「おやつを食べるときの準備や食べ終わった後の片付けの仕方を知り，教師と一緒にしたりじぶんでしようとしたりする」と記載されている。これが3歳児Ⅱ期では，「おやつや昼食を友達と楽しみ，食べるときの準備や食べた後の片付けを自分でしようとする」「教師や年上の幼児の片付け方を見て，真似しようとする」となり，3歳児Ⅲ期（9月から12月）になると「教師と一緒に遊んだ後の片付けをしようとする」「登降園の支度の手順や食事の準備や片付けを自分でしようとしたり，身支度を自分で整えようとしたりする」ようになり，3歳児の最後となるⅣ期（1月から3月）では，「遊んだものをもとの場所に戻そうとする」となる。3歳児の食べることや片付けに関する記述だけをみても，この1年間で子どもたちに身につけてほしいと期待されている具体的な生活習慣・行動には大きな変化がみてとれる。その変化の一つは，教師とともに行う活動から子ども自身が行う活動への変化であり，もう一つは生活習慣・行動の枠組みの変化である。

　前者はたとえば，3歳児Ⅰ期（4月から5月中旬）の「おやつを食べるとき（中略），教師と一緒にしたり（後略）」のように，「せいかつ」課題を教師とともに行い，子ども自身がその課題に取り組めるようにする状況から，3歳児Ⅲ期（9月から12月）の「（前略）食事の準備や片付けを自分でしようとしたり，身支度を自分で整えようとしたりする」を経て，3歳児Ⅳ期の「遊んだものをもとの場所に戻そうとする」ように，子ども自身が「せいかつ」課題に自ら取り組み，実践できるように変化している。これは，幼児期の子どもにとって「せいかつ」課題の最終的なゴールが「せいかつ」の自立であることと関連している。幼稚園教育要領解説（2018）によれば，幼児期は「家庭において親しい人間関係を軸にし

て営まれていた生活からより広い世界に目を向け始め，生活の場，他者との関係，興味や関心などが急激に広がり，依存から自立に向かう」時期であり，「大人の手を借りながら，他の子どもと話し合ったりなどして，その子どもなりに解決し，危機を乗り越える経験を重ねることにより，次第に子どもの自立的な生活態度が培われていく」。さらに「大人への依存を基盤としつつ自立へ向かう時期」であり，この時期に「依存と自立の関係を十分に体験することは，将来にわたって人とかかわり，充実した生活を営むために大切なことである」と記されている。

　つまり幼児期は，園での生活を通して，「依存から自立」と変化する時期であるとともに，子どもはそれを求められており，そのためには，園では保育者に対して十分に依存しつつ，それを基盤として，自立的な生活を営めるように育っていくことが，豊かな生活のために重要な意味を持つということになる。このことから，上記で例を挙げたように，最初は教師ともに行うことで手を借り，十分に依存し，「自分でしようとしたり」「自分で整えようとしたり」「戻そうと」する意欲や態度を育てていくことを課題として提示しているのである。

　一方，後者の「生活習慣・行動の枠組みの変化」についてみると，3歳児Ⅰ期（4月から5月中旬）では「おやつを食べるときの準備や食べ終わった後の片付け（後略）」のように，「片付け」に関する「せいかつ」の課題は「食べる」ことと結びつけて考えられている。これは3歳児Ⅱ期（5月下旬から7月）においても同様に，「（前略），食べるときの準備や食べた後の片付けを自分でしようとする」を記されているものの，加えて「教師や年上の幼児の片付け方を見て，真似しようとする」のように，「食べる」ことを超えて，「片付け」を「せいかつ」の課題として位置付けている。さらに3歳児Ⅲ期（9月から12月）では「教師と一緒に遊んだ後の片付けをしようとする」「登降園の支度の手順や食事の準備や片付け（後略）」となり，「片付け」は「食べる」ことのみならず，それ以外の「せいかつ」や「あそび」に関する課題になっていく。そして3歳児Ⅳ期（1月から3月）では，「遊んだものをもとの場所に戻そうとする」のように，もはや「食べる」ことに関する課題ではなく，「あそび」における課題へと変化しているのである。このことは「せいかつ」課題としての「片付け」が，「食べる」ことの「片付け」，「あそび」の「片付け」というように，それぞれの活動の「仕舞い」として位置付けられているだけでなく，「片付け」という活動が，実はさまざまな活動の「仕舞い」の活動とつながり，ある活動の「仕舞い」を身に付けることにより，その他のさまざまな活動の「仕舞い」へと拡大していくことを意味している。当園での取り組みをみたとき，その「仕舞い」を身に付けるための最初の活動として，「食べる」ことが選ばれている点は非常に興味深い。

　「食べる」ことは，人が生きていくうえで欠くことのできない営みであるとともに，子どもにとって非常に興味関心の高い活動である。当園は，「食べる」ことにまつわる興味深いエピソードが多数あり，その多くが「せいかつ」と「あそび」「みんな」をつなぐ重要な意味を持っている。そこで本節では，特に「食べる」活動に注目して，その点の解説を行いたい。しかし，その前に「片付け」が当園の「せいかつ」や「あそび」「みんな」にとってどのように位置付けられているかについて，私なりの解釈と解説を行いたい。「仕舞い」としての「片付け」に着目してその意味を押さえておくことが，実は「せいかつ」を捉えていくうえで，非常に有効であると考えられるからである。

第3節 「せいかつ」における「片付け」の意味

　上記のように，園生活における「片付け」は，一般にさまざまな活動の「仕舞い」を指し，「ものごとの最後。すえ。はて。おわり。また，おわること。やめること」(広辞苑, 2018) を意味している。「あそび」の「片付け」，「食べる」ことの「片付け」は，それぞれ「あそび」や「食べる」ことの終わりを意味し，「あそび」から，または「食べる」ことから次の活動への区切りとなる。「片付け」ることで，子どもたちはその活動の終わりを知り，それは次の活動への合図ともなる。そのため，「片付け」は活動を「終わりにすること」が意識されるとともに，その活動の最後に行われるオマケの活動として扱われることも多い。とはいえ，このオマケの活動は，きちんと「片付け」る（＝整理する），自分で「片付け」る（＝自立的に行動する）といった課題を付与され，「せいかつ」の課題として，園生活の中で位置付けられている。当然のことながら，当園でも「片付け」は「せいかつ」の中で重要な意味を持ち，日々の保育の中で実践されている。しかし，多くの保育関係者にとって，当園の「片付け」は少し違うなと感じたり，場合によっては奇異に映ったりすることがあるようである。それはなぜか？　当園の「片付け」，特に「あそび」の後の「片付け」は，おそらく他の園と比較して，圧倒的に長い時間を費やしているからであろう。

　当園の「あそび」の終了は，通称「りんごマーク」とよばれる，りんごのシールが時計のどこに貼られているかによって明示されている。「りんごマーク」を時計の長針が指したとき，「あそび」は終了であるという約束事が，子どもたちと教師の間でなされている。「りんごマーク」の貼られている位置は，毎日ほぼ同じ場所であり，子どもたちは体感として「このくらい遊んだら，そろそろお片付けの時間だ」と知っている。しかし「りんごマーク」は，その後の「みんな」「せいかつ」の活動の内容によって微調整され，子どもたちの感覚的な「あそび」の終わりを明確化する役割を果たしている。そのため，子どもたちはこの「りんごマーク」を手掛かりに「あそび」の終了時刻を意識しつつ，「あそび」の時間を楽しむ。時計の長針が「りんごマーク」に来ると，誰からともなく「〇〇ぐーみさーん，おーかたーづけー」の発声がなされる（ちなみに，この時のリズムや音階がずっと子どもたちや教師の間で伝承され続けていることも，興味深い点の一つである）。この発声は伝播し，広がり，「あそび」の終わりとしての「片付け」活動に移行することを伝えていく。

　こうして始まる「片付け」活動は，さまざまな様相をみせる。「あそび」を続けようとする子ども，「あそび」をやめても「片付け」に移行しない子ども，積極的に「片付け」をする子ども等々。そういった子どもたちの姿に対し，教師は適宜，ともに活動したり，言葉をかけたりしながら，「あそび」を「片付け」ることによって終わらせようとする。このとき，この「片付け」に対して，教師は何を主眼に置いて向き合っているのだろうか。それに対する当園の答えとして，興味深い事例があるので，当時，筆者がクラス担任に送ったメールを振り返りつつ，紹介したい。

片付けをしている子どもたちの様子をみていると，少し離れたところから，子どもの泣く声が聞こえる。気になって近くまで行ってみると，年中児のＡが泣いている。するとまもなく，教師がその場に駆け付け，泣いているＡではなく，Ａと一緒に遊んでいたＢと話を始める。Ｂとしばらく話をした後，教師はＡの傍に行き，Ａをなだめながら，話を聞いている。どうやら，ＡとＢの間で，片付けをめぐる気持ちの行き違いがあったらしい。教師はＡとＢそれぞれに声をかけながら，二人の気持ちを解きほぐそうとするものの，ＡもＢもトラブル時の気持ちを引きずったままで，なかなか「ごめんね」がいえず，片付けもままならない状態が続く。教師はＡとＢのそれぞれに丁寧に言葉かけをしながら，我慢強く対応をし続けている。

　その頃，他の年中児はすでに片付けを終え，保育室ではクラス担任とともに「みんな」の活動を始めている。しかし，ＡとＢとこの２名と関わっている教師は，保育室の外で話をし続ける。このやりとりはいつまで続くのだろうかと思いつつみていると，Ｂから「ごめんね」の言葉が発せられた。これに対して教師はＡに対しても「ごめんね」が表出できるように促すものの，Ａはなかなか気持ちがおさまらず，「ごめんね」がいえない。Ｂは保育室に入ろうとするが，教師はＢを引き留め，Ａの傍にいるように促す。その後も教師は，Ｂの気持ちをＡに丁寧に説明しながら，Ａからの「ごめんね」を引き出そうとする。そのようなやりとりが数分続いたのち，Ａから「ごめんね」という言葉が発せられる。教師はＡとＢの気持ちを確認したのち，一緒に片付けを行い，保育室へ戻っていく。（一部，改変）（2018.2）

　以上の出来事をどのように捉えればいいか。さまざまな解釈や考えがあるだろう。もし，自分の目の前でＡとＢのこのようなやりとりが展開したら，どう対応しただろうか，少し考えてみてほしい。たとえば，「あそび」を終えて「みんな」に移行するためには，「片付け」をできるだけ早く終わらせ，スムースに「みんな」で活動したい。だとするならば，泣いているＡをなだめつつ，Ｂとともに教師が片付けを行い，ＡもＢも保育室に向かうことができるようにする，という考え方もあろう。ＡとＢの間にあるトラブルを早急に解決し，片付けは他の子どもや教師に任せて，「みんな」の活動が始められるようにする，というのも解決法の一つであろう。

　しかし，この教師はそうしなかった。そして，ＡとＢのクラス担任もこのやりとりにかかわることなく，クラスで「みんな」の活動を進めていった。このやりとりの後，このＡとＢとかかわっていた教師に，このやりとりについて質問したことがある。なぜ，あれほどまでの時間を使って，ＡとＢとかかわったのかと。すると，その教師からは，ＡとＢの育ちに対する深い理解とそれに基づく２人の育ちへの期待意識があったこと，それが上記のような長い時間をかけたやりとりにつながっていったことが語られた。そしてそのことをクラス担任に伝えると，クラス担任にも同様の思いがあり，そのため，ＡとＢに何かが起こっていることを感じつつも，その場に駆け付けた教師に任せ，クラス担任自身はクラスの「みんな」の活動を進めていたことがわかった。

　また別の機会に，非常に興味深い「片付け」に遭遇したことがある（筆者の筆記録より）。

第 14 章　「遊び込む」子どもの育ちに「せいかつ」は何ができるか　201

遊戯室内にある大型積み木をつかって，おうちやおみせを作っていた子どもたち。その日は金曜日で，自分たちが作ってきたものを一旦，整理し，片付けをする日になっていた（当園では，子どもたちの遊びを一週間で一旦リセットし，本当に続けて展開したい遊びを子どもたち自身が厳選し，翌週に持ち越している）。子どもたちは大型積み木で作り上げた建物を壊し，積み木を一つひとつ遊戯室の壁に沿って重ねていく。サイズが数種類ある積み木を組み合わせ，すべての積み木を重ね終えたと思った時，片付けをしていたCが，並べられた積み木の一部が平らに重なっておらず，凹みがあることに気づく。片づけをしていた子どもたちは，どうにかして凹みがない，平らな状態に片付けたいと思い，積み木の重ね方を工夫し始める。長時間にわたる試行錯誤の後，大型積み木を平らにきれいに積み重ねることに成功した子どもたちは，満足そうな表情で，保育室へ戻っていった。（2014.11）

　このとき，クラス副担任は子どもたちにいくつかの言葉かけをしていたものの，子どもたちが試行錯誤し，「片付け」終えるのに時間がかかっていることに対しては，ほぼ言及していなかった。そして，子どもたちがきれいに片付けた積み木の重なりをみて，「きれいにお片付けできたね」と声をかけたのみであったと記憶している。

　もし，「片付け」を単なる「あそび」の終了，区切りとして位置付けていたならば，まずは「片付け」を第一に考え，あれほどの時間をとることはなかっただろう。上記のような「片付け」をめぐるエピソードは，当園の教師による「片付け」の捉えを説明するための格好の材料であるといえる。それは「片付け」をどう意味づけるか，価値づけるかということであり，もっと大きくいうならば，「何を大事だと考えて，保育をしているか」ということにも通じる。当園において「片付け」は単なる「片付け」ではなく，友だちとのかかわりを見つめ直す場であったり，「あそび」や「みんな」の要素を含む，自主的・自発的で，楽しくて面白い活動になったりしている。また，「片付け」を子どもたちが納得いくまで丁寧に行うことで，「あそび」を「片付け」によって切り分けるのではなく，子どもたち自身の中で「あそび」をじっくりと深く反芻し，「あそび」で得られたさまざまな体験や思いを自身の中に取り込み，「あそび」に対する充実感や満足感を味わう。これにより，「片付け」は次の「あそび」への期待を高めることにもつながっていくだろう。このようなことは，いずれの園でも起こりうるし，実際には起こっていることであるものの，それをいかに意識化しているか，という点において，当園の取り組みは興味深いものになっている。だからこそ，当園での「片付け」は長い時間がかかるし，むしろ長い時間をかけて，「片付け」の活動を十分に実践しているともいえる。「片付け」にこれまでとは異なる新たな価値を見出し，付与していくことは，「せいかつ」の中で流れていくようなささやかな活動の中に，「あそび」「みんな」を豊かにするヒントを見出すことにもなり得る。そしてそれらを意識化し，園全体で共通の思いとして共有していることが，当園のおおらかな「片付け」であり，保育そのものを支えているのではないかと思われる。

第4節　「せいかつ」は「あそび」「みんな」とどうかかわっているのか
　　　　　―「食べる」ことに注目して―

　「せいかつ」には「片付け」以外にもさまざまな活動が含まれている。その多くは，子どもたちの体

験の増加や発達に伴い，強く意識されることなく日々繰り返される活動である。しかし，「食べる」ことは他の「せいかつ」の活動とは異なる様相をみせる。先にも述べたように，「食べる」ことは生命を維持するための活動として私たちの生活にとって欠くことのできない営みであるとともに，子どもにとって非常に興味関心の高い活動である。当園での保育観察中，子どもたちは「きょうはハッピーランチ（＝給食）なんだよ」とか「きょうのおべんとうには，ハンバーグがはいってるんだ」等と教えてくれたり，おやつに出されたみたらし団子を前に，どうやったら団子にみたらしのたれをたくさん絡めて食べられるかを考えたりする等，「食べる」ことにまつわる様々なエピソードにあふれている。その一つひとつが，「食べる」ことが単なる生命維持活動や空腹を満たすための活動としてのみならず，多様な意味を持つ活動であることを示している。また，「食べる」ことに関するさまざまな活動や動作，たとえば食事の準備や供応，食事が終わったら片付けをするといった「食べる」ことに関するスクリプト（＝台本）は，3歳になる頃には主だったものが獲得され，その後，「いただきます」「ごちそうさま」という等のより社会的・文化的な知識を習得していくことがわかっている（たとえば，吉澤等，2001，2002，2003）。これらは，家庭等における日常的な活動の繰り返しや，そこで獲得された知識を用いて展開されるままごと遊び等によって強化され，子どもたちの「食べる」ことに関する手続き的知識は確立される。保育所や幼稚園に入園前の子どもの生活範囲はそれほど広くなく，かかわる人も限定的であるがゆえに，子どもたちの持つ「食べる」ことに関する知識もまた限定的であり，他児との間で共通認識可能な知識とそうでない知識が混在している。たとえば，大人の世界においても「目玉焼きに何をかけて食べるか」が話題になり，大いに盛り上がること等がある。このとき大人ならば，「なるほど，自分とは異なる味わい方をする人もいるのだな」と自身の見聞を広げることが容易であろう。しかし，まだまだ多様な体験をする途上にあり，自らの知識も限定的である幼児期の子どもたちの場合，ある意味では自分の体験や知識がすべてであり，それ以外の事柄を容易に取り込むことは難しく，「それはへんだ」「おかしい」といった反応を表出しやすい。その点，園での生活は自分とは異なるさまざまなものに出会い，触れ，体験することのできる重要な場であり，そこでの体験によって，知識は多様性を帯びていくことになる。

　幼児期の子どもにとって，園生活におけるさまざまな体験は上記のように説明が可能である。なかでも特に「食べる」ことは子どもたちが意識化しやすい活動であり，すでに獲得している知識を園生活を通して再構築していく活動として，他の「せいかつ」活動と一線を画している。そこで本項では，当園での「食べる」ことにまつわるエピソードを取り上げ，それらが「せいかつ」としてどのような意味を持つのか，さらには「あそび」「みんな」とどのようにかかわると考えられるかを考察する。

(1) イチゴをめぐって：3歳児 (筆者の筆記録より)

　12月のある日のおやつの時間。子どもたちに小さな紙コップが配られる。子どもたちは「きょうのおやつはなにかな？」と興味津々で待っていると，クラス担任，副担任はおもむろにパックを取り出し，大振りのイチゴが一人一つずつ配られる。合わせて，せんべいの袋も一人一袋ずつ手渡される。いつものように，当番の子どもが皆の前に立ち「よういはいいですか？」と聞くと，他の子どもたちは「いいですよ」と答える。当番の子どもは「みなさん，てをあわせてください。ごいっしょに，いただきます」

というと，他の子どもたちも手を合わせて「いただきます」と言って，おやつを食べ始める。保育室は
イチゴの甘い香りとせんべいの香ばしい匂いに包まれる。子どもたちは本当においしそうにせんべいを
食み，大事そうにイチゴを食べている。(2018.12)

　この様子をみたとき，「12月にイチゴがおやつになるなんて，豪華だな」との第一印象を持った。当
園のおやつは，クラス担任及び副担任等によって，季節感や行事・イベント，子どもたちの育ち等を考
慮して選ばれており，子どもたちはクラスごとに異なるおやつを食す。つまり，この日，このクラスで
「イチゴ」がおやつになったのには，何らかの必然性があり，教師の何らかの意図がある。その点につ
いて，あえて聞くともなく，上記のような感想を述べたところ，クラス担任から，数日前に子どもたち
が体験したイチゴをめぐる出来事が語られた。簡単に説明すると，皆と同じ給食を食べることに困難
がある子どもがクラスにおり，その子どもが少しでも昼食時に何か食べることができればとの家族や
教師等の思いから，給食の日にも弁当を持って登園している。ある日，その弁当の中にイチゴが入って
おり，当の子どもはとてもおいしそうにそれを食べていた。それをみていた周囲の子どもたちは，「お
いしそうだね」と声をかけたりしながらも，不満をいうこともなく給食を食べていたという。この状況
を目の当たりにしたクラス担任は，次のおやつの時に皆でイチゴを食べたいなと思い，まだ，はしりの
イチゴをおやつにしたのであった。この話を伺った時，あのたった一粒のイチゴに，そんな深い意味が
隠されていたのかと，胸が熱くなったのを覚えている。それほど，印象深いエピソードであった。

　この一連のエピソードには，単なる「おやつ」では語り切れない，様々な価値が含まれている。一つ
目は，3歳時の子どもたちが互いの「違い」を受け入れることができるということである。集団保育の
場では，皆で同じ活動をすることが求められ，そのこと自体が集団保育の一つの特徴であり，育まれる
力でもあるといえる。その一方で，皆で同じ活動を行うことが難しい場面も多々ある。たとえば，本項
で取り上げる「食べる」ことについても，個人差が大きい幼児期は，全員が同量を同時間内に食べ終
えることはなかなか難しい。また，食物アレルギー等により除去食が必要な子どももいる。そういった
「違い」に子どもたち自身が気付き，素直に受け止め，その場にともにいることが，入園後1年に満た
ない子どもたちの生活の中に根付いていることに，深い感銘を受けた。

　二つ目は，その子どもたちの様子をみていた教師が「皆でイチゴを食べたいな」と思い，それを素早
く実行に移したことである。ただ一人，イチゴを食べていた友達をみていた子どもたちが「いいな」「わ
たし・ぼくもたべたいな」という気持ちを持ちつつも，そっとその友だちに心を寄せている姿に，教師
は感じ入ったのだろう。そして，そんな子どもたちの気持ちに応えたいと思って，数日後のおやつにイ
チゴを用意した。このような子どもの姿の捉えや感じ方，そしてそれに応えようとして行動に移せる
力，そのどれをとっても非常に重要な保育者のセンスであるといえる。

　当のクラス担任は後日，「子どもたちには，あの日のイチゴのことがあったから，おやつがイチゴに
なったということはわからないと思うのですが，それでいいんです。ただ，子どもたちと皆で一緒に
イチゴを食べたかったんです」と話してくれた。子どもたちはきっと，「あの日のイチゴ」だとは気付か
なかっただろう。しかし，教師が日々自分たちに心を向け，それを形にしてくれていることには，きっ
と気付いているはずである。

204　　Ⅳ　遊び込む子どもを支える幼稚園カリキュラムの諸相

三つ目は「みんな」で一緒に味わう体験ができたということである。前段のとおり，皆で同じ活動をしたいと思っても，できないことも多い。しかし，一緒にできなくても，「みんな」でその場を楽しんだり，共有したりすることはできる。子どもたちはこれまでの体験から，そういった感覚を身に付けてきたのだろう。そんな子どもたちに対して，今度は「みんな」で同じものを一緒に味わう体験がもたらされた。「みんなちがって，みんないい」（金子みすゞ，1984）という言葉は，多くの保育者にとって非常に共感のできる言葉の一つである。その「みんな」ちがう子どもたちがその「違い」を持ちながら，「みんな」で一緒に体験することは，子どもたちが自他の多様性を認めつつ，それでも「みんな」でいることの喜びを感じるために重要な役割を果たしていると考えられる。

(2) ぼくたちのやさいをたべて！：4歳児 (筆者の筆記録より)

> 年中児は，園庭に畑を持っており，様々な野菜を育てている。この年，野菜が豊作で，キュウリやミニトマト等の野菜が毎日のように採れ，おやつや昼食時に食べている。ある日のおやつの時間には，収穫したキュウリを塩もみにし，それと合わせてミニトマトが供された。子どもたちはグループごとにキュウリとミニトマトの載った皿の前に立つと，自分が食べたい分だけ自分の皿に盛り，席へもどる。普段は野菜をあまり食べない子どもも，このときばかりは「これ，ぼくのきゅうりなんだよ」とうれしそうに友だちに話しながら，食べるのを楽しみに待っている。「いただきます」をすると，皆，一斉に食べ始め，あっという間に皿は空になる。クラス担任，副担任の「おかわりする人は？」「まだたくさんあるよ」の声に，子どもたちはおかわりを求めて立ち上がる。
>
> 数日後，年長児のお泊り保育が園で実施されることになる。それを聞いた年中児たちは自分たちが採った野菜を持って年長児のもとへ行き，「ぼくたちのやさいをたべて」と言って，キュウリやトマトを手渡す。後日，その野菜たちは，お泊り保育の朝の食卓を彩った。(2018.7)

園庭等を利用して，草花や野菜等を栽培することは，多くの園で行われている。当園でも，主に子どもたちが遊びに利用することを意図して草花が育てられたり，「食べる」ために野菜を作ったりしている。畑には，キュウリやトマト，その他さまざまな野菜が植えられ，教師や園の職員が毎日気にかけて育てている。そんな様子をみている子どもたちは，野菜に興味を持ち始め，そこに集まる虫を取ったり，花が咲き，実がなったりする様子を毎日楽しみにしている。これらの活動は，当園では「みんな」に位置付けられ，畑で野菜を育て，収穫し，その活動を「みんな」で楽しむことが，年間指導計画の4歳児Ⅴ期（4月から5月中旬），Ⅵ期（5月下旬から7月）に記されている。実際に，子どもたちは畑に行き，虫に食われた葉を取り除いたり，花を摘んだり，生りかけの実を捥いだりしながら，野菜の育つさまに関心を寄せ，その成長を見守っていた。ついに実が生ると，そこからは毎日のようにキュウリやトマトが成熟し，採っても採っても翌日にはまた生るという状況に至る。観察に訪れた際にも，「これ，ぼくのきゅうりなんだ」と自慢気にキュウリをみせてくれた子どもや「おやつでようちえんのとまとをたべたんだよ」と教えてくれた子どももいた。実際のおやつ場面でも，子どもたちは嬉しそうに野菜を頬張り，おかわりする子どもたちも多数いた。普段の食事では野菜が苦手で，食べ残すことが多い子どもでも，幼稚園で「みんな」で育てた野菜は別格とばかりにモリモリ食べ，最初は「ひとつでいい」

と言っていた子どもも，周囲の友だちがおいしそうに食べている様子をみているうちに，もう一つ食べたいとおかわりをしていた。

　このように，自分自身がその育ちにかかわったものについては，やはり強い思いを持つものであり，「わたしの・ぼくの」キュウリやトマトは，いつものそれとは違う，特別なものとして子どもたちに受け入れられている。そしてこのことが，子どもたちの「せいかつ」活動をいつもとは異なるものに変え，新たな体験を生み出しているといえる。しかしこの体験は，ここに留まらない。自分たちで育てた野菜を年長児に「あげる」という行為へとつながっていくのである。

　例年，年長児は園外の施設でお泊り保育を実施している。しかしこの年に限っては，施設での宿泊ができず，実施が危ぶまれていた。しかし，最終的には園での宿泊を決断し，実施された。通常ならば，宿泊先の施設で用意される夕食と翌日の朝食については，夕食は大学の食堂で子ども向けのスペシャルメニューを用意してもらい，朝食は自分たちでパンを用意し，セルフサンドを作ることになった。年中児たちは，そのことを聞いたのであろう。自分たちで育て，「みんな」で味わった野菜を年長児たちに食べてほしいと自ら言い出した。このことにはクラス担任も驚いたという。自分たちで育てた大事な野菜だから，自分のものにしたいし，自分で味わいたい。そういう気持ちが「わたしの・ぼくのキュウリ・トマト」という言葉に表れている。しかし，その「わたしの・ぼくのキュウリ・トマト」を「みんな」で味わい，「みんな」で喜ぶ中で，「わたしの・ぼくのキュウリ・トマト」は「みんなのキュウリ・トマト」になり，「みんな」に味わってほしいという思いへと到達したのではないか。また，年中児たちは日頃，年長児たちからさまざまな「おすそ分け」を受けており，そういった体験も年中児が年長児へ野菜を食べてほしいと思う気持ちにつながっていたに違いない。

　さらにいうならば，この野菜の栽培において，教師は子どもたちと苗を植える等，時折「みんな」の活動の中で野菜に目を向けているものの，日々黙々と野菜を世話し続けていた。野菜作りは子どもたちにとっては「みんな」の活動であるものの，教師にとっては「せいかつ」の一部として，日々営まれてきた。子どもたちはそのような教師の野菜に向かい合う姿を感じ取り，野菜に関心を寄せ，子どもたち自身の「せいかつ」の中に位置づけていったのではないだろうか。そして自分たちの「せいかつ」として，当たり前に存在していた野菜の成長やかかわりが，自身の「食べる」体験を豊かにし，さらに「みんな」の範囲を年中児自身から年長児へと拡大していったのだと考えられる。

(3) お好み焼き作りとクレープ作り：5歳児

　当園のおやつの時間には，自分たちで作って味わうことが度々ある。たとえば，おやつ活動として挙げられているお好み焼き作りは，ここ数年，繰り返し行われている，いわば定番の「みんな」の活動である。

　園舎裏の緑の小径で山芋をみつけ，それを何日もかけて子どもたちは掘り出す。そしてそれをどうしようか？　と相談し合って，お好み焼きをつくろうということになる。お好み焼きを作り，山芋をとってくれた友だちに感謝しながら，お好み焼きを味わい，さらにたくさんできたお好み焼きを年中児にプレゼントすることを思いつき，年中児に届けると，「ありがとう」「おいしい」と言われて嬉しそうにしている。

(2017.11〜12)

この活動は，当園の研究紀要に挙げられている（B, 2018, pp.86-89）。「あそび」として始まった山芋掘りを「掘って終わり」とせずに，それをどうしたらいいかを「みんな」で考え，掘った子どもたちが「わたしの・ぼくの」ものとしてではなく「みんな」で楽しみ，味わうことを了解し，さらにそれを他の年齢児にまで拡大していく点は，先に述べた年中児の野菜をめぐるエピソードに似ている。しかし，山芋掘りという，時間も労力もかかる活動をしたにもかかわらず，それを「みんな」で楽しもうとする活動に移行できるのは，さすがは年長児といえるとともに，そういう子どもたちを3年間の保育によって支え，育ててきた教師に拍手を送りたい気持ちになる。そして，この活動が「食べる」ことでありながらも，それはすでに「せいかつ」の枠を超えて，「あそび」から始まり，「みんな」を体験できる活動へと昇華させていることも非常に意義のあることだと思われる。

　一方，これに非常に似通った活動として，クレープ作りがある（筆者の筆記録より）。

　年長児のクラス担任，副担任がおやつの用意をしている。ワゴンの上にはホットプレートが置かれており，思わず「きょうのおやつはなんですか？」と聞くと，「クレープを作ります」との答え。早速，みせていただくことにする。聞けば，クレープ生地は朝のうちに子どもたちと一緒に混ぜてあり，おやつの時間まで寝かせていたらしい。保育室の一隅にホットプレートを設置すると，クレープの具材になるフルーツやクリーム，チョコレートシロップが別のテーブルに並べられる。副担任がクレープを焼き始めると，部屋中に甘い香りが漂い，子どもたちもうっとりしている。グループごとにホットプレートの前に並ぶと，一人一枚ずつ，丸くきれいに焼かれたクレープを皿にのせ，子どもたちに手渡される。子どもたちはクレープの焼かれている様子をみながら，「せんせい，じょうず」「いいにおい」等と感想を述べあっている。

　クレープを手にした子どもたちは，具材のコーナーに移動し，思い思いにフルーツやクリーム等をのせ，席に戻る。クラス担任は，子どもたちが具材をのせる姿をみながら，他の友だちの分も考えながらのせるように促している。終盤，フルーツの量が少なくなってくると，クラス担任は，「フルーツが少なくなっちゃったけど，誰か，いっぱいのせた人で，お友だちに分けてあげられる人はいるかな？」と声をかける。すると何人もの子どもたちが「わたしの・ぼくのあげるよ」とやってきて，全員がクレープにフルーツをのせることができた。

　全員が席に着くと，いつものように「いただきます」をし，各自が自分で作ったオリジナルクレープを楽しむ。（2018.11）

　そもそもなぜ，このクレープ作りが行われたのか。その理由は数日前から行われていた「クレープ屋さん」にあった。お店屋さんごっこ，とくに食べ物等を扱う店は，子どもたちの大好きなごっこ遊びの一つである。このときも，年長児がクレープ屋さんごっこを始めていた。しかし，クレープのイメージが明確でなかったのか，子どもたち同士でクレープのイメージがなかなか共有されず，肝心のクレープ作りがうまくいっていなかった。それをみていたクラス担任，副担任は，「おやつの時間に本物のクレープを体験すると，遊びが発展するのではないか」と考え，おやつにクレープ作りをすることになったという。後日，年長児のクレープ屋さんが大繁盛したのはいうまでもない。

　この「クレープ作り」は，「あそび」がスタートではあるものの，実質的には「みんな」で体験を共

有することで，その後の「あそび」を豊かにしていった例である。先に述べた「お好み焼き作り」は「あそび」から「みんな」へとつながっており，その点で，方向性が逆になる活動である。「あそび」と「みんな」は互いに互いを補完し合うような，互いが互いを豊かにするような関係をもって，保育の場で展開されているといえる。

　さらに，この２つの活動は「あそび」や「みんな」に位置付けられているものの，「食べる」ことにまつわるエピソードとして共通している。その点において，「せいかつ」とも強く関連しているといえる。しかし，これらの活動は当園の指導計画上，もはや「せいかつ」には位置付けられていない。だがなぜ，このような活動が可能になったのかといえば，それはやはり「せいかつ」が日々の保育に位置付けられ，子どもたちが多様な「せいかつ」体験を経て，それらを獲得していったからに他ならない。たとえば，「食べる」ための基本的な所作や動作，ルール等が獲得されていなければ，それを基に遊ぶことは難しく，また「食べる」ことを「あそび」や「みんな」の活動の中で展開することはできない。ここに至るまでのさまざまな「食べる」ことに関わる体験が身体化したからこそ，子どもたちはそれを生かして，「あそび」や「みんな」の活動を行うことができるのである。

　そしてこのような子どもの育ちの捉え・理解と，子どもたちへの信頼が教師にあるからこそ，子どもたちからやりたいとの声の挙がった「お好み焼き作り」を実施したり，子どもたちの「あそび」を豊かにしたい思いを込めて「クレープ作り」を行うことができたのである。年長児において，「せいかつ」は決して軽視されているのではなく，むしろ「せいかつ」が子どもたちの中に根付いたと考えられるからこそ，それを基にして，教師は「あそび」「みんな」をより豊かなものにしようと思い，子どもたちは「あそび」「みんな」を通して，遊び込むことができるのである。

　このように「食べる」ことを「あそび」「みんな」「せいかつ」の視点から捉え直していくと，「せいかつ」が「あそび」「みんな」を支え，「あそび」「みんな」が「せいかつ」を豊かにするということに気付く。私たちにとって「食べる」ことは，生き続けるための基本的な欲求であるとともに，文化的な行為として位置付けられるものである（石毛，1998）。「食べる」ことを包括する「せいかつ」は，私たちが生きていくうえで基本的な欲求であり，それは文化的な行為として位置付けられる。そして保育の場における「文化的な行為」とは，獲得された「せいかつ」をベースとし，その「せいかつ」を超えて実践される「あそび」「みんな」に相当するのではないかと考えられる。このように園生活の中で実践される「あそび」「みんな」「せいかつ」を「遊び込む」というテーマのもとで，一つひとつの活動を分析し，それを基に保育を振り返り，さらにそれをカリキュラムとして明示化した当園の取り組みの意義は非常に大きい。

第5節　おわりに

　以上，当園が示す「せいかつ」について，当園で出会ったいくつかのエピソードを用いて述べてきた。この６年間，度々，園にお邪魔し，子どもたちの姿や教師の子どもたちへのかかわりを拝見する機会を得てきたため，語りたいエピソードが多数あり，いずれを例として挙げればいいのか，非常に悩ま

208　Ⅳ　遊び込む子どもを支える幼稚園カリキュラムの諸相

しかった。この章をもって，本当に当園の保育について正確に語れているのかと問われれば，なんとも自信がないというのが本音である。しかし，執筆するにあたり，改めて当園の保育を振り返ったとき，これだけはいっておきたい，間違いなくいえると思うことが２点ある。

　まず１点目は，教師のフットワークの良さ，思い切りの良さ，何気ないことを見逃さないセンスである。先に述べた「イチゴ」や「クレープ作り」のエピソードは，まさに当園の教師の「思いついたら，即実行」を体現している。もちろん，その「思いついたら…」はその時々の単なる思いつきでは決してなく，日々の保育の積み重ねの中で，子どもたちにとって必要なモノ・コトは何か？ということを常に考えているからこその「思いつき」であり，それは何気ないことを見逃さないセンスにつながっている。そして，その「思いつき」を教師や職員が楽しみながら実現に向かうことができる思い切りとフットワークの良さは，当園の素晴らしい特色の一つである。以前，当園の研究紀要にも記載したエピソードに，上記の年中児のクラス担任によるものがある（B, 2016, p.99）。当該教師が年少児のクラス担任だったとき，「あそび」の終盤に，ある子どもがつくった玩具をみた他児たちが「いいなー」と言い出した。それに対して，クラス担任は「じゃあ，つくろうか！」と声をかけ，子どもたちと製作を始めたことがあった。「せいかつ」の視点から考えれば，本来は「片付け」に移行する時間帯であった。しかし，クラス担任は躊躇なく，子どもたちとの製作活動に入ったのである。この行動の評価は，さまざまなされるだろう。しかし，子どもたちが「いいなー」と言っているその言葉を聞きもらさず，「じゃあ，つくろうか！」と言って子どもたちと製作ができる思い切りの良さ・フットワークの良さに，ハッとさせられた。年少児にとっては，生活リズムを整えていくことが非常に重要な意味を持っていることは，自明のことである。しかし，それよりも今，子どもたちにとって何が大切なのか？　何をすべきか？を瞬時に判断し，実行に移せることは，次に述べることと合わせて，非常に重要であるとともに，当園の特徴であるといえよう。これらの力は，教師自身の本来の持ち味であると同時に，日々の保育の中で磨かれていった部分が大きいのではないかと思われる。そしてそのことも，２点目に挙げることと強く関連している。

　２点目は，子ども観，保育観の共有である。当園は大学附属園であり，日々の保育に加え，その保育に対して一定の課題を持ち，それを研究していくことが求められる。そのため，教師は定期的に日々の保育を振り返り，それを分析し，言語化・図式化していくことで，目に見える形で外部に向けて発表し続けなければならない。これは，日々の保育に携わる者であれば，いかに大変な作業であるか，想像は難くないであろう。この６年間，研究協力者として研究会を拝見してきた者として，当園の教師，職員の労力には計り知れないものがある。しかし，研究にかかわるさまざまな活動を通じて，教師は自分自身だけでなく，互いの保育を振り返り合い，幼児期の子どもとはどういうものか，その子どもたちをいかに育てていくか，保育において何を大事にするのか，といった子ども観や保育観が醸成され，それが共有されている。教師は一人ひとり異なる存在であり，その教師がかかわる子どもたちも一人ひとり異なる。そんな多様な組み合わせが起こりうる園生活の中で，ブレずに保育が展開できるのは，当園の教職員が，細部に至るまで，子ども観や保育観のすり合わせし，それを共有しているからであろう。当園のクラス担任は小学校との人事交流によって幼稚園に配属されており，残念なことに数年のスパンで小学校に異動してしまう。にもかかわらず，当園の保育のありようが伝承されているのは，上記のこと

第14章　「遊び込む」子どもの育ちに「せいかつ」は何ができるか　209

が要因であると考えられる。

　百聞は一見に如かず。当園の研究保育等にご参加いただき，その姿を実際にご覧いただき，互いに保育を語り合えたなら，と思う。当園での実践が，保育に携わる多くの人にとって何かを考えたり，感じたりするきっかけとなり，互いに語り合い，高め合うことが私たちの「せいかつ」の一部となったならば，きっとこの国の子どもたちと保育の未来は明るいものになっていくだろう。そんなことを願いながら，稿を閉じたい。

引用・参考文献

石毛直道 (1998)『講座　食の文化　第一巻　人類の食文化』31-52

上越教育大学附属幼稚園 (2016)『平成27年度研究紀要　遊び込む子ども―学びの基盤に着目して』vol.3

―― (2017)『平成28年度研究紀要　遊び込む子ども―教育課程の創造』vol.1

―― (2018)『平成29年度研究紀要　遊び込む子ども―教育課程の創造』vol.2

―― (2019)『平成30年度研究紀要　遊び込む子ども―教育課程の創造』vol.3

金子みすゞ (1984)『わたしと小鳥とすずと―金子みすゞ童謡集』JULA出版局

新村出編 (2018) 広辞苑　岩波書店

厚生労働省 (2017)『保育所保育指針』フレーベル館

文部科学省 (2017)『幼稚園教育要領』フレーベル館

―― (2018)『幼稚園教育要領解説』フレーベル館

吉澤千夏・大瀧ミドリ・松村京子 (2001)「1歳児のままごと遊びにおける食に関するスクリプトについて」『日本家政学会誌』52 (2)，147-153.

―― (2002)「2歳児のままごと遊びにおける食に関するスクリプトについて」『日本家政学会誌』53 (6)，539-548

―― (2003)「3歳児のままごと遊びにおける食に関するスクリプトについて」『日本家政学会誌』54 (2)，113-122

第15章 「遊び込む」子どもの姿を支える保護者
―ヒアリング調査結果にみる連携の意義―

金山 美和子

第1節　はじめに ―上越教育大学附属幼稚園における保護者との連携の特色

(1) 保護者連携の重要性

　幼稚園教育要領第1章 総則第6 幼稚園運営上の留意事項2には,「幼児の生活は,家庭を基盤として地域社会を通じて次第に広がりをもつものであることに留意し,家庭との連携を十分に図るなど,幼稚園における生活が家庭や地域社会と連続性を保ちつつ展開されるようにするものとする」と明記されている。保育所等にくらべ保育時間が短い幼稚園は,子どもが家庭や地域で過ごす時間がおのずと長くなる。そのため幼稚園には,子どもが家庭や地域社会の生活とつながりのある生活を送ることができるような連携が求められているのである。幼稚園教育要領解説では,「指導計画を作成し,指導を行う際には,家庭や地域社会を含め,幼児の生活全体を視野に入れ,幼児の興味や関心の方向や必要な経験などを捉え,適切な環境を構成して,その生活が充実したものとなるようにすることが重要である」と,子どもが家庭や地域でどのように過ごしているのかをふまえた指導が肝要であることが詳説されている。そして,「このためには,家庭との連携を十分にとって,一人一人の幼児の生活についての理解を深め,幼稚園での生活の様子などを家庭に伝えるなどして,幼稚園と家庭が互いに幼児の望ましい発達を促すための生活を実現していく必要がある」と園と保護者との連携の重要性と必要性が示されている。

(2) 遊びの姿を中心とした連携

　このように,子どもの生活の様子について保護者と連携することは園生活を支えるうえで非常に重要であることはいうまでもないが,上越教育大学附属幼稚園における保護者との連携の特色として教師が子どもの遊びの様子を丁寧に,そして継続的に保護者に伝えていることがあげられる。

　当園は,子どもの送迎は保護者が行っているため,保護者も毎日園の様子を知ることができる環境にある。これまでも登園時には教師が子どもを迎え入れる際に保護者と言葉を交わし,降園時には迎えに集まった保護者達に対し,その日のクラスの遊びの様子や出来事などを伝える時間を設けていた。それに加え6年前から子どもの遊びの様子を伝える取り組みが始まった。

　「遊び込む子ども−学びの基盤に着目して−」の研究1年次である2013（平成25）年度は,子どもの

211

「遊び込む姿」の定義を試みていた。子どもが遊び込む姿を明らかにするため，「遊び込み度グラフ」を作成し，担任と副担任で日々の遊びの振り返りと事例の集積を行っていた[1]。当初を知る教師によれば，このことがきっかけとなり写真にコメントを加え保護者に発信する取り組みが始まったそうである。その日の遊びの様子を主に副担任が写真を撮り担任と副担任とでコメントを書いた「新聞」は，当初5歳クラスが始めたものである。その後4歳クラスでも新聞が掲示されるようになり，3歳クラスでは新聞の掲示を始めて今年度で3年目になった。「新聞」は，クラスの遊びの様子やその日の出来事を中心に発信するものである。たとえば，その日クラスでみられた「製作が好きで夢中になっている姿」や，「虫とりをしている様子」，「どうやったら遊びがより面白くなるかを友達と考えあっている様子」などである（本節末の図15-1参照）。クラスの子ども全員を均等に掲載することが目的の新聞ではないことを，年度初めに保護者に説明し理解していただくようにしているそうである。「新聞」の趣旨を教師と保護者が共に理解し連携に活用されているのである。

第2節　教師および保護者へのヒアリング調査

　遊びの姿を中心とした保護者との連携は，6年間の「遊び込む子ども」の姿を支えてきた当園の実践の土台となっていると考えられる。教師と保護者の連携については近年，保育ドキュメンテーションの導入などによる連携や協働の在り方に関する研究は報告されているものの，子どもの遊びの姿を中心とした連携の実態に関する知見は得られていない。そこで，「遊び込む子ども」の姿を支えるため教師と保護者がどのように子どもの遊びの姿を共有し連携しているのか，その実態を明らかにするために，ヒアリング調査を実施した。

(1) 調査の方法

a) 調査対象
　　①保護者：各クラスから1名，計3名。
　　②担任教師：各クラスから1名，計3名。
b) 調査項目
　　①保護者：園での幼児の遊びの様子についてどのように情報を得ているか，園で体験した遊びを家庭でも行った事例，家庭での子どもの遊びの様子を教師と共有しているか，家庭での遊びを幼児が園に持っていくことがあるかをたずねた。
　　②担任教師：幼児の家庭での様子についてどのように情報を得ているか，幼児が家庭で遊んだことや体験したことが園での遊びにつながった事例，教師と保護者が遊びの様子を共有することによる効果についてたずねた。
c) 調査日時
　　2019年3月15日9時～13時
d) 調査場所
　　上越教育大学附属幼稚園園長室

e）倫理的配慮

　調査の実施にあたり，対象者に調査の目的，個人情報の保護，結果の取り扱いについて文書および口頭で説明を行い，同意を得て調査を実施した。

　以上のヒアリング調査によって得られた保護者，教師それぞれの回答と収集された事例について，調査項目ごとに結果と考察を述べることとする。

(2) 結果と考察

1）保護者の回答から

　a）保護者は園での遊びの様子をどのように捉えているか

　保護者が何をもとにして，園での遊びの情報を得ているかについて整理すると次のようになる。

◆降園時のクラス担任の話　園での子どもの遊びの様子についてどのように情報を得ているかをたずねたところ，どの保護者も「降園時に行われるクラス担任の話」をあげている。当園では降園の際，子どもを迎えるため保育室前に集まった保護者に対し，教師がその日の遊びの様子や出来事について話をする時間を設けている。数分間ではあるが毎日行われ，その日の様子を保護者に伝える情報発信の機会である。

◆クラス新聞　「子どもを保育室に送り届ける際，新聞を見ることで前日の遊びの様子がわかる」，「前日の写真と担任教師のコメントが貼り出されているので，それを見ると，子どもが家で話してくれたことがよく理解できるようになる」などの回答がみられた。保護者にとって，子どもの話だけでは保護者が遊びの様子や経過をイメージすることが難しい場合でも，写真に短い文章での説明が入るクラス新聞を見ることにより，遊びの様子や経過を理解することができると考えられる。

◆園庭開放　毎週金曜日，保育時間終了後の14時30分〜16時の間，地域の未就園児や在園児と保護者に園庭を開放している。園庭や緑の小道で子どもが遊ぶ様子を見守ったり一緒に遊んだりすることにより，子どもが日頃，園でどのように過ごしているかを理解することができる。

◆保育室や園庭の様子　お迎えの時に砂場に大きな穴ができていたり，水を貯めた跡が残っていたりするのを見ると子どもたちがどれだけ遊んでいるかがわかる。また，子どもが遊びで汚れた服や長靴を持ち帰ることから，その日どこで，どのような遊びをしていたかがわかる。その他，PTA活動のため来園する機会や月に1度の保育参観日があるので，保育時間中に子どもが遊ぶ様子を見ることもできるとの回答もみられた。

◆子どもから話を聞く　どの保護者からも「子どもが園で友達とどのように遊んでいるかを話してくれるのを聞くことができる」，「子どもが話すことを丁寧に聞くことで園での様子を理解している。帰宅途中の車の中で『今日はこんな遊びをしたよ』と園でのできごとを話してくれる」との意見がみられた。

◆他の保護者から話を聞く　クラスの他の保護者からもわが子が遊んでいる様子を教えてもらうことがある。PTA活動をすると来園する機会が多くなり，学年にかかわらず顔見知りの保護者も増え，「今日，○○ちゃん，虫かごにいっぱい虫を捕まえていたよ」など子どもの園での様子を聞かせてもらうこ

とも多くなったとの回答も複数みられた。

b）園で体験した遊びを家庭で行った事例と保護者のかかわり

　　保護者の回答からは，園で歌って覚えたうたを家庭で歌い保護者に教えてくれる，園でつくった製作を家でつくるなど，子どもが園で体験した遊びを家でも行う事例が複数聴取された。年齢ごとの事例と，それに対する保護者のかかわりについてみる。

【3歳クラス児の事例】

◆スノードームづくり　5歳クラスでスノードームづくりが行われていたのを見た子どもが，自宅でつくりたいと言った。保護者と買い物に出かけた際に，「年長さん，こんな入れ物を使っていたよ」と容器のペットボトルを自分で選んだ。ペットボトルの中に家庭にあった材料でキラキラと降る雪をつくって入れ，水で中を満たした。出来上がったスノードームを逆さにしてみたが，雪はゆっくりと動かずすぐに沈んでしまった。それを見て子どもは「うみ組さんのスノードームは，ゆっくり雪が降ったよ。何か違う…」と首を傾げた。「そうだね。何が違うんだろうね」と保護者は，子どもの気持ちを受け止め一緒に考えた。

　容器を動かすと中の素材が雪のようにキラキラとゆっくり動いて沈むスノードームを見せてもらったことで子どもは感動し，自分でもつくりたいという思いを強く持った様子がよくわかる事例である。具体的なつくり方を教えてもらったわけではないが，子どもは家庭にある素材を使いスノードームづくりをしている。家庭で保護者に支えてもらいながら，見通しをもってスノードームづくりをしていると推察される。家庭ではスノードームの中に水を入れたため，グリセリンや洗濯のりを入れた液体と違い，雪がすぐに沈んでしまう様子を見て自分がつくりたかったものとの違いを明確に認識している。「つくりたかった通りにつくれなかった」という経験が，「どうすれば雪がゆっくり降るのか」という探求心や年長児に対するあこがれの気持ちにつながるものと考えられる。

◆どろだんごづくり　園庭でつくったどろだんごを家でもつくった。子どもは「幼稚園の土とちがうからうまくいかない」と何度も試行錯誤を繰り返した。子どもが家の庭の土と園庭の土質の違いに気付き，どのようにすればどろだんごが固く丸く固まるのか試している様子を保護者が見守った事例である。保護者が子どもを待つ姿勢で見守っていることがわかる。

◆虫とり　園で昆虫を捕まえられるようになった子どもは，ある日バッタを虫かごいっぱいに捕まえた。家でも「虫とりをしたい」というので，降園後他の親子と一緒に金谷山に行き虫取りをした。

　子どもは園で体験した虫とりを家でも，「もっとやりたい」と保護者に伝えている。やりたいと思った遊びを存分に続けることは，子どもが夢中になって遊び没頭することにもつながると考えられる。

【4歳クラス児の事例】

◆草の実あそび　園の駐車場で子どもが草の実をみつけ衣服に付けてみた。家でも同じ草の実をみつけて取り衣服に付くかどうか試して遊んでいた。「何ていう草の実かな？」と子どもは疑問をもち，保護者と一緒に植物の名前を調べた。

　子どもが疑問に思ったことに対し答えを示すのではなく一緒に調べることは，園で教師が行っている援助と同じものであり，子どもがやりたいと思うことを支えている様子が伝わってくる。

214　Ⅳ　遊び込む子どもを支える幼稚園カリキュラムの諸相

【5歳クラス児の事例】

◆ポンポンのマスコットづくり　園で毛糸を巻いてポンポンをつくる遊びを体験し，家でもポンポンづくりをした。ポンポンにボタンを使って目をつけマスコットをつくり「ふわちゃん」と名前をつけかわいがっていた。園で体験し楽しかった遊びを家庭でも行いたいという気持ちから取り組んだポンポンづくりである。家にあるボタンで目をつけることで「ふわちゃん」というマスコットづくりに展開している。園での体験の再現だけでなく，さらに面白くなるような工夫が行われていることがわかる。

◆虫とり　園で捕まえた生き物を家に持ち帰り，2年ほど飼育している。また，家で捕まえた生き物を園に持っていき，友達や教師に見せることもある。家庭での生き物の飼育は子どもだけで容易に継続できるものではないと推察される。保護者の理解と協力により飼育が続いていると考えられる。

【事例における保護者のかかわり】

　園で体験した遊びを家庭で行った事例において複数の保護者が，「のり，はさみ，セロハンテープなどはいつでも子どもが使うことができるようにしている。毎日のように使うので減り方が早く驚いている」，「毛糸や空き箱などを家で使うことができるよう普段からストックしている」，「園で使用しているお花紙などの教材と同じものを家でも使えるように用意している」と回答している。家庭でも，子どもがやりたいと思ったことを十分にできるような環境が整えられていることが明らかである。また，家庭でも虫とりのために虫が多く生息する山まで出かけたり草の実の名前を調べたりするなど子どもの遊びを支える関わりもみられる。

　c）家での遊びを園に持っていった事例と持っていかなかった事例

　保護者の回答からは，逆に子どもが家からの遊びを園に持っていった場合と，そうでない場合のあることがうかがわれた。

◆園に持っていった事例―手裏剣づくり　以前に家庭できょうだいや保護者と一緒に手裏剣を折ったことがあった子どもが，同じクラスの子どもが忍者ごっこをしていたのを見て，「手裏剣がいるよね」と園で教師から教えてもらい手裏剣を折った。以前に折ったときに比べ時間をかけずに折ることができるようになったと，子どもは家族に手裏剣を見せ，家でも折るようになった。お楽しみ発表会で忍者の役をやる友達もいることからクラスの皆に手裏剣を折って渡したいと，一週間ほどかけてクラス皆の分の手裏剣を折り園にもっていきプレゼントした。

◆園に持っていかなかった事例―ポンポンづくり　園でポンポンをつくり持ち帰ってきた子どもが，家でもつくりたいといい，保護者と一緒につくった。子どもは家でつくったポンポンを園に持っていきたいといったが，保護者は，園には園でつくったポンポンもあることや，他の子どもが欲しがったりすると迷惑になるのではないかという心配もあり，家でつくったポンポンを園に持たせることはしなかった。

◆園での遊びと家庭での遊びのはざまで　この事例のほか，子どもが家で遊んだ「もの」を園に持っていく際，保護者は，「教師が計画している遊びの迷惑になるのではないか」，「他の友達が欲しがるなどのトラブルになるのではないか」とためらうことがあるといった意見も聴取された。また，「家のおもちゃや遊び道具は家で遊ぶためのものなので，園には持っていかないと家庭で約束していることも

あり，家で親子一緒につくった遊び道具が園に持っていってよいものなのか判断に迷う」との意見もみられた。

　また，家庭において子どもが遊び込んだ姿がみられたとき，夢中になって遊んでいる様子などを，保護者が教師に話すことはあるかとの問いに対しては，登園時に子どもが「家でこれをつくったよ」と友達や教師にみせるので保護者もその様子を教師に伝えるなど，朝子どもを園に送り届ける際に，昨日の家庭で遊んだことを伝えるとの回答はあった。とはいえ，日頃は子どもの体調のことや心配なことなどの連絡が主であり，家庭での遊びの様子を伝えることはあまりないとの意見もみられた。どの保護者も子どもの送迎時の機会に情報を共有しているが，幼稚園では，子どもが家庭での体験を教師に言葉で伝えるようになる年齢でもあることから，少なくとも，保護者が保育者に遊びの様子を積極的に詳しく伝えるという回答は聴取できなかった。

2）教師の回答から

a）教師は家庭での遊びの様子をどのように捉えているか

　次は，教師が何をもとにして，家庭での遊びの情報を得ているかについての回答である。

◆**3歳クラス教師**　降園時に担任教師がその日の遊びの様子を話すと，翌日の登降園の時に保護者が「家でも同じ遊びをしていました」，「家ではまだ，その遊びはしていません」などと家庭での様子を伝えてくれる。遊びの共有は，個々の幼児の援助を考えるきっかけとなっている。それに加え入園時に提出される幼児生活調査票，1学期に1度開催する保護者会，個別懇談なども遊びの様子を捉える機会となっている。夏休みなど長期の休みの後は保護者から連絡帳に書いてもらうことで子どもの遊びの様子や変化を知ることができる。

◆**4歳クラス教師**　子どもとの会話から遊びの様子を理解することができる。また，登降園の時に保護者から様子を聞いている。園でつくったものを持ち帰った日などは，翌日に家でそれを使ってどのように遊んだかを保護者が話してくれるので様子がわかる。

◆**5歳クラス教師**　子どもの様子を見たり子どもから話を聞いたりすることで理解できる。登降園の時には少し話をする時間があるのでそこで保護者から話を聞く。

b）家庭での遊びや体験が園での遊びにつながった事例

　教師の回答から，家庭での遊びが園での遊びにつながった事例を年齢ごとにみる。

【3歳クラス児の事例】

◆**線路づくりあそび**　電車が好きな子どもが多く，家で保護者とレールと電車のおもちゃで遊んだり，電車や機関車の絵本を読んだりしていた。園で簡単な箱をトンネルに見立てていた子どもに対し，他の子どもが「プラレールみたいだね」と声をかけたことから牛乳パックで電車をつくり，線路や駅づくりへと遊びが広がった。「新幹線はカオとカオでくっつかなきゃいけないから，どうやってつくったらいい？」などと車両へのこだわりも見られた。子どもたちは上越妙高駅をつくったが，「かがやき」が停車できないとの意見が出たため，長野駅もつくった。また他の子どもが2階建て新幹線「Maxとき」をつくったので新潟駅もできた。

216　Ⅳ　遊び込む子どもを支える幼稚園カリキュラムの諸相

少人数での遊びが多い3歳クラス児であっても，興味があることやそれぞれが家庭で経験したことが園での遊びとなり，大勢の友達での遊びに発展した事例である。

【4歳クラス児の事例】

◆動物とおうちづくり　ある子どもが，スズランテープを丸めたものをセロハンテープで止めて動物をつくったり，動物のおうちをつくったりしたものを家から園に持ってきた。園では他の子どもも真似をして動物やおうちをつくりはじめた。動物のえさをつくる子どももいた。できあがった動物やおうちを使ってごっこ遊びをする姿もみられた。このスズランテープの動物のおうちごっこは，何日間か家と園を往復して遊びが繰り返された。その後，保護者とスキーに行ってきた子どもが，スズランテープでできたペンギンのために「ペンギンのスキー場」をつくった。ペンギンを滑らせたり，ゴンドラを作ったりして遊ぶ姿もみられた。一人の子どもの家庭での遊びが園での遊びにつながるだけでなく，複数の子どもの家庭での遊びが園での遊びを発展させた事例である。

【5歳クラス児の事例】

◆宝石屋さんごっこ　宝石が好きな子どもが宝石図鑑を見たり，保護者ときれいな色の石を探し緑色の石を大切にしたりしているという話を聞いた。子どもが園でも園庭の土を掘り宝石探しをしたので岩石・鉱石の図鑑や写真集を用意したところ，子どもは大変興味をもった。図鑑や写真集を見て子どもは「この宝石をつくりたい」と，ペットボトルのキャップにアルミホイルを巻き，マジックで模様を描いたり色を塗ったり，上からラップを巻いて光沢を出すなどして宝石をつくった。宝石づくりは他の子どもも面白いといって遊びに加わり，輪ゴムをまいて指輪にしたり，繋げてネックレスにしたりして宝石屋さんごっこは長く続いた。宝石探しも長く続き，幼児は園庭の土や砂場を掘って探したきれいな色の石をビニール袋がいっぱいになるまで集めていた。

◆豪華列車四季島ごっこ　日頃から電車が大好きな子どもが，保護者に豪華列車「四季島」を見に連れていってもらった。家庭でのこの経験を園で楽しそうに子どもが話したことから園で四季島をつくることになった。運転席やレストラン，受け付け，ベッドルームなど列車内にあるものを忠実に再現しようと遊戯室のブロックをすべて使って子どもたちは取り組んでいた。列車内部をつくる子どももいれば，車掌さんになる子ども，レストランで調理を担当する子どもなどもいた。5歳クラスの男児全員に女児も加わり多くの子どもがかかわり遊びは長く続いた。

　5歳クラス児の2事例に共通することは，一人の子どもの家庭での体験が園において多くの友達がかかわる遊びに展開したことと，環境構成への援助があげられる。宝石屋さんごっこでは，文字で理解することは難しいが，鉱石の美しさが感じられる書籍を保育室に用意するなどの援助が行われている。豪華列車四季島をつくる遊びにおいてもインターネットで検索し調べた室内の画像などを保育室に用意しておき，子どもが発見しそこから情報を得て列車内を忠実に再現したいという子どもの思いを援助していることがわかった。

　c）遊びの様子の共有による効果

　教師と保護者が遊びの様子を共有すると，保育や子どもへの援助にどのような効果があると考えるかをたずね回答を得た。それぞれについて要約する。これらの回答からは，その共有が保護者との協

同や支援への契機も含むこともまた示唆される。

◆3歳クラス教師　子どもの遊びの様子を保護者と共有することは，子どもの変化や成長の様子を共有できることであり，同じ方向を見て保育ができるようになる。子どもの家庭での遊びの様子を知ることはその子への理解が進み深まることであり，個々の子どもへのさらに効果的な援助や言葉がけについて考えるきっかけとなる。

　日々の遊びの変化や展開を保護者と共有することができる。園で廃材を使って子どもが遊ぶ様子を伝えると家でも廃材を活用して遊ぶようになったとの話をよく聞く。

◆4歳クラス教師　遊びの様子の共有は，子どもが今持っている力でつくったものや，している遊びに対する意味付けや価値の見出し方などが保護者と共有されることであると考える。子どもの遊びの様子が共有されると，「できるだけ見守る」，「すぐに教えるのではなく一緒に考える」など家庭での子どもの接し方が園と同じになると感じる。

◆5歳クラス教師　5歳クラス児では子どもから家庭での遊びの様子を聞くこともできる。しかし，「今日，何して遊んだの？」「おにごっこ」の会話だけではそこから理解できることは限られる。降園時の担任の話や「新聞」があることで保護者は園での遊びの様子をさらに詳しく理解することができる。園での様子をふまえた家庭での子どもの様子を保護者から聞かせてもらうことで，子どもの家庭での遊びが園での遊びを発展させるような働きかけができると考える。新しい遊びを取り入れたい時やこれまでの遊びが停滞している時などには，意図的に子どもが家庭で体験した遊びをクラスに紹介することもある。一人の子どもの家庭での体験がクラス全体の遊びに広がるきっかけとなることもあるので，共有は重要である。

◆保護者とともに遊びをみつめる―環境構成や援助への効果　園で子どもがどのような遊びに夢中になっているか直接保護者が知ることができ，子どもが遊びに使う廃材などが，すぐに家庭から提供されるという利点もある。たとえば，宝石屋さんごっこの宝石づくりに使うペットボトルキャップが足りないというと家庭から沢山届けられたり，ジュエリーボックスになるからとお菓子の空き箱が集まったりする。保護者も毎日のように園での遊びの様子を把握することで，遊びのイメージが具体的に共有され，遊びにどのような廃材が必要かも共有されるからだと考えられる。

　個々の子どもに対する援助における効果としてつぎの事例があげられる。入園当初からままごとなど室内での遊びが好きな子どもがいた。園での遊びの様子をみながら保護者は，外遊びなど他の遊びにも目をむけてほしいという気持ちもありながらも無理はさせたくないと思っていた。教師は，園と家庭での遊びの様子を保護者と共有し子どもの好きな遊びを大切にしながら，友達と一緒の機会をとらえたり，意図的に「先生，外に出てみようかな。一緒に行こうか。」と誘いかけたりして他の遊びに気持ちが向くような援助を行った。子どもは生き物に興味があることがきっかけとなり3月には園庭の池に入って遊ぶ姿がみられた。

　この事例は，遊びの様子を共有することが，子どもの変化を待つ姿勢を保ちながらその子の興味・関心に応じた援助を行うことにつながることを示すものである。遊びの様子の共有は，保護者の「外遊びなど他の遊びにも目をむけてほしい」と願う気持ちを教師が受け止めたことでもある。保護者の気持ちを教師が理解することは，保護者が不必要にわが子と他の子どもを比較したり思うような子育てが

218　Ⅳ　遊び込む子どもを支える幼稚園カリキュラムの諸相

できないと悩んだりすることの軽減につながると考えられる。遊びの様子の共有は，教師が保護者の気持ちに寄り添う子育て支援でもあるといえよう。

第3節　おわりに ─遊び込む子どもを支えるための保護者との連携

(1) 保護者との連携を円滑にする附属幼稚園のドキュメンテーション

　先述した附属幼稚園の特色ある連携の一つである「新聞」は，降園時に保護者に向け話したその日の遊びの様子が，翌日，保育室の入り口付近に掲示されるものである。園で実施している預かり保育を利用する保護者は，降園時の担任教師の話を聞くことはできないが翌日の新聞を読むことでクラスの子どもたちの遊びの様子を知ることができる。また，登園時は父親，降園時は母親というように送迎の担当者が家庭内で異なる場合にも，新聞を通じで子どもの様子を把握することができるようになっている。

　さらに，保護者だけでなく，子どもたちも新聞を読んでいることが教師へのヒアリング調査で明らかになった。新聞を見て，自分で親に遊びの様子を説明したり，「楽しかったんだよ」と気持ちを伝えたりする姿がみられる。また，他の子どもがどのような遊びをしていたかを知る子どももいることが聴取されている。

(2) 保護者との連携は保護者への支援

　保護者，教師へのヒアリング調査の結果から，園での遊びの様子の共有は，教師と保護者がお互いの人となりを理解し信頼関係をつくる役割を果たしていることがわかった。毎日の遊びの様子を共有することは，日頃の園での遊び自体が豊かであるかどうかも問われることになる。子どもの姿を捉え遊びが豊かに展開するための援助があってこそ，遊びを中心とした保護者連携が可能になる。そしてこの附属幼稚園における保護者連携は，家庭で過ごす時間が長い幼稚園の保護者の子育てを支える役割も担っていると考えられる。

　ベネッセ教育総合研究所が実施した第5回幼児の生活アンケートでは，平日，幼稚園・保育園以外で遊ぶときにだれと一緒の場合が多いかたずねたところ，「母親」の比率が最も高く86.0％であった。20年前の調査では「母親」は55.1％であり30.9ポイント増加している。「友だち」は20年前と比較すると56.1％から27.3％に減少した[2]。この20年間の大きな変化は，幼児期の成長において家庭が担う役割の増加を意味するものである。

　そして，園と家庭における子どもの遊びの姿の共有は，幼稚園に期待される子育て支援の一つであるとも考えられる。現在幼児を園に通わせている保護者は自身も少子化社会に生まれ育った世代である。原田 (2006) は，1980年に大阪，2003年に兵庫で，母親を対象に「自分の子どもが生まれるまでに，他の小さい子どもに食べさせたりおむつを替えたりした経験の有無」を調査した。その結果，「なかった」の回答比率が1980年は40.7％，2003年は54.5％に増加している。原田は，子どもに触れたことがない，子どもを知らない，ということは，赤ちゃんや幼児が発するいろいろなメッセージが理解できにくい（「認知」での問題），理解できたとしても，それにどう対処したらいいか，スキルをもっていな

い（「対処」での問題）ことであるとし，その結果として子どもへのかかわり方に迷ったり，自分の育児に自信がもてないという事態に陥る可能性が高く，このような状況はきわめてストレスの高い状態であると述べている[3]。原田が指摘するように，現代の親世代は子育てに対する不安感や負担感を抱きやすいと考えられており，それを支えるための支援が必要とされているのである。園で子どもが何に興味関心を持ち，どのように遊んでいるのかを具体的に見たり聞いたりすることは，保護者にとって家庭でどのように子どもと遊ぶかを知る手がかりとなっており，それは同時に保護者の子育てを支えているといえよう。

(3) さらなる連携のために

　教師を対象に遊びの様子の共有による効果をたずねたところ，効果を認める回答が複数得られた。なかには，家庭での子どもの様子を保護者から聞かせてもらうことで，家庭での遊びが園での遊びを発展させるような働きかけができると考えるとの回答もみられた。新しい遊びを取り入れたい時やこれまでの遊びが停滞気味の場合などに，子どもが家庭で経験した遊びを意図的にクラスの皆に紹介したり遊びのきっかけをつくったりして，それをクラス全体に広めることもできるとの意見も聴取されている。このことから，遊び込む子どもを支えるために，教師は保護者と遊びの様子を共有し園の遊びを豊かなものにしようとしていることが明らかである。

　しかし保護者からは，子どもが家庭で体験した遊びを園に持っていくことに対し，保育者が計画している遊びのじゃまになるのではないかと心配したり，他の友達が欲しがるなどトラブルの原因になるのではないかと迷ったりするとの意見が複数みられた。その他にも遊びの様子を伝えることはあまりないとの意見や，子どもは家でつくったものを園に持っていきたいといったが，保護者の配慮から持たせることはしなかった事例もみられた。遊びの共有において，家庭で体験した「こと」や「もの」を園に持っていく際の判断に難しさを感じているようであった。

　保護者とのさらなる連携のためには，遊びを中心とした連携が子どもの遊び込む姿を支えるために重要であること，家庭での遊びを園に持っていくことについての共通理解をはかることが肝要である。一例として，「折っていない折り紙は家の遊び道具なので園にはもっていかないが，遊びに使うために折った折り紙はもっていってもよい」など保護者と子どもにとってわかりやすい判断の基準を共に考え共有するなどの取り組みが考えられるであろう。

　多くの幼稚園・保育所において，食育推進の一環として給食の献立表やレシピを子どもや保護者の目にとまるよう掲示したり給食自体を展示したりする取り組みが行われている。親子で園の給食について話題にしたり，家庭でも給食と同じ料理を作ったりするきっかけとなるからであり，今では決して珍しい取り組みではなくなった。しかし今日の保育において，子どもの遊びの様子は日々の給食のように子どもや保護者にわかりやすく共有されているであろうか。食育の推進が各園で実施されているように，本来幼児教育において最も大切な「遊び」について教師と保護者間で共有され，保護者の遊びへの関心や理解が深まるための取り組みの推進が求められているといえよう。その点において附属幼稚園における遊びの様子を中心とした教師と保護者の連携の実践から得られた知見は貴重であると考える。

引用文献

1) 上越教育大学附属幼稚園 (2014)『平成25年度研究紀要「遊び込む子ども－学びの基盤に着目して－」』Vol.1, 8-9, 30-31, 52-51
2) ベネッセ教育総合研究所 (2016)『第5回幼児の生活アンケート』, 29
3) 原田正文 (2006)『子育ての変貌と次世代育成支援』名古屋大学出版会, 143-145

図15-1　各年齢のクラス新聞

あ と が き

　本書は，「遊び込む」をキーワードとして実践を展開してきた一附属幼稚園の，令和元年時点での実践と研究の記録を留めたものです。

　上越教育大学附属幼稚園の特徴は，豊かな自然環境，広い園庭，たくさんの遊びの素材等々，繰り返し紹介されている通りです。大きな遊具や出来上がったおもちゃはあまりありません。子どもたちの豊かな想像力から遊びが始まります。見ていると，各年齢ごとに専売特許の道具の使い方や遊び方があるようでもあります（遊びや工夫はまずヨコに伝播する）。でも，実際には入り混じって遊んでいたりもします（小さい子どもたちは年長さんにあこがれ，年長さんは小さい子の面倒をみる大きくなった自分にあこがれる）。自由で流動的な異年齢交流が日々展開していることも本園の特徴だと考えます。

　自由遊びの時間にはとにかく徹底して遊びます。失敗もするしケンカもする。無鉄砲な思いつきもあるし，時にハラハラするような「挑戦」もある。それらを可能な限り許容し，子どもにとっての学びにつなごうとする実践，研究チームの妥協しない取り組みの積み重ねが「遊び込む」を背後で支えています。子どもを真ん中に置いて，とにかく子どもの想像力や行動力が動き出すような，あるいは，問題解決に向かっていけるような環境を作る。そのための教職員の力が一つにまとまっていることを見極めた杉浦前園長先生のご尽力によって，このような実践・研究の成果を全国に発信する機会を得ることができました。

　本年4月から新園長として園に足を運ぶようになった私は，まだ園の潜在的な組織力を十分に把握しているわけではありません。実践・研究の蓄積の全貌を理解できているわけでもないでしょう。しかしながら，協働する組織に不可欠な，ビジョン，コミットメント，コミュニケーションの3要素が理想的な形で成立していることはすぐに理解できました。「遊び込む」は，目指す子ども像や園の教育方針（ビジョン）を共有するためにとても有効なキャッチフレーズとして機能しています。このシンプルなキーワードを共有し，保護者も含めたチームメンバーそれぞれが熱心に丁寧に，よくコミュニケーションをとりながら意欲的に園の環境を構成しています。

　とはいえ，日々の保育・教育は悩ましい選択の連続です。アドバイスをすべきか黙って見守るべきか。何を出しておくか，片づけておくか。子どもたち一人一人が経験している世界を理解し，次の思考や行動を考えて寄り添わなければ学びの質は高まっていきません。「遊び込む子ども」のビジョンを共有していても，この判断は容易に一致するわけではありません。教員の側の力量が問われます。今年度からは，これまでの研究を引き継ぎつつ「遊び込む子ども」の姿の見取りや，評価と一体化させたカリキュラム・マネジメントへと実践・研究の重点をシフトしました。自由な発想で試行錯誤を繰り返しながら，情報共有のためのツールを開発し，子どもたちの遊びが豊かな学びになることを目指して研究を継続しています。働き方改革の流れの中で，長時間勤務解消や業務改善が強く要請され，また度重なる事件や事故を背景に危機管理体制へも厳しい目が向けられるようになってきている昨今ですが，

賢明な配慮を多方面に向けながら，大切なことを忘れずに歩みを続けたいと思います。本書を契機として全国の幼児教育実践者，研究者の皆様とつながり，教職員にとっても大きな学びとなることを期待しています。皆様からの忌憚のないご意見，ご感想をお聞かせいただければ幸いです。

　2019（令和元）年 8 月 18 日

安藤 知子

■ 当園の執筆者（園長を除く）

渡邉　　典子	前教諭・上越市立下黒川小学校教諭	（第 2・3・5 章）
大坪 千恵子	教諭	（第 4 章）
黒田　　隆夫	教諭	（第 6 章）
加藤 喜美江	前養護教諭・上越市立春日小学校教諭	（第 7 章）
長谷川 敬子	元副園長・上越教育大学特任教授	（第 8 章）
平間 えり子	前副園長・上越市立高志小学校校長	（第 9 章）
泉　　　真理	副園長	（第 10 章）

■執筆者

宮里　暁美	お茶の水女子大学教授・文京区立お茶の水女子大学こども園園長（序文）
角谷　詩織	上越教育大学准教授（第11章）
山口　美和	上越教育大学准教授（第12章）
白神　敬介	上越教育大学准教授（第13章）
吉澤　千夏	上越教育大学准教授（第14章）
金山　美和子	長野県立大学准教授（第15章）
安藤　知子	上越教育大学教授・上越教育大学附属幼稚園園長（あとがき）
杉浦　英樹	上越教育大学教授・前上越教育大学附属幼稚園園長（まえがき・第1章・編者）

■ 編者紹介

杉浦 英樹（すぎうら ひでき）

1959 年 新潟県生まれ

現 職 上越教育大学教授

専門分野 幼児教育学・教育方法学

最終学歴 東北大学教育学部卒，東北大学大学院教育学研究科博士課程中退

主要著書 『「上越教師の会」の研究』学文社 2007（共著），

『名著改題』協同出版 2009（共著），

『教員の養成・免許・採用・研修』教育開発研究所 2012（共著），

『未来を拓く保育の創造』学術図書出版社 2019（共著）他

遊び込む子どもを支える幼稚園カリキュラム
　―未来の幼児教育・保育のために―

2019年 10 月10日　第 1 版第 1 刷発行

編 者　杉 浦 英 樹

著 者　上 越 教 育 大 学
　　　　附 属 幼 稚 園

発行者　田 中 千 津 子

発行所　㈱ 学 文 社

郵便番号　153-0064　東京都目黒区下目黒 3-6-1
電話 (03) 3715-1501（代表）　振替 00130-9-98842
http://www.gakubunsha.com

乱丁・落丁本は，本社にてお取替え致します。　　印刷／新灯印刷株式会社
定価は，カバー，売上カードに表示してあります。　　　　　〈検印省略〉
ⓒ2019 SUGIURA Hideki　　　　　　　　　　　Printed in japan

ISBN978-4-7620-2930-1